LE
THÉATRE A REIMS

DEPUIS LES ROMAINS

JUSQU'A NOS JOURS

Par Louis PARIS

Ancien Bibliothécaire de Reims

OUVRAGE ILLUSTRÉ DE GRAVURES SUR BOIS

In tenui labor.

REIMS

F. MICHAUD

LIBRAIRE-ÉDITEUR DE L'ACADÉMIE

23, Rue du Cadran-Saint-Pierre, 23

—

1885

LE

THÉATRE A REIMS

IMPRIMERIE COOPÉRATIVE DE REIMS

Rue 'Pluche, 24 (N. Monce, dél.)

A MESSIEURS

DE L'ACADÉMIE NATIONALE

DE REIMS

Messieurs,

*Vous ne vous lassez point d'encourager les études
qui ont pour objet l'histoire de votre riche et noble
cité. De belles et utiles publications répondent annuellement à votre appel, et je sais que d'importants travaux*

sont en préparation pour l'année courante. Je n'ai point
la prétention de répondre à aucun de vos programmes,
ayant porté mes recherches sur un coin de la vie rémoise
assez obscur ou du moins fort négligé jusqu'à ce jour.
Malgré l'apparente futilité du sujet, j'ai trouvé quelque intérêt à son étude et, si mince que soit le livre,
peut-être me permettrez-vous de vous en faire hommage.

Je suis fort respectueusement,

Messieurs et chers Collègues,

Votre très-humble et très-dévoué serviteur,

Louis PARIS.

D'Avenay, ce 15 Janvier 1885.

LE

THÉATRE A REIMS

CHAPITRE Iᵉʳ

Sous les Romains

Il me paraît difficile d'écrire l'histoire que nous entreprenons sans recourir aux véritables sources, c'est-à-dire à l'histoire générale du théâtre en France qui, elle-même, s'inspire des traditions de l'antiquité. Que le lecteur veuille donc bien souffrir que, dès le début, nous l'arrètions dans quelques préliminaires.

Nous rappellerons d'abord que, dans le monde moderne comme dans l'antiquité, le génie dramatique a pris ses premières inspirations dans la pratique des idées hiératiques ou religieuses. On sait que chez les Grecs, car en matière d'art il faut toujours invoquer leur souvenir, le théâtre était l'école où le peuple venait puiser le respect des dieux et l'amour de la patrie. D'un autre côté, le théâtre proprement dit n'était pas exclusi-

vement affecté aux jeux scéniques : il restait à la disposition des assemblées politiques. Les philosophes y
venaient exposer leurs doctrines, et il restait ouvert aux
conférenciers de l'époque. Et les premiers chrétiens eux-
mèmes répudiaient si peu la fréquentation du théâtre
que les plus mémorables prédications y furent pronon-
cées. Deux disciples de saint Paul, et le grand apôtre
lui-même, furent saisis et expulsés du *proscenium* d'où
ils endoctrinaient le populaire. « La ville d'Ephèse,
disent les actes des Apôtres, fut remplie de confusion, *et
ces gens-là* coururent en foule à la place publique, où
était le théâtre, d'où ils enlevèrent Caïus et Aristarchus,
Macédoniens qui avaient suivi Paul : et comme Paul
vouloit aller se présenter au peuple, ces disciples l'en
empêchèrent, et quelques-uns aussi des Asiarques qui
étaient de ses amis, l'envoyèrent prier de ne se présenter
point au théâtre. » (Ch. 19. v. 30, 31.)

Les jeux scéniques qui comprenaient la tragédie et la
comédie ne furent qu'assez tard connus des Romains.
Ce serait seulement, dit Horace, lorsque les guerres
puniques furent terminées que le Romain s'avisa de
feuilleter les livres grecs (1). Voilà certainement une
exagération. A l'époque ou le poète satirique s'exprimait ainsi, Plaute qu'il n'aimait pas avait publié tout
son théâtre, et Térence était en pleine possession de la
faveur publique. Quoi qu'il en soit, malgré ces deux cé-
lébrités, la poésie dramatique ne se naturalisa que péni-

---

(1) Serus enim græcis admovit acumina chartis
      Et post punica bella quietus, quærere cepit
      Quid Sophocles et Thespis et Æschilus utile ferrent...
Les guerres puniques ne finirent qu'avec la prise de Carthage l'an 146 avant
l'ère chrétienne. Or Plaute et Térence ne vivaient plus depuis longtemps.

blement à Rome. Pièces, plans, personnages tout était
emprunté aux Grecs, et le genre tragique représenté
par le froid et sentencieux Sénèque ne devait pas jeter
un grand éclat sur ce genre de littérature latine. Il est
vrai que beaucoup de compositions dramatiques ont
été perdues ; mais, ainsi qu'on l'a dit, ce qui nous en
reste n'inspire qu'un médiocre regret pour ce qui a
disparu.

Comme chez nous, par ce mot *théâtre* les anciens entendaient tout le corps de l'édifice où s'assemblait le
public pour jouir des représentations scéniques : mais
il n'est pas absolument facile de se rendre compte de
la disposition de l'œuvre. Vitruve lui-même, le grand
architecte romain, qui vivait un siècle avant notre ère,
ne donne dans son *Traité d'architecture* ni la situation,
ni la dimension, ni le nombre des différentes parties du
théâtre : cependant, d'après les fragments qui nous
restent des monuments de ce genre, la structure intérieure, ainsi qu'à la Renaissance nous l'avons adoptée
chez nous, s'élevait en demi-cercle, avec deux ou trois
rangs de galeries superposées, jusqu'aux encoignures
du *proscenium,* ou avant scène des acteurs ; et sur cette
portion de circonférence étaient disposés de vingt à
trente rangs de sièges par étages, qui régnaient circu-
lairement autour du *conistra* ou parterre, dont l'orchestre occupait une partie et les spectateurs le reste.
Il nous a fallu les exhumations récentes d'Herculanum
et de Pompéï pour nous donner les véritables propor-
tions, la structure intérieure et la belle ordonnance des
monuments de ce genre.

Au demeurant, ces théâtres de Rome, construits
d'après les idées de grandeur du peuple roi, étaient

démesurément vastes et convenaient peu à la poésie dramatique qui, selon nos appréciations actuelles, demande une enceinte resserrée, un auditoire restreint et attentif. N'oublions pas pourtant que ces exagérations de la forme n'empêchèrent point l'apparition de grands artistes. Clodius qui, dit-on, excélait dans les rôles tragiques, et le fameux Roscius, surtout à l'école duquel se formaient les acteurs du temps, ont jeté un assez vif éclat sur le théâtre au siècle d'Auguste. A part ces quelques notions, nous n'avons pas tous les renseignements désirables sur beaucoup de points de l'art, sur le genre de déclamation, le costume, les rôles de femmes tenus par les hommes, et sur tant d'autres particularités de la mise en scène.

Les délicatesses du théâtre grec ne pouvaient toucher beaucoup la foule romaine. Le peuple était infiniment moins sensible aux imitations qu'en donnaient Plaute, Térence, Sénèque et Pacuvius, qu'aux scènes bouffonnes et aux grosses gaîtés des histrions, des bateleurs et des joueurs de pantomimes. Les empereurs eux-mêmes favorisèrent ces préférences et ces dispositions. Ce qui charmait avant tout le peuple-roi, c'était le spectacle d'hommes luttant, se battant, se blessant, se tuant et rougissant l'arène de leur sang. « Voilà pourquoi, dit M. Saint-Marc Girardin, Rome n'a point d'art dramatique, parce qu'elle a préféré le cirque au théâtre, les émotions du corps aux émotions de l'esprit. »

Le goût de la populace romaine pour ce genre de spectacle ne tarda point à pénétrer dans les provinces conquises. Des troupes de bateleurs et d'histrions se dispersèrent dans nos Gaules, et portèrent de ville en ville la passion des jeux en vogue en Italie, et princi-

palement celle du cirque et des scènes sanglantes ou
grotesques de l'amphithéâtre. — Les villes dont le séjour
plaisait aux Romains furent à grands frais ornées d'é-
difices à l'instar de Rome, et Reims, en raison de sa
prompte soumission aux vainqueurs, fut à n'en pas
douter, une des premières cités gauloises gratifiée des
monuments de la civilisation romaine. On sait assez
qu'elle eut ses palais, ses temples, ses thermes, son
capitole et son amphithéâtre. Malgré toutefois les pré-
somptions des archéologues, nous manquons de documents pour affirmer l'existence en ses murs d'un
théâtre régulier et construit suivant les prescriptions
architecturales où, concurremment avec les luttes de
l'arène, auraient pu se jouer les pièces du répertoire
latin. Il y a lieu de croire que le peuple de Durocort
s'en tint aux luttes du cirque et aux bouffonneries des
histrions.

Les Francs, à leur invasion dans nos contrées, n'a-
vaient pas, on le pense bien, la moindre idée des jeux
scéniques introduits par la civilisation romaine. Igno-
rants du latin, et de la langue romane rustique elle-
même à son début, ils ne pouvaient prendre quelque
intérêt qu'aux scènes sanglantes du cirque, aux combats
des animaux féroces, ou bien encore aux farces grossières des saltimbanques qui sont de tous les pays et de
toutes les langues. La musique cependant avait pour
eux un véritable attrait. Nous devons à Cassiodore un
fragment de lettre du grand roi Théodoric à Clovis,
qui constate ce goût chez le roi franc. Félicitant son
beau frère au sujet de la victoire de Tolbiac et de sa
conversion à Reims (496), il ajoute : « Je vous adresse
« un joueur d'instruments fort habile dans son art qui,

« joignant l'expression du visage à l'harmonie de la
« voix et aux sons de l'instrument, pourra vous amuser,
« et qui, j'aime à le croire, vous sera d'autant plus
« agréable, que vous l'avez vous-même souhaité. »

Disons quelques mots du seul théâtre dont nous ayons
reconnu l'existence à Reims durant les premiers siècles
de notre histoire.

L'arène, à proprement parler, était la partie centrale
de l'amphithéâtre, l'espace réservé pour le jeux et les
luttes, pour les courses de chars et de chevaux, pour
les combats de gladiateurs et d'animaux féroces. Nous
n'apprendrons rien à personne en disant que ces sortes
de cirques étaient appelés *arènes*, parce que le fond de
.eur sol était recouvert de sable (*arena*) afin de faciliter
la course et d'absorber instantanément le sang répandu,
dont la vue eût pu glacer le courage des combattans.
La forme de l'arène était celle de l'hippodrome grec,
avec ses deux cotés parallèles très étendus. L'édifice
était formé de deux étages, ornés chacun d'un certain
nombre de portiques en arcades cintrées, à plein jour.
Généralement l'ensemble de la construction attestait
une sorte de perfection architecturale, et ce devait être
pour la cité un des monuments remarquable de l'art
romain.

Le Mont-Arène ou cirque de Reims, en tant que théâtre,
ne semble pas avoir longtemps survécu à l'arrivée des
Francs. Salvien, qui écrivait au Vᵉ siècle, dit que de son
temps les spectacles du cirque avaient cessé à Mayence,
à Cologne, à Trèves, ainsi que dans les villes de la
Gaule-Belgique assujetties aux Francs. Nous ignorons,
à vrai dire, les phases d'existence et de destruction
graduelle de notre édifice. Quelques-uns du même genre

furent transformés en forteresses qu'on entourait de fossés. Chez nous l'arène, après l'abolition des combats d'animaux et des luttes sanglantes des gladiateurs, dut rester quelque temps encore ouverte aux représentations foraines des bateleurs et des saltimbanques de passage, et même aux courses hippiques des jeunes gens de la cité : mais insensiblement elle fut abandonnée à la culture et à l'exploitation industrielle. Lors des travaux de déblaiement, et à diverses époques on a trouvé enfouis, outre une infinité d'objets curieux, assez de fragments de voûtes, de dalles, de gradins et de portiques pour autoriser les archéologues à comparer notre arène aux amphithéâtres d'Orange, de Vienne, de Fréjus et autres splendides antiquités monumentales des villes du Midi.

Nous aurons dit à peu près tout ce que nous savons du théâtre gallo-romain, quand nous aurons rappelé que le plan de *Reims en Champagne*, gravé par M. Mérian au XVIIᵉ siècle, reproduit encore d'imposants restes de ce curieux monument. On y reconnaît la disposition antique de l'amphithéâtre, avec ses arcades et ses travées superposées. (1)

---

(1) Dans son livre *La Mosaïque des Promenades*, M. Loriquet a traité *ex professo* la question des jeux et combats de l'arène. Nous renvoyons le lecteur à ce remarquable travail.

CHAPITRE II.

Au Moyen-Age

On comprend qu'après la chute de l'empire romain, le génie dramatique dut sommeiller dans le monde chrétien. L'Eglise contribuait à en retarder le réveil. Durant les six premiers siècles de son existence, elle ne cessa d'interdire les jeux du Cirque et de l'Amphithéâtre, attendu que ces jeux, inspirés par le paganisme, restaient souillés d'idolâtrie, de cruauté et de tendances immorales. Les Conciles, unanimes dans leur réprobation, se virent appuyés par la puissance temporelle qui, plus d'une fois, frappa ces spectacles d'interdiction. Justinien à qui, du reste, on a reproché de s'être immiscé dans les choses de l'Eglise avec plus de zèle que de lumière, défendait surtout aux diacres, aux prêtres, aux évêques de prendre la moindre part à ces amusements, « attendu, dit le texte latin, que tous les sens des hommes d'église doivent être des organes de pureté et de sainteté. »

En 692, le fameux concile de Constantinople, *in trullo* (dôme impérial), que feu Latouche a comiquement appelé le concile de Trulle, défendait, non seulement aux ecclésiastiques, mais aussi aux laïcs, la fréquentation de toute espèce de spectacles bruyants et publics, tels que courses, chasses, bals, comédies, sous peine de déposition pour les clercs, et d'excommunication pour les fidèles : *Omnino prohibet Mimos, et eorum spectacula... ne cui liceat,* dit un autre canon, *in equorum curriculis subsistere, vel scenicos ludos sustinere.*

L'histoire de la ville de Paris nous fournit la preuve que, dès le règne des Mérovingiens, les Fatistes, ou rimailleurs du temps, composaient des scènes comiques que les jongleurs chantaient en s'accompagnant de chœurs et de danses : mais, en raison de l'indécence de leurs gestes et de leurs mœurs dissolues, Charlemagne, appuyant les anathèmes de l'Eglise, les expulsait par son édit de 779.

Il faut arriver au xII^e siècle pour retrouver en Europe le relèvement du théâtre, et nous allons voir qu'il est dû principalement au clergé. Nous avons suffisamment dit les motifs qui dirigeaient l'Eglise dans ses prescriptions contre les comédiens et leurs représentations. Ce n'était pas précisément le théâtre qu'elle condamnait, mais les tendances immorales des pièces qui s'y jouaient, et la preuve, c'est que, dès l'époque à laquelle nous arrivons, nous voyons le clergé s'approprier les formules dramatiques, comme moyen d'action sur le populaire, et donner naissance au répertoire hiératique.

M. Charles Magnin a rendu célèbre le nom de Hrotswitha, abbesse du couvent de Gandersheim qui, dès le xII^e siècle, familiarisée avec la littérature classique, composait en latin une série de drames pieux et profanes, drames qui, dans leur ensemble, rappellent quelque peu le théâtre de Térence. Mais ces drames étaient-ils destinés à la scène ? ont-ils été représentés au couvent de Gandersheim, ou sont-ils restés comme simple monument littéraire d'une époque à tort réputée barbare? Question fort controversée et non résolue, mais qui ne nous intéresse que secondairement, ces pièces étant écrites en latin, et ne se reliant en aucune façon avec les essais dramatiques de notre pays.

Les plus anciennes productions littéraires, présageant en France le réveil du génie dramatique, se trouvent dans les œuvres de Rutebœuf, d'Adam de la Halle et de Jean Bodel, tous trois du XIII° siècle et d'origine picarde. Mais le poème d'Adam, récemment découvert, a doublement droit d'être cité en tête des premiers monuments de la dramaturgie française. L'auteur, Anglo-Normand, d'un siècle plus ancien que les précédents, a pour nous le double mérite d'avoir écrit son drame en français, ou tout du moins dans notre langue à son début, et de l'avoir composé pour la représentation. C'est donc à nos yeux le premier anneau de la chaîne qui relie le drame moderne au drame ancien. Nous citerons plus loin une série de compositions dramatiques dont la pièce anglo-normande a pu donner l'idée. Le poème d'*Adam*, ou la chute du premier homme, est une sorte de trilogie, offrant comme trois longs actes bien distincts : le premier, La chute de l'homme, ou le premier péché ; le second, La mort d'Abel, ou les suites du péché ; le troisième, L'apparition des prophètes annonçant la venue du Rédempteur. Cette pièce, à n'en pas douter, fut jouée dans l'église, ou tout au moins aux portes de l'église. Ne perdons pas de vue que ces sortes de compositions, appelées *Mystères*, devinrent au moyen-âge comme le catéchisme en action. Elles répondaient à un besoin réel en ce qu'elles rendaient sensibles les faits de l'Ancien et du Nouveau Testament, aux yeux et à l'esprit de gens auxquels manquaient les livres et qui ne savaient pas lire. Aussi, la plupart du temps, était-ce le clergé lui-même qui se chargeait de l'ordonnance et de l'exécution des représentations, et cette sorte de contradiction et d'infraction aux règles établies n'était qu'apparente. Effectivement, ainsi que le fait observer M. Petit de Julleville, dans ses récentes *Etudes sur les Mystères*, le culte chrétien n'a-t-il pas essentiellement les formes dramatiques? Dans la messe, le dialogue et l'action sont les caractères fondamentaux du drame, et la messe est d'un bout à l'autre action et dialogue. Rappelons cette procession symbolique du Dimanche des Rameaux, où l'entrée de Jésus est véritablement représentée avec une mise en scène pathétique. Rappelons le chant de la Passion, à trois voix distinctes, l'une pour les paroles du Christ, l'autre pour celles des autres personnages, et la troisième pour le récit.

Cependant, il faut le dire, cette invasion du théâtre dans l'Eglise ne s'opéra pas sans résistance. Eudes de Sully, célèbre évêque de Paris, en 1196, interdit ces représentations dans les lieux saints, sous peine d'excommunication. Mais, en manière d'opposition à ces sévérités, les partisans des scènes dramatiques ne manquaient pas de s'appuyer de la tolérance de saint Antonin de Florence, et du docteur angélique, saint Thomas lui-même, qui autorisaient ces exercices « en tant que les acteurs ne disoient et faisoient rien d'illicite (1). » Ces témoignages suffisent pour justifier la reprise des jeux et délassements dramatiques.

(1) Ludus est necessarius ad conservationem humanæ vitæ... ideo officium histrionum, quod ordinatur ad solatium hominibus exhibendum, non est secundum se illicitum, nec sunt in statu peccati, dummodo moderate ludo utantur. (Sec dec, quæst. 168 art. 3 ad finem.)

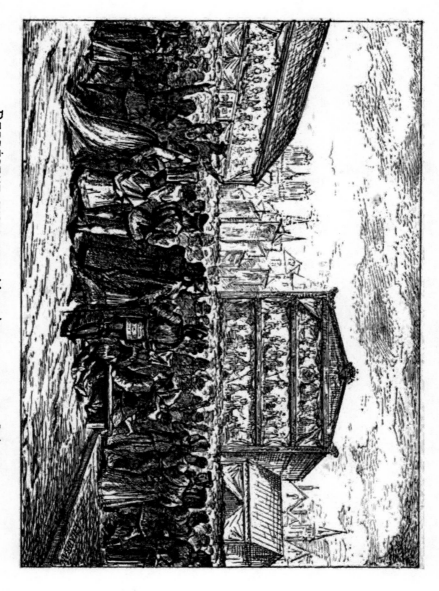

REPRÉSENTATION DES MYSTÈRES AU XVᵉ SIÈCLE.

Mystère de la Passion représenté à Reims par les Confrères.

CHAPITRE III

Les Confrères de la Passion. — Les Bazochiens.
Jeux, Processions et Exhibitions populaires.

Il paraît qu'à Rome, vers la fin du XVI⁰ siècle, les traditions du théâtre latin s'étaient mieux conservées que parmi nous : seulement pas plus que chez nous, on n'y voit encore de salle affectée aux jeux scéniques. C'est toujours en des maisons particulières, et quelquefois sur les places publiques, qu'à l'aide de constructions mobiles et sur de véritables tréteaux se donnaient les représentations dramatiques. Le savant italien Sulpizio, à qui est due la première édition de Vitruve, dans son épître dédicatoire au cardinal Raphaël Réario, félicite ce prince de l'Église, le premier qui ait exercé la jeunesse aux jeux de la scène et qui ait fait élever, sur une place publique, une sorte de théâtre provisoire qu'il décrit ainsi : *In medio foro pulpitum ad quinque pedum altitudinem erectum.* Il ajoute que les mêmes pièces furent ensuite jouées en présence du Saint-Père, dans le môle d'Adrien, avec des décorations peintes et que le peuple romain attendait de ce cardinal l'érection d'un nouveau théâtre : *à te quoque theatrum novum tota urbs*

votis spectat. Or suivant Tiraboschi, à qui nous em-
pruntons ce détail, ce vœu n'étant pas encore exaucé en
1492, une représentation dramatique eut lieu dans la
maison même du Cardinal Réario. (*Vid. Tiraboschi
t. VI, p. 12 et 207.* Rome 1784).

Nous n'en étions encore chez nous, à cette époque,
qu'aux jeux et mystères de l'Ancien et Nouveau Testament. On sait l'origine de ce genre de spectacle. Des
pélerins, revenant de la Terre-Sainte ou de Saint-
Jacques de Compostelle, s'en allaient de ville en ville,
narrant l'histoire de leur voyage qu'ils entremêlaient de
cantiques, de récits des miracles de la vie et de la mort du
Christ s'arrêtant sur les places publiques pour y figurer
les faits de la Passion, de la Résurrection et de la Vengeance. Notre pays ne devait point avoir les prémices de
ces représentations. Dès le XIIᵉ siècle, on cite en Alle-
magne une sorte de drame mêlé de chants et de danses
sous ce titre : *Ludus paschalis de adventu et interitu An-
techristi :* « Le jeu pascal sur la venue et la mort de l'An-
techrist. » Au même siècle, de semblables représentations avaient eu lieu en Angleterre, où elles étaient
données par les écoliers. En Italie, à Padoue, en 1243,
on représentait la Passion de Jésus-Christ : *Fu fatta
la representation della passion di Cristo, nel prà della
valle e Padova.* Elle eut lieu de même à Florence en
1304, sur le fleuve, avec des images du Paradis et de
l'Enfer, et à l'aide d'un grand nombre de machines
inventées par les architectes. »

En France, dès l'année 1292, à Limoges, se jouaient
les miracles de saint Martial : *Fecerunt ludum de mi-
raculis beati Martialis, in cimiterio sancti Marcialis
prope crucem lapideam dicti cimitierii.* Or nous ne

voyons encore usitée à cette époque que la langue latine, et le drame d'Adam reste toujours notre premier monument en langue vulgaire.

Mais au siècle suivant, d'autres mystères, en françois du temps, se jouaient çà et là, sur des échafauds élevés parfois aux portes des villes, dans les carrefours, au-devant des palais et des églises et parfois dans les églises mêmes.

En l'année 1313, le roi Philippe le Bel donnait dans Paris une fête des plus somptueuses. Le roi d'Angleterre Edouard II, qu'il y avait invité, passait la mer exprès avec la reine Isabeau de France et un grand cortège de noblesse. Tout y brillait par la magnificence des costumes, la variété des divertissements et la somptuosité des festins.... Le peuple de son côté représentait divers spectacles, tantôt la gloire des bienheureux, tantôt la peine des damnés... (Frères Parfait).

Dans son *Histoire du Théâtre en France*, M. Petit de Julleville constate que, dès les premières années du XIV° siècle, le répertoire des entrepreneurs de spectacles se composait d'un grand nombre de drames que, sous le titre général de *Mystères*, les confrères allaient jouer çà et là, partout où on les demandait. Ainsi, la ville de Toulon, en 1333, « faisait représenter *la Nativité de Notre-Dame* et *l'Enfance de Jésus* ». En 1351, Bayeux, le jour de Noël, voyait le *Mystère de la Nativité* et de *l'Assomption*. La même année se donnait à Lille *le Mystère de sainte Katerine*. En 1376, à Cambrai, *la Résurrection*, etc., etc.

Reims ne devait pas trop s'attarder dans ce genre de divertissements. L'annaliste Coquault nous apprend que, dans les essais qu'en firent les acteurs, mêlés de

clercs et de bourgeois, certains désordres ne purent
être évités. L'Eglise se hâta de retirer son concours.
« *Année 1373.* Le Chapitre (de Notre-Dame) fait défense
« de prêter aucun de ses ornemens pour estre employés
« aux comédies et jeux de théâtre, quoique les pièces
« fussent saintes. »

L'établissement officiel du théâtre des Confrères n'eut
lieu que sous Charles VI. Dès la première année de son
règne, à son retour de la ville du sacre, et à sa rentrée
solennelle à Paris, ce prince trouva les rues et les
places publiques ornées de riches tapisseries, et de
chœurs de musique ; d'espace en espace, des fontaines,
d'où jaillissaient le vin, le lait et les eaux odoriférantes.
Il vit surtout avec grand plaisir, dit le chroniqueur,
« ce qu'on appelait alors *les Mystères*, c'est-à-dire les
diverses représentations de théâtre, d'une invention
toute nouvelle. » (Frères Parfait.)

En l'année 1390, durant les fêtes de Pâques, les
Confrères, avec le concours des gens d'église, jouè-
rent le « Mystère de la Résurrection » devant le roi,
qui donna aux acteurs des marques de sa satisfaction,
ainsi que le témoigne cet ordre aux trésoriers royaux,
que nous retrouvons dans les comptes du Cabinet
des Titres : « Mandons que la somme de 60 francs
« d'or soit baillée et distribuée, assavoir : 40 francs
« à certains chapelains et clercs de la Sainte Chapelle,
« lesquels jouerent devant nous le jour de Paques
« naguaires passé, le jeu de la Resurrection Nostre
« Seigneur. »

Ce ne fut toutefois qu'en 1402 que les Confrères de la
Passion, inquiétés dans l'exercice de leurs jeux par le
prévôt de Paris, obtinrent du roi les lettres patentes qui

reconnaissaient et autorisaient leur association. Voici les termes de leur charte.

« Donnons licence aux Confrères de la Passion de faire jouer quelque mystère que ce soit, soit de ladite Passion et Resurrection ou autre quelconque, tant de saincts comme de sainctes qu'ils voudront eslire et mettre sus, toutes et quantes fois qu'il leur plaira, soit devant nous, devant nostre commune et ailleurs en quelque lieu et place licite à ce faire qu'ils pourroient trouver, tant en notre dite ville de Paris, comme en la prévosté et vicomté ou banlieue d'icelle... et que sans commettre offense aucune envers nous et justice... puissent aller, venir, passer et repasser paisiblement vestuz, habillez et ordonnez un chacun d'eux, en tel estat que le cas le désire et comme il appartient selon l'ordonnance dudit mystère, sans destourbier et empeschement... Et donnant confirmation et seureté a iceux Confrères, gouverneurs et maistres, de nostre plus abondante grace, avons mis en notre protection et sauvegarde durant le cours d'iceux jeux, et tant comme ils joueront seulement, sans pour ce leur meffaire ne a aucun d'iceux à cette occasion ou autrement, comment que ce soit au contraire. Donné à Paris en nostre hostel lez-Sainct-Paul, au mois de décembre l'an de grace M. CCCC. II. »

Cette ordonnance, en reconnaissant et affirmant la possession d'état et le droit des Confrères dans l'étendue de la prévôté de Paris, justifiait par cela même leur crédit en province, où, de toutes parts déjà, on réclamait d'eux des drames, des acteurs et des metteurs en scène pour se joindre et aider aux gens pieux et de bonne volonté du pays, disposés à prendre un rôle dans les représentations espérées.

C'est qu'en effet le répertoire des Confrères, dont le Mystère de la Passion était la pièce capitale, se composait d'un grand nombre d'autres drames ou mystères, pouvant suffire et répondre à la curiosité de la province.

Mais à cette pieuse dramaturgie il manquait une

sanction, en d'autres termes, un auteur apprécié qui
lui imposât son nom. Arnoult Gresban, chanoine du
Mans, se mit à l'œuvre et produisit son grand *Mystère
de la Passion*, sorte de refonte de tous les drames du
même sujet, et qui, dès les premières représentations,
obtint un éclatant succès. Ce poème n'était point une
bagatelle : il n'avait pas moins de trente-cinq mille
vers, se divisait en quatre journées, et mettait en
scène plus de trois cents personnages. Nous ne pourrions préciser le date de sa première représentation.
On voit seulement, d'après deux quittances retrouvées
à la Bibliothèque nationale, et citées par M. Paulin
Paris, que, quelques jours après son exécution, c'est-à-
dire en 1452, un notable d'Abbeville alla trouver Arnoul
Gresban pour lui acheter une copie de son drame, que
les échevins de cette ville s'empressèrent d'acquérir :
l'une des quittances porte que la somme de dix escus d'or
fut payée à Paris à maistre Arnoul Gresban pour avoir
le *Jus de la Passion*, qui fut jouée à Abbeville, à la
grande satisfaction de ses habitants.

Arrivons aux choses qui concernent particulièrement
notre ville. On sait qu'à Reims, au moyen-âge, comme
aux siècles suivants, les grandes fêtes de l'Eglise, les
publications de paix et de trèves, la naissance, le bap-
tème des princes, leur mariage, leur entrée dans la
ville, mais surtout le Sacre et le Couronnement des rois,
étaient l'occasion de réjouissances publiques et de
grandes solennités théâtrales.

Comme les annalistes antérieurs au xv* siècle nous
manquent absolument, nous ne pourrions que par con-
jecture parler des faits qui touchent aux règnes des pre-

miers Valois. Nous arrivons immédiatement au roi
Louis XI, sur lequel les renseignements abondent.
Louis XI fit son entrée dans la ville le 14 août
1462 : il était habillé de damas blanc et rouge, monté
sur un cheval blanc magnifiquement caparaçonné.
Une foule de noblesse, accourue de tous les points pour
rendre ses hommages au nouveau roi, rentrant dans
son royaume, rendait la cavalcade nombreuse et brillante. Les rues étaient ornées de tapisseries, jonchées
de fleurs et d'herbes odoriférantes, pleines de peuple
qui criait Noël ! selon l'usage du temps. Le roi fut sacré
le jour de l'Assomption, par l'archevêque Jean Juvénal
des Ursins. Les registres du Cartulaire municipal nous
fournissent cette autre curieuse mention : « Au sacre du
roy Louis XI on faict aussi volontiers aucuns mystères : sans parler qu'on pense debvoir estre plaisant
au roy, ès lieux plus convenables en la ville, par où il
doit passer le jour qu'il fera son entrée pour estre sacré.
Lesquels mystères se font aux despens des fonds votés
pour le sacre. Et ainsi fut faict audit sacre du roy
Louis XI, et fut advancé argent par le recepveur du
sacre à ceulx qui le firent, en promettant de leur res-
tituer le surplus qu'ils y feroient. »
Nos notes ne nous disent pas si les mystères joués
devant le bon roi Louis, XI° du nom, étaient empruntés au répertoire des Confrères de la Passion, ou s'ils
étaient simplement l'œuvre de quelques rémois lettrés.
Car la ville rémoise avait ses poètes et ses littérateurs,
comme elle avait son hagiologie, ses saints particuliers dont, aux grandes fêtes, on représentait la vie ou
les principales actions dans les églises mêmes qui leur
étaient dédiées. Le Chapitre alors fournissait volontiers

tous les objets propres à orner le spectacle, tels que chapes, chasubles, mitres, crosses, et jusqu'au bois nécessaire à la construction du théâtre et des échafauds.

Mais bientôt, aux fêtes du sacre de Louis XI, succédèrent de sombres tragédies. Nous ne les rappellerons que pour mémoire, car les faits sortent de notre cadre. L'histoire de l'émeute populaire, le *Mique-maque de Reims*, est suffisamment connue ; émeute sérieuse, où il y eut blessures et mort d'hommes, et si impitoyablement réprimée par l'irrascible et vindicatif monarque. Puis, à quelques années de là, un spectacle d'un autre genre et non moins terrifiant, l'incendie de la cathédrale, qui réduisait en cendres une notable partie du splendide édifice. Ces sinistres étaient bien de nature à distraire des représentations dramatiques.

Cependant à peu de distance de ces événements, la paix rendue à la France par la traité d'Arras (23 décembre 1482) devenait l'occasion de grandes réjouissances par tout le pays, car cette paix, avec de belles alliances politiques, assurait au jeune Dauphin la main de Marguerite d'Autriche, fille de Marie de Bourgogne. A Reims, après la proclamation du traité, il y eut *Te Deum*, feux de joie, fête populaire, danses, illuminations et scènes comiques. Le poëte Coquillart, le représentant par excellence de la science historique, dit M. Ch. d'Héricault, dirigeait en personne l'arrangement des jeux et esbats disposés dans les divers quartiers de la ville et composait sa ballade :

Quant on cria la paix à Reims.

Cette ballade interprétait un groupe de trois figures,

la *Paix*, la *France* et la *Flandre*, élevées sur une des places publiques : groupe qui, mieux peut-être que les strophes alambiquées du poëte rémois, symbolisait l'heureux événement du jour.

La mort du roi Louis XI (30 août 1483), que l'envoi tardif du reliquaire de la Sainte Ampoule ne pouvait conjurer, devait amener bientôt son jeune héritier en la ville du sacre et y faire renaître le mouvement et les curieux spectacles. Agé de moins de quatorze ans, le petit prince inspirait à tous la confiance et la joie.

Le samedi (1), 29ᵉ jour du mois de mai 1484, après disner, le très-chrétien roi de France, Charles VIIIᵉ du nom, aagé de près de quatorze ans... se partist du chasteau de Gueux, distant de la cité de Rheims de deux lieues, auquel il estoit arrivé dès le jeudi devant et jour de l'Ascension, pour aller audit Rheims prendre et recevoir son sainct sacre et couronnement, comme avoient fait ses prédécesseurs roys de France. Et environ une heure après midy de ce jour, se partirent pour aller audevant dudit roy les gens d'église, eschevins, nobles, bourgeois et habitans de ladite ville de Rheims jusques au nombre de soixante, bien montez, et honnestement habillez, avec et en la compagnie de Charles de la Ramée capitaine de Rheims, lesquels chevauchèrent jusques à la descente de Muyre, où ils trouverent le roy, vestu d'une robe courte de drap d'or, ayant un bonnet noir sur la teste, un chapeau violet dessus et une plume d'autruche par dessus, monté sur un cheval de poil moreau, fort esveillé, accompagné de tres hauts et puissants princes, barons et seigneurs, Messeigneurs Loys duc d'Orléans, de Valois et de Milan, René duc d'Alençon, Pierre de Bourbon, comte de Clermont, de la Marche, sieur de Beaujeu et d'Armignac...

(1) Ce récit est tiré du *Cérémonial françois* de R. Godefroy, ouvrage qui ne se trouve plus guère que dans les grandes bibliothèques. Il a été reproduit en partie par M. Louis Lucas, dans la collection des bibliophiles rémois, tiré à très petit nombre et par cela même aujourd'hui tres-rare. Il nous a semblé que, par tout ce qu'il a de théâtral, ce morceau étoit surtout à sa place dans le livre que nous publions.

En présence desquels et de plusieurs autres qui estoient illec arrivés de toutes parts, le roy s'arresta tout court audevant des dits habitans qui le saluèrent par la bouche de messire Brice Bobille, docteur en décret, chanoine et doyen de l'église de Reims en la maniere qui s'ensuit : «Vos très humbles et très obeyssans chappelains et sujets, les gens d'église, eschevins, nobles, bourgeois et tout le peuple de vostre noble et ancienne cité de Rheims, sçachans vostre tres glorieuse venue... envoyent ceste compagnie audevant de vostre royale Majesté en toute humilité et obédience, pour vous recevoir et obéyr, vous offrant leurs corps, leurs biens, leurs cœurs et tout ce qu'ils ont, pour du tout faire et disposer à vostre bon plaisir, et obéyr à vos commandemens, comme vos bons vrais et loyaux subjects, jusques a la mort inclusivement, chantans par grande joye ce qui est escrit : *Benedictus qui venit in nomine Domini...* Sire, soyez le bien venu, qui venez au nom de Dieu, qui venez en vostre jeune age, vierge, pur et net, pour recevoir vostre sainct sacre de la divine onction, envoyée de Dieu le créateur, pour les tres chrestiens rois de France, et non pour autres : Pourquoy, et au plaisir de Dieu, vous aurez grace et pouvoir de guérir et alléger les pauvres malades de la douloureuse maladie que chascun sait. » — A la fin de laquelle proposition qui fut honorablement et doucement prononcée par le dit doyen, le roy mit la main au chapeau et dit : *Grand mercy, Messieurs*, en tenant tout au long de la harangue une très bonne gravité, et un très honneste maintien, autant qu'il eut pu faire à l'âge de cinquante ans.

Delà, en tirant outre, pour entrer en ladite ville, quand le roy vint à la première porte, où les portiers et gardes de la ville ont accoustumé d'eux tenir, il trouva illec une belle jeune fille ayant les cheveux de couleur d'or, pendans jusques sur les reins, sur son chef un chapeau d'argent doré, et un de fleurs, vestue d'une robe de drap de soye, de laquelle le corps et les manches estoient de couleur d'azur, semez de fleurs de lys d'or et le bas de couleur blanche, et un rainseau de soye verte pardessus tout au long, tenant en ses mains les clefs des portes de ladite ville, laquelle subtilement par engin secret, descendit du haut de la dite porte au bas, audevant du roy, et le salua en lui présentant les dites clefs disant les mots qui s'ensuivent :

Nostre roy, prince et souverain seigneur
Tres chrestien, nommé par excellence
A qui sont deubs gloire, louanges, honneur,
Subjection, amour et réverence,

Vostre cité de Rheims, obéyssance
Vous faict par moy qui cy la représente
Et de franc cœur, en vraye confidence
Les clefs des portes humblement vous présente.

Roy très puissant, mon souverain seigneur
Rheims tres ancienne par grande humilité
Son cœur vous œuvre par excellent honneur
Vous promettant garder fidelité.

Desquels mots, offre et présent le roy fut bien content et joyeux, comme il sembloit à le regarder, et ordonna à l'un de ses gens, estant autour de luy, qu'il prist les dites clefs, ce qu'il fist et les emporta en son logis au palais. Et la dite fille par le dit engin remonta au lieu dont elle estoit descendue. »

De son côté notre Foulquart syndic des habitans assure que cette jeune fille étoit la fille de la nommée *Moët*. Le roy vit moult volontiers la gente pucelle descendre et remonter à l'aide d'un engin secret. C'est, ajoute-t-il, Guillaume Coquillart mon maitre qui estoit l'inventeur des dites rimes.

Et en ce dit lieu, droit au devant de la dite porte estoit le pallion préparé à porter le roy, lequel estoit de damas pers, semé de fleurs de lys d'or, eslevé sur quatre lances au sommet desquelles avoit quatre anges dont les deux tenoient les armes du roy, et les deux autres les armes de la ville de Rheims que soustenoient et portoient Philippe de Besannes, eschevin et prevost de l'eschevinage, maistre Jehan Bourguet, eschevin, maistre Jean Cauchon le jeune, lieutenant du capitaine, et

maistre Jean de Rheims, bailly du Chapitre de Rheims, à ce
faire esleus et ordonnez par les eschevins dudit Rheims.

Sous lequel pallion, avant que le roy s'y mist, messire
Pierre d'Urfé, chevalier, comme grand escuyer qui chevau-
choit devant luy, portant l'espée en l'escharpe, fut et se teint
une espace avant que le roy veinst jusques audit lieu, la face
tournée devers le roy. Quand le roy approcha, il en saillist
par costure du coté dextre, et les quatre portans le dit pallion
l'approcherent du roy qui entra dessoubs, et fut delà en avant
conduit soubs iceluy jusqu'au portail de l'église de Rheims.
Le peuple qui en grande multitude estoit, et avoit esté depuis
le lieu de Muyres jusques a la dite eglise, chantant à haute
voix quand il passoit : *Vive le roy! Noel! Vive le roy!* Dès
incontinent que le roy fut entré en la dite première porte de
la dite ville il eut la riviere de Vesle a découvert, jusques au
boulevart, sur laquelle y avoit en trois nacelles de jeunes
compaignons qui joustaient en la quintaine, et y en eut deux
ou trois cheus dedan l'eaue. Contre ledit boulevart estoit la
fontaine de Jouvent, qui sans cesser jettoit eau, en laquelle
se baignoient gens de divers estats pour rajeunir. Et au dessus estoient les personnages de Cupidon, les yeux bandez tenant un dard, et de Vénus habillée en dame, et au front de
la dite fontaine par hault estoit escrit :

> C'est la fontaine de Jouvent,
> Où les vieux se baignent souvent,
> Dont rajeunissent aussi beaux,
> Comme font jeunes jouvenceaux.

Au dessus de la grosse porte jumelle, de la porte à Vesle,
estoient les armes du roy, et une grande bannière aux armes
de France. Item et aussitôt que le roy eut passé la dite porte,
et entré en ladite ville on commença a sonner les cloches par
toutes les eglises sans cesser, jusques à ce qu'il fust au palais
archiépiscopal, à luy preparé. Au coing de la Magdeline, au
devant de la croix, sur un eschaffault y avoit deux jeunes
enfans tous nus alaictant une louve, ayant chacun un escriteau lié au bras ou estoit escrit à l'un *Rheims*, ou *Remus*, et à
l'autre *Romulus* : et auprès d'eux un pasteur gardant des

brebis, ayant un escriteau, nommé Faustulus, et sa femme emprés luy, nommée Lorence, a qui le dit pasteur porta garder et nourrir les dits enfans quand il les eut trouvez. Et au front du dit eschaffaud estoit escrit en grosse lettre ce qui s'ensuit :

Deux fils jumeaux, Rémus et Romulus
Nez de Rhéa, d'une louve alaictez
Par un pasteur appelé Faustulus
Et par sa femme gardez, et bien traictez
Furent depuis si hautement montez
Qu'ils firent Rome dominant sur tous hommes :
Les gens Remus hors de Rome boutez
Fondèrent Rheims la cité où nous sommes.

Item et droict devant Sainct Fiacre, sur un aultre eschaffault, avoit un roy portant grande barbe et grande chevelure, assis en une chaire, tenant en l'une des mains une espée nue, et en l'autre un sceptre royal, ayant un brevet contenant *Pharamond* premier roy des François : entour lequel estoient plusieurs personnages à grandes barbes et chevelures qui les couronnoient, et tenoient une couronne d'or sur sa teste, qui estoient habillez comme Turcs et Sarrazins, les uns armez, les autres non. Et au devant dudit roy, estoient quatre grands barbuz habitués comme en docteurs, qui tenoient une grande lettre devant luy, faisant semblant de lire, et ne disoient mot, portant chascun son nom par escrit attaché chascun à son affublure, qui sont tels : *Salagast, Vuisogast, Bosogast, Vuidagast,* et au front dudit eschaffault estoit escrit en grosse lettre ce qui s'ensuit :

Les François extraicts des Troyens
Payens nommez Sicambriens
Font Faramond leur premier roy,
Qui leur fist la salique loy,
Et les affranchit des Romains
Lors regnans sur tous les humains.
On contoit, quand ce cas advint,
L'an de grace quatre cens vingt.

Depuis le dit Sainct Fiacre tout au long de la rue jusques a
la Croix Sainct Victor et depuis la dite Croix en retournant
par devant Sainct Denys, estoient ardentes les grandes tor-
ches des mestiers qu'on portoit a la feste-Dieu, qui sont fort
grandes et grosses : et telles y a de plus de quarante
pieds de hauteur et bien soixante livres de cire et les rues
bien parées par contre les maisons, les unes de rainseaux
d'arbres, les autres de linge fin, les autres de tapisseries, les
autres de peintures. Et au devant de la chapelle de Clerma-
rest y avoit un petit eschaffaut, sur lequel estoient plusieurs
saincts reliquaires, et cierges ardens et un moine de l'abbaye
de Signy emprés, qui faisoit grand debvoir de crier *Vive le
roy !* Et tout au long aux fenestres et par la rue tant de gens
que c'estoit merveille et criant semblablement *Noel, Vive le
roy !*

Joindant de la Croix Sainct Victor sur un eschaffaut bien
tendu de tapisserie estoit le mystère du baptistère, et sacre du
roy Clovis premier roy chrestien des François par personnaiges, et la mission de la Saincte Ampoulle. Et au front du
dit eschaffaut estoit escrit :

L'an de grace cinq cens le roy Clovis
Receut à Rheims par sainct Remy baptesme,
Couronne, et sacre de l'ampoulle pour cresme,
Que Dieu des cieux par son ange a transmis.

Quand le roy apperceut ledit mystère, il arresta un petit et
demanda que c'estoit : a quoy luy fut respondu que c'estoit
le mystère du sacre qu'il debvoit recevoir et lors il se défubla
et mis jus son chappeau et passa outre, en tirant par devant
l'abbaye de Sainct Denys. Contre l'aumosne dudit Sainct
Denys, avoit un autre eschaffaut, sur lequel estoit un jeune
fils vestu d'une robe d'azur, semée de fleurs de lys de couleur
d'or, ayant une couronne d'or sur sa teste, entour luy ses
serviteurs, comme le roy, en luy baillant à laver quand il
guérit des escrouelles, et devant luy personnaiges, comme
gens malades de la dite maladie : lesquels il guarissoit en les

touchant en signe de la croix : et au front dudit eschaffaut
estoit escrit :

En la vertu de la saincte onction
Qu'à Rheims reçoit le noble roy de France
Dieu par ses mains opère guérison
D'escrouelles, voicy la demonstrance.

En passant par devant ladite histoire plusieurs cuidoient
que ce fust un miracle de sainct Marcoul, et ainsi le dit-on
au roy, lequel, sans guere arrèter, passa outre pour tirer en
l'église de Rheims qui luy estoit en plein regard devant ses
yeux.

Nous arrêterons ici nos citations : ce récit nous
a semblé d'un véritable intérêt et tout à fait à sa place
dans l'histoire dramatique du pays. Il nous dispense
d'ailleurs de nous attarder au cérémonial de réception
des rois, successeurs de Charles VIII, à l'occasion
desquels eurent lieu des démonstrations équivalentes.

Avant d'en venir aux représentations des Confrères
de la Passion, nous voulons insister sur la passion des
Rémois pour le spectacle et les exhibitions bizarres. Ils
avaient, pour alimenter leur curiosité, les jeux souvent
répétés des Clercs de la Bazoche qui, à l'instar de leurs
confrères de Paris, s'étaient constitués à Reims et tenaient leurs fréquentes assises, parfois burlesques, en
la maison du *Temple*, considérée comme lieu de franchise et de liberté. Affiliés à la société-mère de la capitale, ils avaient un répertoire dramatique aussi joyeux
que varié. A ce sujet nous répéterons ce qu'on a dit

ailleurs : On ne peut nier que l'histoire des pièces
jouées par les clercs de la Bazoche ne soit essentiellement liée à celle du théâtre en France.

Presque tous les rits bizarres introduits dans la plupart des églises de France étaient reçus dans celle de
Reims. C'est d'abord la procession du *Grand Bailla,*
procession dont notre jeunesse dorée vient de renouveler le souvenir, en instituant sous ce nom la cavalcade
annuelle et pittoresque qui charme nos contemporains. On portait aux processions un grand dragon
d'osier, nommé le *Bailla,* qui remuait la mâchoire par
ressort, et qui engloutissait, au profit des acteurs, les
friandises et les monnaies qu'on lui jetait dans la gueule.
Chaque fête de l'Eglise avait ses singularités. Celle de
la Pentecôte était remarquable par les étoupes enflam-
mées qu'on faisait pleuvoir de la voûte pour imiter les
langues de feu qui descendirent sur les apôtres. — Celle
de Noël, par le déguisement des enfants de chœur et
des chapelains en anges et en bergers. On lâchait aussi
ce jour-là dans l'église des oiseaux destinés à représenter la liberté dont allaient jouir les hommes affran-
chis de l'esclavage du démon par la naissance du Sau-
veur... Peut-être devrais-je passer sous silence la ridicule et grotesque procession des *harengs.* Le mercredi-
saint, après les ténèbres, le clergé de la cathédrale
allait faire une station en l'église de Saint-Remi. Pré-
cédés de la croix, les chanoines rangés sur deux files
trainaient derrière eux un *hareng,* suspendu à une
ficelle ! Chaque chanoine s'efforçait de marcher sur le
hareng de celui qui le précédait, tout en défendant le
sien des attaques de son suivant. On imagine les rires
qu'excitait dans la foule ce grotesque exercice.

Les enfants de chœur avaient la fête des Saints Innocents. Ce jour-là, ils tiraient au sort un archevêque, qui allait solennellement demander l'agrément du Chapitre et les gratifications d'usage. Il devait ensuite choisir ses officiers et surtout son maître d'hôtel, qu'il prenait d'ordinaire entre les chanoines les plus riches et les mieux intentionnés. Dès la veille, et pendant tout le jour de la fête, l'archevêque des Innocents était maître absolu du chœur et de son clergé. Les chanoines et les chapelains ne pouvaient y paraître qu'avec l'uniforme des Innocents, ou du moins dépouillés de l'habit canonial. Ceux qui voulaient partager les plaisirs de la fête devaient contribuer aux frais. Un greffier des Innocents, placé au bas de l'aigle, inscrivait leurs noms, recevait la taxe et les incorporait dans la troupe. La fête, après un festin copieux, se terminait par une bruyante cavalcade qui durait toute la nuit, et était parfois l'occasion de troubles et d'accidents. Les actes capitulaires de Notre-Dame nous apprennent qu'il s'y commettait de fréquents désordres qu'il fallait réprimer. La fête des Innocents de l'année 1490 se passa sans cavalcade, mais non pas sans graves incidents.

Il arriva, qu'à l'instar de Messieurs de la Bazoche, le lendemain de la fête, les diacres, sous-diacres et enfants de chœur donnèrent eux-mêmes, sur l'échafaud dressé au-devant de l'église, une farce ou sotie pour la récréation du populaire. Après le dîner, disent les mémoires que nous suivons, les vicaires et les enfants de chœur exécutèrent quelques jeux auxquels fut représentée la nouvelle façon de chaperons inventée à Paris depuis un an, et que portaient aucunes femmes bourgeoises de Reims, disant qu'elles avoient entrepris de singer la façon des dames de Paris. Et y avoient deux personnaiges en habits de femme, tenant chacun un livre, où l'ouvrant se mirent à lire quelques rimes contre les femmes et bourgeoises de Reims; nous supposons que ces rimes indiscrètes étaient l'œuvre de maitre Coquillard, le poëte narquois de l'époque, déjà si connu par sa verve et l'originalité de ses compositions.

Les dames de Reims n'y étaient point épargnées. Nous n'en citerons ici que deux strophes les moins téméraires :

> Femme au chaperon avallé
> Qui va les crucifix rongeans
> C'est signe quelle a estallé
> Et aultrefois hanté marchans.

> Femme qui met quand elle s'habille
> Trois heures a estre coiffée
> C'est signe qu'il lui faut l'estrille
> Pour estre mieux enharnachée...

Ces rimes, et quelques autres plus déshonnêtes, bien que proférées sur le théâtre des Innocents, indisposèrent les maris de ces dames, et messieurs de la Bazoche, loin d'en rire, prirent le parti de ceux-ci et résolurent de venger l'honneur des belles Rémoises. Ils préparèrent à leur tour une *sottie* à l'encontre des chanoines; l'Eglise en frémit d'indignation, et nous lisons ceci dans Foulcart :

Les officiers de la justice spirituelle et temporelle de M. l'Archeveque de Reims, advertis qu'au tems du Carême plusieurs des habitans de Reims, lesquels estoient de sa juridiction, présomptueusement avoient entrepris de jouer publiquement, sur eschafaud, certaines farces et dérisions contenant grandes injures contre l'estat et personnes ecclésiastiques et spécialement de l'église de Reims : dequoy adverty aussi le Chapitre, firent par leurs justes défenses, soubs certaines grandes peines à tous leurs subjects, de faire aucune assemblée ne jouer ne publier leurs farces et entreprinses, et les officiers de la justice spirituelle, tant de l'Archevesché que du Chapitre firent attacher ès églises et lieux publics, monitions contenant defenses comme dessus. Ce nonobstant en mespris et contempnement des dites défenses, le dimanche des brandons, pour accomplir leurs mauvais desseins se retirèrent par devers le commandeur du Temple de Reims, d'aultant qu'il se prétend exempt de toute jurisdiction et soubs ombre de ce, leur permit de publier leurs farces et comédies, en la cour du dit Temple... Et là furent publiées les injures infamantes contre les personnes et estat ecclésiastique ; après laquelle diffamation, environ les six heures du soir, les mêmes joueurs de farces, armés et suivis de plusieurs habitans, jusques cent ou six vingts passoient et repassoient par le cloistre des chanoines pour leur faire vergogne et cherchant querelle et proférant contre les gens d'église plusieurs dérisions.

Le lendemain, en continuant leurs mauvaises volontés, retournèrent en grand nombre par la ville, passant par le dit cloistre, armés, faisant plusieurs mocqueries des gens ecclésiastiques, menant un homme déguisé en femme grosse deschevetrée et criant à haute voix : *Pourquoy ne payeront-ils tailles les prestres de maintenant?..* et aulcuns donnoient coups de leurs armes dans les portes des gens ecclésiastiques, en demandant : *Y a-t-il ici nul chanoine?* « Et dura cette action deux jours, tant de nuit que de jour. »

Cette sorte de charivari ne resta point sans répression. Dès le lundi suivant, une instruction fut commencée contre les tapageurs, qui, par actes capitulaires des 18, 21 et 23 février et 9 mai 1490, furent excommuniés. « Puis, ajoute notre chroniqueur, Nicolas Jacquier, un de ceux qui avoient joué la farce, ne laissant pas de venir à l'église, bien qu'il fut comme les autres excommunié, le Chapitre fit commandement au soubz chantre de l'église de le mettre hors, lui et ses consors. »

L'issue de cette petite guerre intestine eut pour heureuse conséquence de rétablir le calme dans la cité et de refroidir le public pour les représentations en plein vent. Messieurs de la Bazoche et *consors* subirent eux-mêmes le joug de l'opinion, et durent pour un temps se résigner au repos.

Quoi qu'il en soit, on comprend que la fréquence de ces jeux, cérémonies, exhibitions bizarres, suffirent longtemps à défrayer la curiosité publique et l'on s'explique le retard que l'administration mit à recourir aux Confrères de la Passion.

CHAPITRE IV

Le Mystère de la Passion

(Suite du précédent)

On voit, par tout ce qui précède, que Reims était aussi bien que toute autre ville préparée à l'avènement en ses murs des Confrères de la Passion. Mais déjà, le texte d'Arnould Gresban, représenté dans un grand nombre de localités, avait subi quelques critiques. On commençait à trouver le travail du maître insuffisant, d'un style suranné et, à chaque nouvelle représentation, les Maîtres du jeu ne se faisaient pas scrupule d'y apporter des modifications et des corrections. Il fallut y pourvoir. Le plus célèbre des remaniements du Mystère de la Passion, fut celui du docteur scientifique Jehan Michel, d'Angers. Avec ou sans l'assentiment d'Arnoul Gresban, Michel retoucha l'œuvre, y introduisit de nouveaux personnages, des scènes nouvelles, en rajeunit le style, et mit le tout en état de reparaître au théâtre. Angers en eut les prémices. La première représentation qu'en donna cette ville, annoncée sans doute avec renfort de prospectus, amena un concours immense de

3

spectateurs, et obtint un tel succès, que l'autorité de ce texte rajeuni fut définitivement fixée et se trouva immédiatement consacrée par l'impression (1).

Le succès de la représentation d'Angers, promptement ébruité, toutes les grandes villes de France tinrent à honneur de posséder le nouveau texte et de faire jouer le célèbre mystère. Nous retrouvons, dans les chroniqueurs du temps, l'expression de l'enthousiasme populaire causé par ces curieuses exhibitions.

Nous ne nous mettrons point à reproduire les éloges ou les critiques dont l'œuvre de Gresban-Michel a été si fréquemment l'objet. Leur drame est venu à son heure, et ce n'est pas avec le froid scepticisme de notre époque qu'il faudrait l'apprécier. Ecoutons ce qu'à propos de ce mystère a dit M. Villemain, dans une de ses conférences à la Sorbonne :

« Concevez un théâtre qui serait dans la foi des peuples le supplément du culte même. Concevez la religion mise en scène, avec la sublimité de ses dogmes, devant des spectateurs convaincus : puis un poète d'une forte imagination, pouvant user librement de toutes ces grandes choses, non pas réduit à nous dérober quelques pleurs sur de feintes aventures, mais frappant nos âmes avec l'autorité d'un apôtre et la magie passionnée d'un artiste; s'adressant à ce que nous croyons, à ce que nous sentons, et nous faisant verser de vraies larmes sur

(1) Voici le titre de cette édition princeps, aujourd'hui aussi rare que recherchée. *Cy commence le Mystère de la Passion de Nostre Seigneur Jésu-Crist, avecques lez additions et corrections faictes par très éloquent et scientifique docteur maistre Jehan Michel : lequel Mystère fut joué à Angiers moult triumphament et somptueusement, en l'an mil quatre cens quatre vingt et six, en la fin d'aoust.* C'est le texte de cette édition dont nous avons donné une copieuse analyse, ou réduction, dans notre publication des *Toiles peintes et tapisseries de la ville de Reims, ou la mise en scène du théâtre des Confrères de la Passion.* — Reims, 1843.

des sujets qui nous paraissent non seulement vrais, mais divins : certes, rien n'aurait été plus grand que cette poésie. Au lieu de cette curiosité à demi-indifférente qui, dans notre siècle, conduit au théâtre des spectateurs distraits par mille soins, supposez une assemblée attentive, ardente, pieusement émue par le sujet seul, indépendamment des inventions du poète ; mettez ces hommes en présence des plus grands souvenirs qui aient formé leur croyance ; ayez un poète... et faites-lui réciter, décrire. dialoguer ce drame sublime et tout fait de la Passion : qu'il vous montre la persécution et les douleurs du Fils de Dieu, la trahison du faux disciple, les hésitations de Pilate, ce juge qui se lave les mains du crime qu'il laisse commettre : ces prêtres et ce peuple égaré qui se saisissent de la victime qu'on leur abandonne et l'achèvent : toutes les tristesses de la Passion, le reniement de saint Pierre, les douleurs de la mère au pied de la croix ! Pouvait-il exister jamais tragédie plus déchirante ! »

Eh bien voilà certainement, malgré l'infériorité du poème au point de vue littéraire, voilà l'intérêt et l'émotion que la multitude du XV° siècle dut éprouver à la représentation de ce grand drame de la Passion !

Quoi qu'il en soit, dès la fin de l'année 1489, la ville de Reims entrait en pourparlers avec les Confrères de la Passion pour une prochaine représentation du grand Mystère. « Le lundi 7 décembre 1489, écrit Foulquart, assemblée en l'eschevinage, en laquelle M. le lieutenant Guillaume Coquillart, ou en son absence maistre Guillaume son neveu, messire Robert Blondel, Pierre Boulet et moy, fusmes commis à la distribution des rooles de la Passion, prendre les congés (permissions) et faire ce qu'il faut faire. » Les préliminaires de ce grand acte furent assez longs, car ce ne fut qu'au mois de mai de l'année suivante que le projet reçut son exécution. C'est

encore Foulquart, procureur de l'échevinage, qui nous
en fournit le récit.

La ville voulait que cette représentation marquât
dans l'histoire du temps. Le livre des *Conclusions du
Conseil* contient cette curieuse information :

> Du vendredy xviii⁰ de may, l'an mil IIII C. IIIIˣˣ et dix, au
> conseil tenu par Mᵉ Cauchon lieutenant en l'eschevinage,
> Mᵉ Jeh. Cauchon, Mᵉ Jacques Fillette, Mᵉ Nicolas Frizon,
> Mᵉ J. Bourguet et autres... a esté conclud... que aux sieurs
> grans personnages qui viendront pour veoir le Mystère de la
> Passion l'on présente en buires les deux poinssons de vin
> que J. Foulcart, procureur, a dit avoir esté acheptés, pour ce
> faire, le prix de vingt quatre livres tournois, que païées a ledit
> recepveur... a esté aussi conclud que à Mademoiselle la Capi-
> tainesse sera fait présent à sa venue icy (pour la feste) : et
> parlera-t-on aux gens d'église pour savoir quoy (lui pourra
> estre offert.)

Jehan Foulquart, procureur de l'échevinage, cité dans
cette conclusion, prit lui-même un rôle dans le Mystère, et c'est de son manuscrit que le chanoine Pierre
Coquault a tiré le récit suivant :

> Le dimanche 23 mai 1490 l'on représenta le Mystère de la
> Passion à Reims, et dès longtemps on s'y préparait. C'était
> une action si célèbre, que beaucoup de gens des villes de
> notre province y arrivèrent pour être présents. Le Chapitre
> de Reims fit acheter du vin pour présenter aux seigneurs qui
> y viendraient. L'archevesque de Tours y estoit présent, appelé
> de Lenoncourt, abbé de Saint-Remy de Reims. L'eveque de
> Térouenne, les comtes et comtesse de Crouy et plusieurs au-
> tres seigneurs. La ville acheta du vin pour faire ses présents.
> L'on fut bien huit jours à le représenter. Et pourtant ce n'é-
> toient point de petits enfants, mais tous hommes et de qualité
> qui représentoient les personnages de cette sanglante tra-
> gédie !

Le dimanche 23 mai, l'on fist la monstre de la Passion, tous les acteurs a cheval.

Le 26, Jean Moet, lieutenant du capitaine, et Foulquart, prièrent d'avancer le service de l'église les jours que l'on représenteroit la Passion, pour y dire, devant que de commencer, la messe du Sainct Esprit, et avoir les enfants de chœur de l'église pour chanter musique en ladite action.

Le 30, jour de la Pentecote, après le service, se commença à représenter les mystères de la Passion, et y fut-on jusques au soir.

Le lundi, l'on commença dès huit heures, et joua-t-on des mistères jusques a sept heures du soir, sans cesser.

Et durant ces actes l'on présentoit du vin tous les jours de la part de la ville, a ceulx qui estoient spectateurs de l'action. Les femmes estoient préposées pour présenter vin et les patisseries à ceux qui jouaient et y avoient des acteurs qui avoient des buffets tous couverts de vaisselle d'argent et bien ornez, et faisoient présenter vin et fruicts en leur nom : ce qui se faisoit tous les jours.

Le mardi 1er juin, l'on commença dès les 9 et 10 heures jusques à la nuit.

Le mercredi on fit le même.

Le jeudi l'on commença le matin, et le *jeu* après le disner fut cessé à cause de la pluie.

Le vendredi l'on joua après le disner jusques au soir.

L'on se reposa le samedi.

Le dimanche on représenta le crucifiement de Jésus-Christ; et y eut bien seize mil personnes regardans.

Le lundi furent représentées la résurrection, l'ascension et la mission du Saint Esprit.

Cela fait tous furent en l'église de Reims, chanter le *Te Deum* solennel ; les acteurs estant en places eminentes. »

Il ne faut pas croire que l'œuvre qui excitait une si grande émotion dans la foule contint exclusivement les faits évangéliques. Aux péripéties du drame connu se trouvaient mêlées des scènes de la vie bourgeoise, des colloques vulgaires qui charmaient le peuple, des apparitions successives d'anges et de démons, de grotesques personnages, tyrans ou satellites des Persécuteurs de Jésus, en tenue et costume provoquant le rire : des scènes sublimes excitant l'admiration, puis d'autres à côté d'un naturel achevé, que nos meilleurs comiques ne désavoueraient point. On a trouvé original et souvent téméraire dans la *Vie de Jésus* de M. Renan que l'auteur osât prêter au fils de Marie le langage et les allures d'un simple particulier ! Si, pour justifier ses hardiesses, l'auteur avait besoin d'un précédent, sinon d'un modèle, il a pu le puiser dans quelques scènes de notre mystère. Nous citerons notamment celle des Noces de Cana.

Les Noces de Cana

Quoique les livres saints ne disent rien de semblable, les légendaires racontent que l'époux des noces de Cana était saint Jean l'Evangéliste, supposé neveu de la sainte Vierge. L'auteur a adopté cette donnée. Le maitre d'hôtel, Architriclin, chargé de l'ordonnance du festin, se félicite d'avoir en abondance tout ce qui est nécessaire pour célébrer dignement les noces : il est effectivement soucieux non seulement de pourvoir au diner, mais encore au choix des convives. Parmi ces derniers, il espère Jésus et Marie qu'il sait dans le pays. C'est Abias qu'il charge d'aller faire l'invitation.

ARCHITRICLIN

Pour ce, Abias, mon amy cher,
Je vous prie que aillez cercher
Jésus, le prophète très digne
Et aussi sa mère bénigne :
Pour tous deux sans rien indigner
Les inviter à ce diner
Des nopces, avecques leurs gens.

Abias vient inviter Nostre Dame aux nopces, et s'exprime
en ces termes :

> Marie, pleine de sagesse,
> Qui toute honnesteté tenez,
> Je vous prie que vous venez
> Au nopces de Iehan Zébédée,
> Pour introduire l'espousée,
> En honneste et simple maniere.

NOSTRE DAME

> J'ay affection singulière
> A Iehan mon nepveu

ABYAS

>   Et aussy
> Si Jésus venoit point ici.
> J'ay charge de le convyer
> Luy et ses gens, à ce disner
> De par le maître Architriclin.

Marie répond qu'elle aperçoit son fils venir vers eux et
qu'il pourra faire lui-même son invitation. En effet, Jésus
arrive, et Abyas, après l'avoir salué, lui dit que Jean, son
cousin et bon ami, le prie d'assister à ses noces et que sa
présence lui sera fort agréable. Jésus répond qu'il accepte
volontiers et qu'il ne manquera pas de se rendre demain au
lieu dit. Abyas se retire pour aller annoncer le succès de sa
mission, Marie restée avec son fils se réjouit de son retour.

> O fils, que votre revenue
> Me donne lyesse et joye :
> Bien voy que vous prenez la voye
> De vos œuvres manifester,
> Pour prescher et pour inciter
> Pescheurs à faire pénitence.

JÉSUS

> Vous avez clère cognoissance
> De mes fais, mère très aimée.

Puis, jetant les yeux sur les Apôtres, Marie reprend :

> Vécy très dévote assemblée
> Vécy noble compagnie :
> Dieu doint que toute vostre vie
> Vous en soyez si bien servy
> Que à mort ne soyez asservy !
> Joyeuse m'est votre venue !

Abyas est retourné vers Architriclin : il lui recommande de tout préparer et qu'il ne manque rien au festin, car la compagnie sera grande : Architriclin s'en félicite ; il a tout ce qu'il faut pour que les convives soient contents.

SOPHONIAS

> Sièges sont prêts et tables mises
> Touailles dessus estendues
> Salles préparées et tendues.
> Il ne faut sinon se renger
> Car il y a bien à manger
> De plusieurs et bien nouveaux mez.

Le lendemain Jésus dit à sa mère que le moment est venu de se rendre à l'invitation d'Architriclin et qu'il ne faut pas faire attendre la compagnie. « Icy s'en vont Nostre Dame, Jésus et ses douze apôtres, aux nopces. »

JÉSUS, entrant

> La paix soit en cette maison !

ARCHITRICLIN

> Venus soyez à très bonne heure,
> Messeigneurs, âme ne demeure !
> Que chascun se sée où il veult
> Et pregne sa place qui peult :
> Mettez vous ici cinq ou six.

SOPHONIAS

> Voire, car les premiers assis
> Sont toujours servis les premiers.

Jésus, selon sa coutume, recommande qu'au commencement de chaque repas, on n'oublie pas la bénédiction des mets.

Benedicite!

TOUS

Dominus,

JÉSUS

Que sumpturi sumus
Benedicat trinus et unus

TOUS

Amen.

Icy fait Jésus la bénédiction en tenant ung pain entre ses mains, et le rompt par le milieu, et puis se assiet l'Espousée au milieu, Nostre Dame à costé, Jésus à l'autre costé, et tous les apostres après. Architriclin se assiet le dernier au bout de la table. Saint Jean vestu d'une belle robe blanche et les trois autres serviteurs servent. Architriclin fait une nouvelle recommandation à ses convives de bien garder leur place et de faire chère plantureuse. Marie alors s'adresse à la nouvelle mariée.

Dame gracieuse
Épouse amoureuse
De plaisir joyeux
Et de mondain heur,
En corps et en cœur
Soyez bien heureuse
Dame gracieuse.

LA MARIÉE

Grâce fructueuse
Charité piteuse,
Vie vertueuse,
Dame de valleur,
Soyez par honneur,
Sans vie ennuyeuse,
Dame gracieuse!

Abyas prie la Sainte Vierge de donner à la nouvelle mariée
des leçons de maintien et de conduite :

> Car de sens, d'honneur et de bien
> Sçavez plus que femme qui vive !

Puis, s'apercevant que Jésus semble blâmer l'excessive
abondance des mets, le marié s'en excuse; une fois ou deux
en la vie on peut bien faire quelque dépense, surtout en raison
de si noble compagnie. Abyas, craignant sans doute qu'on in-
terprète à lésinerie ce que Jean vient de dire, ajoute :

> Messeigneurs, l'espouse ne quiert
> Sinon que faciez bonne chère,
> Viande ne luy est point chère.
> Il en est pourvu, Dieu mercy :
> Ne pensez sinon à manger.

SOPHONIAS

> Faites ces hanaps descharger,
> Despechez ce premier venant.

MANASSÈS

> Pour faire ces barbes nager
> Faites ces hanaps descharger

ABYAS

> Si vous avez peu à manger
> Si beuvez bien à l'avenant.

ARCHITRICLIN

> Vous estes servis maintenant
> Plantureusement, Dieu mercy !
> Et crois qu'il fait meilleur icy
> Que en beaucoup de bonnes maisons.

Marie loue la belle ordonnance du festin et en remercie,
après le Créateur, l'époux qui fait si bien les choses. La

mariée répond qu'on a fait du mieux possible, mais que c'est
loin d'être aussi bien qu'on le désirerait pour de si honorables convives, qu'elle invite de nouveau à ne rien refuser de
ce que l'on peut leur offrir. Ceux-ci s'en acquittent si bien que
bientôt l'alarme est parmi les servants. Le colloque est curieux
et ne manque pas de comique.

ABYAS

Vécy très mauvaise nouvelle !
Il n'y a plus de vin ès pots !

SOPHONIAS

C'est assez pour perdre propos
S'il n'y a plus de vin ès pots !
Et dira on que sommes sots
Si, le maître d'hostel appelle.

MANASSÈS

Il n'y a plus de vin ès pots,
Vécy très mauvaise nouvelle !

ARCHITRICLIN

Que dites-vous ? .

MANASSÈS

Point ne lé cele.
Je vous déclaire a deux mots
Il n'y a plus de vin ès pots !

ARCHITRICLIN

Vécy très mauvaise nouvelle !
Est-ce par excès ou cautelle
Que sommes cheuz en tel deffault ?

ABYAS

On a tant beu que le vin fault !
Et si ne sçavons où en prendre

ARCHITRICLIN

.... La feste
Sera honteuse et déshonneste
Et un grand scandale en viendra
A l'espousée dont il sera
A jamais honteuse mémoire.

ABYAS

Si les gens demandent à boire
Maistre, que leur pourra on dire?

Architriclin, pressé de questions et fort embarrassé, s'en retourne à sa place avec tous les signes de mécontentement. La Vierge Marie a vu le trouble de l'amphitrion et la honte qui va rejaillir sur son jeune parent : elle parle bas à Jésus et le prie de prendre en pitié le pauvre époux :

Mon fils, la feste fort s'empire
Et tourne à honte et esclande
Sur l'époux qui luy sera grande
Si vous mesmes n'y pourvoyez :
Car le vin fault, vous le voyez.
Pour Dieu saulvez-luy ce desroy !

JÉSUS

Femme, que te touche il, ne a moy
Si la faulte y est survenue?
Quant mon heure sera venue
Je ferai mes faits vertueux.

Cependant Marie commande aux valets de s'approcher de son fils et d'accomplir les ordres qu'il leur donnera : alors Jésus leur commande d'emplir les ydres (les pots) d'eau claire. Les gens de service s'imaginent que Jésus veut rire, ils répondent en goguenardant :

MANASSÈS

Puisque le vin des nopces fault
Il faut de l'eaue comme vous dictes !

ABYAS

Ces buyres ne sont pas petites
Ils tiennent chascun par soy
Deux ou trois potées ..

MANASSÈS

Nous fournirons
Plus d'eaue que nous n'en beurons !
Je n'en pense mouller mes dens.

Icy emplent d'eau les vaisseaulx de terre, qui seront de ranc
sur une selle haulte. Manassès dit à Jésus qu'ils ne peuvent
emplir que six buyriers d'eau ; mais il pense que c'est plus
qu'on n'en boira. — Jésus fait le signe de la croix sur ces
buyriers, et dit aux servans de les porter à Architriclin, et de
voir ce qu'il en dira.

SOPHONIAS

Je suis seur quand il en beura
Qu'il n'aura du résidu cure,
Car ce n'est que eaue toute pure
Dont avons empliz les vaisseaulx !

Manassès va trouver le maître d'hostel.

Or tenez, Architriclin.

ARCHITRICLIN

Qu'esse ?

MANASSÈS

Goutez, puis en faictes rapports.

Architriclin, qui n'a pas vu ce qui s'est passé entre ses valets et Jésus, s'imagine que l'époux avait du vin en réserve :
il goûte celui qu'on lui présente :

Ha ! vecy du vin le plus fort
Le plus délié et le meilleur
Le plus sec, le plus beau en couleur
Que onques langue d'homme gousta !

Onc de vigne ne degoutta
Goute de vin plus délié !
Appelez moy le marié
Je veuil parler à luy deux mots.

Manassès va prier saint Jean de venir donner quelques explications à Architriclin. Ici les livres saints nous révèlent un usage des temps anciens que nous avons tout à fait changé, celui de donner aux convives le meilleur vin au premier service.

ARCHITRICLIN

Je n'entends point votre propos
Ne l'ordre de vostre service
Et n'est mémoire que je veisse
Jamais servir comme vous faictes
Quant on fait assemblées et festes !
Pour quelqu'honneste et bonne fin
On sert toujours du meilleur vin
Qu'on puisse finer, jusques a ce
Que les gens a leur suffisance
Ayent leurs estomachs abruvez :
Et puis quant ils sont enyvrez
On sert du pire vin après
Et se fait tout ainsi exprès
Pour farder la judicative
De la langue qui est hastive
A juger ce qu'elle goutte.
Mais vous détournez l'ordre toute
Car vous avez au dernier
Servi meilleur vin qu'au premier
Je ne scay qui vous y a meu ! (1)

Saint Jean ne répond point à cette interpellation de son maître d'hôtel : il a reconnu sans doute en tout ceci l'inter-

_____

(1) Tout homme sert d'abord le bon vin, et après qu'on a beaucoup bu, il en sert alors de moindre. Mais pour vous, vous avez réservé jusqu'à cette heure le bon vin. (*Ev. selon S. Jean.*)

vention de Jésus : il se contente de louer Dieu qui n'a pas permis qu'il y ait scandale à la fête. Sophonias, qui n'a fait qu'exécuter les ordres de Jésus et qui lui a vu faire le signe de la croix sur les ydres, n'hésite pas à le proclamer l'auteur du miracle, et le signale comme le plus parfait des humains. Abyas y répond par un vœu de véritable ivrogne.

> Si scavoys faire ce qu'il fait
> Toute la mer de Galilée
> Seroit ennuyt en vin muée
> Et jamais sur terre n'auroit
> Goute d'eaue, ne ploveroit
> Rien du ciel que tout ne fust vin !

Quand Architriclin voit que tout le monde est rassasié et que personne ne boit plus, il donne l'ordre de desservir. Nous retrouvons encore ici un usage du temps, dont Paul Véronèse a tiré parti dans son grand tableau des Noces de Cana : c'est celui de livrer les restes du dîner aux gens du peuple, aux mendiants, aux parasites qui regardent les convives du dehors.

MANASSÈS

... Ostons
Vin et viande et l'emportons
Pour servir les seconds à part...

Architriclin remercie ensuite les assistants de l'honneur qu'ils ont fait aux époux : Jésus propose alors de rendre grâces à Dieu, ce que font aussitôt les convives, se levant et disant *Cantemus*.

JÉSUS

Amys il est temps de partir
Puisque la feste est accomplie.

LA MARIÉE, à *Jésus*

Humblement je vous remercye
De vostre visitation !
Vous aussi, madame Marie
Humblement je vous remercie...

Icy se départ l'espousée. — Jésus propose alors à ses apôtres de quitter la Galilée et de retourner en Judée où les iniquités du peuple le rappellent. Il fait ses adieux à sa mère et lui dit de l'attendre à Nazareth.

———

Ce serait ici le lieu de donner quelques éclaircissements sur la mise en scène de ce célèbre drame, car il est certain qu'elle différait de notre manière d'entendre aujourd'hui les choses. Quelques écrivains l'ont essayé. Les frères Parfait d'abord, puis le duc de la Vallière, Beauchamp, Berriat Saint-Prix, Emile Morice, et en ces derniers temps, Paulin et Gaston Paris. On nous permettra de ne retenir ici que le sentiment de ce dernier qui, dans sa récente et belle édition du drame d'Arnoul Greban, s'exprime ainsi :

La mise en scène du spectacle ! Voilà le grand élément de cet incomparable succès des Mystères. Au lieu d'être successive, si l'on peut parler ainsi, la mise en scène est simultanée. Les différents lieux où se passe l'action, sont tous, dès l'origine et jusqu'à la fin, sous les yeux du spectateur, garnis des personnages afférents. Tous ces lieux communiquent entre eux par le devant de la scène, terrain neutre où se passent les voyages, les marches, les actions, sans lieu défini. Une telle scène n'était-elle pas du moins préférable à ces éternels changements de décors qui, aujourd'hui, rendent si difficile l'exacte représentation de certaines pièces. Devant la foule, amassée longtemps à l'avance, s'étendait ainsi sur un espace, souvent très vaste, le coin du monde où se déroulait l'action. Ici une ville, là une montagne, une plaine, le bord d'un lac ou de la mer : la chambrette de Marie, la prison de Jean, la salle du festin d'Hérode, l'étable de Bethléem, etc. D'un côté, sans doute à une extrémité, s'élevait le Paradis, formant un étage supérieur, au-dessous duquel des tentures dissimulaient l'échelle qui le faisait communiquer avec la terre... à l'autre bout s'ouvrait la gueule d'enfer, par laquelle sortaient et rentraient sans cesse les diables envoyés parmi les hommes. Ainsi s'exprimait aux yeux du monde, tel que l'esprit le concevait, divisé en trois règnes distincts, celui du bonheur éternel, celui du malheur sans fin, et au milieu la terre, où l'homme décide par sa vie à quelle région, céleste ou infernale, il appartiendra pour toujours, où les diables le tentent, où les anges le soutiennent. Là, du haut des cieux, aux rugissements des démons, on voyait descendre le Fils même de Dieu, pour livrer à Satan la grande bataille, dont les épisodes se déroulent l'un après l'autre. Oublions ici la faiblesse du style, la pauvreté de l'invention, ne pensons qu'au sujet et aux sentiments qu'il inspirait aux spectateurs. Aussi quelle participation, quelle attention haletante, quels gros rires quand les diables, déçus, faisaient en enfer « grand tumulte ». Quel enthousiasme quand, au son des orgues du Paradis, le chœur des anges célébrait les victoires du Très-Haut !

Il nous faut maintenant sauter une quarantaine d'années pour retrouver trace, en nos murs, de représentations dramatiques : non pas que les occasions d'émotions et de réjouissances aient manqué à la bonne ville. Les éphémérides historiques lui en fournirent d'assez fréquents sujets, ne fût-ce qu'à propos des merveilleuses conquêtes en Italie du roi Charles VIII (1494), conquêtes, il est vrai, de bien peu de durée, mais qui, à leur époque, éveillèrent un si vif enthousiasme. Puis, à quelques années de là (1498), le sacre du roi Louis XII ; mais surtout les réjouissances publiques auxquelles donnèrent lieu, notamment à Reims, la guérison presque miraculeuse de la griève maladie qui faillit emporter ce prince, si légitimement surnommé le *Père du Peuple*.

Peu après, les fêtes du sacre de François Ier, quelque peu semblables à celles des rois Charles VIII et

Louis XII, nous trouvons, dans les *Mémoires* de Jehan Pussot, le souvenir, sinon le récit, d'une nouvelle représentation du *Mystère de la Passion*, suivie de la *Vengeance de Nostre Seigneur*, qui fut exécutée à Reims au mois de mai 1531. Mais, ce que ne dit pas notre annaliste, c'est que cette représentation avait été précédée d'incidents assez curieux, que nous révèlent les *registres patrimoniaux* de l'Hôtel-de-Ville (an 1517-1518).

Cette représentation avait été projetée dès l'année 1517 : une forte gelée, qui perdit les vignes et les blés, bien plus, une maladie contagieuse qui régnait dans le pays, obligèrent à remettre les fêtes à des temps plus heureux. Pierre Coquillart (neveu du poëte), receveur des deniers communs, rendant ses comptes au lieutenant général et procureur du roi au bailliage de Vermandois, s'exprime ainsi :

« Est dû deux cent vingt neuf livres quatorze sols a Thomas Grossaine et Gibrien Pioche, pour les parties payées par eux et le recepveur, pour les préparations des *Mystères de la Passion*, que l'on espérait jouer à la Pentecoste, ce qui ne s'est pu faire à cause de la grande fortune des blés et vignes gelées. « ET EN MARGE SE LIT : *Transeat.* Pour ceste fois, après qu'il est apparu de la conclusion de la ville, faite par gens de tous estats, et que les angelets, pourtraitures et autres choses servant audit mystère, sont en réserve dans l'Hotel de Ville, à la charge touttefois que si Grossaine et consorts jouent les mystères, ils rembourseront la ville des premiers deniers de la recepte. Si le mystère n'est pas joué d'ici à dix ans, Grossaine pourra vendre les mystères déposés à l'Hotel de Ville et rembourser le recepveur. Défense aux recepveurs à venir de donner des deniers communs pour telle ou semblable affaire. »

Treize ans se passèrent néanmoins sans que l'on pût se mettre d'accord pour réaliser les projets de 1517.

Vers la fin de l'année 1530, on se crut en mesure, et nous trouvons, aux archives de la ville, les pièces suivantes qui prouvent l'importance et l'intérêt que le public, grands et petits, attachait à cette divine représentation.

« *XXI septembre 1530*. Supplient humblement J. Chiertemps, P. Serval, J. Lempereur, H. Choilly, N. Rabaille, P. Novisse, J. Chardon, J. Lacorde, G. Rainssant, J. Lescot, G. Sandras, A. Garot, J. Tropmignot, S. Payen, B. Brïotin, tous bourgeois, praticiens et marchands d'icelle ville.

« Comme environ sont treize ans par bon et meure deliberation des bons et notables personnaiges manans et habitans d'icelle ville, eust esté advisé et conclud de faire jouer par personnaiges le tres haut Mistère de la Saincte Passion de Nostre Seigneur, afin d'en avoir bonne et vraye commémoration à l'honneur de Dieu, et au salut des ames d'un chacun ; et si toutefois avoit esté delaissé et differé pour cause de la grande stérilité de biens qui survint lors, et mortalité et guerre, et soit ainsi en la mercy, bonté et clemence divine, que présentement nous soyons en bonne paix, la ville et pays purgé d'infection de peste, et soit le povre peuple en repos, et que tous bons chrestiens désirent affectueusement et appellent veoir et oir iceluy sacré mystère, quy ne fut, sont quarante ans passés, joué en ceste ville, tellement que la memoire en est quasi passée. Qu'il vous plaise leur permettre faire jouer iceluy mystere au lieu accoustumé, ou aultre qu'il vous plaira, et offrent le tout fournir et frayer a leurs despens, moyennant quelque petite somme de deniers qu'ils pourront prendre des assistans, selon vostre advis ; ou s'il vous plaist à frais et deniers communs d'icelle ville, ils offrent leurs corps et biens et tout leur petit pouvoir employer à vostre service, par le bon amour et grant affection qu'ils ont audit divin Mystere : et vous ferez ung œuvre louable à l'honneur de Dieu et très charitable au bon peuple.

Conclud a esté que la requeste cidessus, veue par le conseil, les supplians pourront jouer ou faire jouer le saint Mystere de la Passion à leurs frais et despens, péril et fortunes ;

et si, leur a esté octroyé par le conseil, en tant que touche la
ville qu'ils puissent lever quelques deniers raisonnables sur
ceulx qui la viendront veoir, pourveu toutefois que les supplians feront jouer ledit Mystere bien et honnestement tant à
l'honneur de Dieu, de la ville, que à l'exemple du peuple en
manière que scandale n'en puisse venir, ne deshonneur à la
ville.

7 octobre. Les suppliants ont demandé au conseil de leur
préposer quelques gens de bien, pour se régler par leur advis,
et de leur donner quelques figures et pourtraitures faites il y
a treize ans, pour servir au Mystere projeté. — On leur accorde ce qu'ils demandent. Les commissaires elus sont le
lieutenant, le bailly de Reims, N. Goujon, Grainetier, le procureur fiscal, le receveur et le procureur de la ville. »

Enfin le 25 mai 1531, a la veille de la représentation, les
maitres administrateurs du Mystère demandent qu'on taxe les
assistants. Il est convenu que ceux qui iront sur les échafauds payeront 3 den. ts. A ceux qui auront « chambres »
chaque fenètre coutera 40 s. t. Les maitres paieront douze
hommes pour faire le guet dans la ville pendant la représentation. Il ne restera que deux portes ouvertes tout le temps
des jeux.

Telles furent quelques unes des dispositions prises
pour assurer le succès de l'entreprise. La représentation
de la Passion, dit J. Pussot, fut suivie de celle de la
Vengeance. Ce fut « une chose de grant dévotion : le
peuple y accouroit de toutes parts et y venoit-on bien
de trente lieues à la ronde. »

Nous avons présumé, non sans quelque apparence de
raison, que les toiles peintes de l'Hôtel-Dieu, dont nous
avons donné naguère une fidèle reproduction, exécu-
tées sous le cardinal de Lenoncourt, furent inspirées
précisément par ces représentations. On y trouve en

effet, dans les figures, la physionomie des personnages des xv° et xvi° siècles, avec les types étranges et grotesques des bourreaux et tourmenteurs du Christ. Le peuple devait prendre d'autant plus de goût à ce genre de spectacle qu'il trouvait, à côté du sublime et du pathétique des livres saints, la peinture de mœurs de son temps, des vices et ridicules de son siècle, avec leur cynisme et leur grossière trivialité. — Montrons toutefois la variété des situations et du style de l'auteur. — Nous en trouvons un précieux spécimen dans la scène de la *Mondanéité de la Magdeleine* avant sa conversion.

Des horreurs de l'enfer que nous quittons l'auteur nous fait pénétrer dans le galant et mystérieux boudoir de la brillante et voluptueuse coquette. Nous y trouvons les mœurs galantes du XV° siècle que l'auteur place en Judée. Nous assistons à la toilette de la Magdeleine.

La sœur de Marthe, tout entière aux vanités mondaines, se glorifie de sa naissance, de sa richesse et des nombreux avantages qui la mettent au-dessus du vulgaire. Elle s'encourage elle-même à profiter et jouir de sa fortune.

> Tandis que suis en jeunesse et sancté
> Fais-je pas bien ? en dois-je estre blasmée ?
> Veu que à présent en grant prospérité
> Fortune m'a sur toutes eslevée !

Ses suivantes, Pérusine et Pasiphée, l'entretiennent dans ces idées et flattent sa vanité par leurs compliments et leurs flatteries exagérées. La Magdeleine justifie ainsi ses adulations.

> Sirus, mon père, fut yssu de noblesse
> Aussi fut bien ma mère Eucharie
> D'eulx laissée suis, en ma fleur de jeunesse
> Descendue de régalle lignée
> Il est ainsi, ce n'est pas menterie

Ai-je donc tort à mon fait bien comprendre
Si sans vouloir sur aultruy entreprendre
Mais pour honneur, prens curiosité
De plaire à tous, et d'être bien parée ?
Je crois que non, car à la vérité
Fortune m'a sur toutes eslevée.

Puis, comme ses suivantes lui disent qu'il n'y a aucun
mal à se réjouir, et que nul ne la peut blâmer de ses goûts
et de ses plaisirs, Magdeleine songe à la critique que fait de
sa vie Marthe sa sœur.

Ne cuide point sur moy estre maistresse
Ma sœur Marthe, ne que pour sa cririe
Mon noble estat aulcunement rabaisse
Jamais à ce ne seroye convertie :
Je ne la crains : ne me chault qu'en die.
Si elle veut, voyse *(qu'elle aille)* aux aultres apprendre,
Car quant à moy je ne la pense offendre
D'aimer esbat, plaisirs joyeus, etc.
Et de vouloir estre à tous preparée.
Puisque ainsi est qu'en toute vanité
Fortune m'a sur toutes eslevée...

La Magdeleine veut prendre pour modèle non sa sœur
Marthe la dévote, mais son frère Lazare qui hante noble
chevalerie, mène joyeux train et vie galante : à son exemple
elle veut remplir le monde du bruit de sa gloire et de son
élégance.

Le beau chasteau de Magdelon je possède
Dedans lequel nous menons gaye vie :
Nommée je suis des aucunes pescheresse !
Mais peu me chault s'ils ont sur moy envie.
Ma sœur Marthe possède Béthanie,
Mon frère a eu, ainsi la fault entendre,
Pour son partaige où rien ne veulx prétendre
Tous ce que avions en la noble cité
Hiérusalem, où tant suis renommée.

PÉRUSINE

Il n'y a homme en la contrée
Soit prince, seigneur ou vidame,
A qui vostre beau corps ne agrée
Et qui pompeuse ne vous clame !

La Magdeleine ne se loue pas seulement des dons de la naissance et de la fortune, sa vanité lui dit encore qu'elle est la plus jolie et la mieux avenante.

Je veuil estre toujours jolie
Maintenir estat hault et fier ;
Avoir train, suivre compagnie
Encore huy, meilleure que hyer.
Je ne quiers que magnifier
Ma pompe mondaine et ma gloire
Tant me veuil au monde fier
Quil en soit a jamais mémoire.
J'ay mon chasteau de Magdelon
Dont on m'appelle Magdeleine
Ou le plus souvent nous allons
Gaudir en toute joie mondaine...

PÉRUSINE

Oncques de femme ne nasquit
Si belle ne si gracieuse...
Beau port, bel acueil, beau maintien ;
Scavante, jeune, courageuse,
Digne d'avoir beaucoup de bien !

PASIPHÉE

Vous avez la vogue et le bruit
On ne parle plus que de vous,
Chascun vous suit, chascun vous rit
Et faictes bon recueil a tous
Vostre regard plaisant et doulx
Est pour attraire ung nouveau monde.

Mais, ajoute Pasiphée, il faut vous attendre aux propos ;
vous avez bien l'air de vouloir y donner sujet.

PÉRUSINE

Laissez parler gens, n'ayez peur !
Boutons le mau-temps à l'espaule !

MAGDELEINE, *quiert les vanitez mondaines.*

Je veuil estre à tout préparée
Ornée, dyaprée et fardée
Pour me faire bien regarder.

PASIPHÉE

Dame à nulle autre comparée
De beauté tout estes parée
Qu'il n'est besoin de vous farder !

Puis nous retrouvons ici le détail des baumes et des parfums usités chez les élégantes du xvᵉ siècle.

MAGDELEINE

Et si, veuil porter des senteurs
Doulces et plaisantes odeurs
Pour inciter tout cœur à joie.

PÉRUSINE

Voulez vous herbes et verdeurs
Doulces et fleurantes liqueurs ?
C'est bien raison qu'on y pourvoie ?

Et Pérusine lui présente une riche bouete ; Magdeleine la
prend, puis ayant satisfait le sens de l'odorat, Magdeleine
veut jouir de la plaisance du goût, et se fait servir les mets
les plus délicats. — Vient après la plaisance de l'ouïe : ce
sont mélodies, chansons et ballades. — Puis la plaisance des
yeux : Pasiphée lui offre tapis et bordures, pierreries, ba-
gues et lustres en tous lieux épars. — Qùant aux plaisirs de

l'attouchement, Magdeleine s'en excuse et fait réserve de son honneur. C'est un correctif à toutes les faiblesses dont elle vient de faire parade.

> Si à tous délits je me donne
> Mon honneur pourtant n'abandonne.

Puis, ajoute-t-elle, son goût pour les plaisirs est une affaire de jeunesse : chaque âge a ses penchants, ses besoins.

> Chascun age s'en va sa voye :
> Laisser fault les enfants crier
> Les plus grands maistres, maistrier,
> Les princes, faire leurs contens,
> Les povres dévots, Dieu prier
> Les faulx rapporteurs, fort crier
> Au surplus se donner bon temps !

Ce discours excite l'enthousiasme de Pasiphée, qui s'écrie transportée :

> Vive le trésor de jeunesse !
> Vive la belle Magdeleine !
> Vive Polixène ou Lucresse !
> Vive plus plaisante qu'Hélene !

PÉRUSINE

> Pour mettre mignons en alaine
> Veci fine espice sucrée !
> Et tel y laissera sa laine
> Qui n'en aura jà la grupée !

Malgré l'étendue de ce chapitre, nous ne voulons pas le clore sans citer une anecdote recueillie par les faiseurs d'ana, et qui, quoique peu justifiée, montre une fois de plus l'intérèt et la passion que le peuple apportait à ces représentations.

Ce fut sous le roi Jean II qu'on joua pour la première fois la comédie dans le royaume de Suède, mais quelle comédie! Telle et plus barbare encore qu'elle le fut il y a trois siècles dans le reste de l'Europe ! La *Passion de Jésus-Christ* fut le premier spectacle qu'on donna aux Suédois. L'acteur qui jouait le rôle de Longin, voulant feindre de percer avec sa lance le côté du crucifié, ne se contenta pas d'une simple fiction, mais, emporté par la chaleur de l'action, enfonça réellement le fer de sa lance dans le côté du malheureux qui était sur la croix ; celui-ci tomba mort et écrasa par son poids l'actrice qui jouait le rôle de Marie. Jean II, indigné de la brutalité de Longin et des deux morts qu'il voyait, s'élança sur lui et lui coupa la tête d'un coup de cimeterre. Les spectateurs, qui avaient plus goûté Longin que le reste des acteurs, se fâchèrent si fort de la sévérité du roi, qu'ils se jetèrent sur lui et, sans sortir de la salle, ils lui tranchèrent la tête.

Ainsi finit la Coomédie!

C'est la mise en scène d'un marchand d'orviétan exploitant sa panacée, à l'entrée d'une bourgade, où il a échaffaudé sa tribune, car il n'a paraît ici que pour la petite pièce; une toile le sépare de la salle d'exercice proprement dite, où se doivent exécuter les merveilleuses jongleries des artistes associés. Déjà Paillasse impatient écarte le rideau et veut voir si les malades villageois accourent. La nuit approche et le Pitre n'a pas achevé d'allumer son rustique lampadaire, que déjà notre Fontassrone a commencé son boniment : « Approchez tous, gens du village ! Vééz, véez ! Oez, oez ! le mirifique, l'incomparable breuvage : la quintessence de la poudre aurifique qui guérit congrument, radicalement toutes maladies : docteurs, pucelles et autres affections malsaines, hommes et femmes, chiens et pourceaux ! Voici l'inappréciable elixir approuvé par la Faculté de mélecine et par toutes les puissances de la terre, ainsi qu'attesté la charte que voici, affirmée, confirmée par les sceaux des souverains qui nous ont honoré de leur confiance. Vééz, véez ! Oez, oez !! — Entre-temps, les badauds, les curieux se massent, et dans le compact qui se forme, le larron se glisse et le *pick-pocket* commence son travail.

(Mœ. du XVe siècle de la Biblioth. de Cambrai.)

CHAPITRE V

Bateleurs et Saltimbanques.

Nous allons nous occuper d'un genre d'artistes qui fut grandement en vogue, au temps où sommeillait la muse dramatique et quand, à l'état rudimentaire, elle ne pouvait encore offrir à la curiosité publique que les pieuses représentations des Confrères de la Passion, ou les jeux plus émancipés de Messieurs de la Basoche.

En tout temps, nous avons eu des saltimbanques et des charlatans : aussi notre embarras a-t-il été de donner à ce chapitre son véritable numéro d'ordre. Comme ensemble historique, peut-être, et pour cause, eût-il été aussi bien placé à notre époque. Le lecteur en jugera. Nous n'avons pas voulu nous exposer à des allusions dangereuses; mais ce que nous n'avons pas voulu dire, le lecteur pourra facilement y suppléer.

Malgré les recherches qui précèdent et les publications des érudits, tout n'est pas dit sur les origines de notre théâtre. Le répertoire dramatique des XIVe et XVe siècles est sans doute assez fourni, mais il nous semble que des découvertes restent à faire sur diverses parties de cette histoire. Ce qui, notamment, offrirait quelque intérêt, c'est ce qui touche au personnel, à la biographie de ces pauvres artistes, histrions et cabotins, si l'on

veut, nomades ou sédentaires, voués à la tâche difficile
d'amuser le public, et dont les efforts réitérés contri-
buèrent cependant à faire entrer le théâtre dans les habitudes de notre société. Les documents sur la matière
ne sont pas communs. Ceux que nous retrouvons, à
grand'peine, disséminés dans les recueils du temps,
nous les montrent souvent recherchés et soldés par les
grands, avant d'être appréciés par la foule. Peu de
noms, parmi les plus habiles des comédiens et bateleurs
du moyen-âge, sont arrivés jusqu'à nous. Les quelques
pièces que nous avons réunies nous en font connaître
plusieurs, mais sans nous rien apprendre sur leur emploi spécial. Tels quels, ces documents nous paraissent
utiles à recueillir pour le biographe futur de ces parias
de l'art, auxquels la société moderne doit en partie l'une
de ses plus vives jouissances intellectuelles.

Il a toujours été d'une bonne politique, pour un gouvernement, de souffrir et même d'encourager ceux qui
se vouent et contribuent à l'amusement du peuple.
Aussi voyons-nous les bateleurs, jongleurs et saltimbanques en plein exercice de leur profession dès les
premiers siècles de notre histoire : au temps même de
la pieuse ferveur du public pour les représentations des
mystères, la foule se plaît encore à leurs joyeux esba-
tements ; et, malgré les résistances de l'Eglise, l'administration de la cité autorise leurs jeux, tout en leur
défendant de rien dire ou représenter ès rues et places
publiques qui puisse blesser les bonnes mœurs et froisser
les individus ; défenses, il faut le dire, rarement observées. On cite un singulier témoignage de la faveur du
pouvoir, au temps de saint Louis : Un des règlements,
fixant les droits de péage qui se prélevaient sur les fo-

rains à leur entrée dans Paris, statuait, entre autres
articles, que tout marchand qui apportait un singe pour
le vendre devait payer 4 deniers ; mais, est-il dit, si le
singe appartient à un jongleur, il sera exempt de tout
droit et en sera quitte pour un tour de son métier devant le préposé. De là peut-être la locution proverbiale :
payer en monnaie de singe, c'est à-dire en grimaces ou
gambades. Du reste, on sait, d'après le témoignage de
Joinville, que le saint roi faisait venir pendant ses repas
des jongleurs et menestriers pour chanter et réciter des
vers, et qu'il retardait même son *Benedicite* jusqu'à
la fin de leur chanson. « Quant li menestrier venoient
léans, et il apportoient leur vielles après mangier, il
attendoit ouïr ses graces tant que li menestrier eust fait
sa lesse. » (*Lai, chanson.*)

A ce propos, nous rappellerons tout naturellement
notre si curieuse maison de la rue de Tambour, que
d'ingénieux archéologues ont appelée tour à tour l'hôtel
des comtes de Champagne, le palais royal, l'hôtel de
Tuisy, des comtes de la Mark, et qui, selon nous, et
comme l'a dit Mérimée, n'était autre que la maison des
ménestriers, où se tenaient les jeux, les danses et les
concerts de la compagnie, en grande vogue au moyen-
âge. Mais ces ménestriers, quoique voués aux plaisirs
du public, formaient une sorte de confrérie, tout à fait
distincte des bateleurs, troupe nomade, courant l'aventure, les foires et marchés.

Les documents historiques, touchant les saltimbanques à Reims, sont rares et ont laissé peu de traces dans
nos archives. Ceux que nous donnerons tout à l'heure
datent seulement du commencement du XVIIᵉ siècle. On
trouvera bon que nous les fassions précéder d'autres té-

moignages plus anciens et qui, quoique étrangers à notre cité, prouvent l'attraction qu'exerçaient les bateleurs et le crédit dont les couvraient autrefois les Grands (1).

Les quatre premières pièces qu'on va lire sont de Louis de France, premier duc d'Orléans, la victime du guet-apens de la rue Barbette. On sait qu'il était frère de Charles VI et que, durant les accès de folie de ce malheureux prince, il s'était emparé du pouvoir, de connivence avec la reine Isabeau de Bavière, de triste mémoire. Malgré les fautes que lui reproche l'histoire, Louis d'Orléans, était à son heure, affable, grand, libéral, et partageait avec la duchesse Valentine de Milan, sa femme, un goût prononcé pour les gens de lettres, les artistes. et même les cabotins, qui étaient les comédiens du temps. Voici ces pièces :

1. *Les Galans sans souci, de la ville de Rouen (2), reçoivent huit livres tournois.*

En la présence de moy Guillaume Galipel, secretaire de Monsieur le duc d'Orléans, de Milan et Jacques Hurault, conseiller trésorier argentier et receveur général des finances de mondit seigneur, a païé et baillé contant aux *Gallans sans soulcy* de la ville de Rouen, la somme de huit livres ts. la

_____

(1) Ces documents sont empruntés aux archives de la maison des ducs d'Orléans-Valois, passés du cabinet Joursanvault à la bibliothèque du Louvre, si déplorablement incendiée par les insurgés de 1871. Voir notre volume *Les Manuscrits de la Bibliothèque du Louvre. Paris, 1872.*

(2) Nous avons vainement cherché des renseignements sur les *Gallans Sans-Soulcy de la ville de Rouen*, dans l'histoire des *Anciennes corporations et confrairies de la capitale de Normandie.* L'auteur, M. l'abbé Ch. Ouin-Lacroix, est muet sur ces personnages, et Alexis Monteïl n'en dit rien non plus dans son *Histoire des Français de divers états.* Au surplus, il semble que leur confrérie se recrutait çà et là, et nous allons voir la petite ville de Chaulny, avec ses bateleurs, pourvoir aux plaisirs de Madame la duchesse, aussi bien que les compagnons de Paris et de Rouen.

quelle somme ledit seigneur leur a donné pour avoir joué et
chanté devant luy par plusieurs fois tesmoing mon seing manuel cy mis le II⁰ jour de may l'an mil III⁰ IIIIXX et cinq.

Signé : GALLIPEL.

2. *Les mêmes reçoivent vingt florins d'or fr.*

A tous ceux qui ces présentes lettres verront ou oiront,
Jehan Le Cat, adprésent garde du scel de la baillie d'Amiens,
salut : Sachent tous que pardevant Raoul le Castellain et Mathieu Leclerc auditeurs du roy nostre seigʳ comparurent en leurs
personnes Gilet Vilain, Hennequin Lefevre, Jacquemart Lefevre
et Jehanin Esturion, et recognurent avoir eu et reçu de noble et
puissant prince mons. le duc d'Orléans par la main de Godefroy
Lefevre, valet de chambre et garde des deniers des affaires
dudit seigneur la somme de vingt florins d'or francs, que ledit Monsieur d'Orléans leur avoit donné pour aucuns esbatemens de jeux de personnaiges qu'ils avoient fait devant luy.
De laquelle somme de vingt francs d'or les dits Gilet, Hennequin, Jaquemart et Jehan se tiennent pour content et en
quictèrent ledit Monsieur le duc et Godefroy et tous autres.
Promectans, etc. Ce fut faict l'an CCC.IIII.XX et douze, le
XXVI⁰ jour du mois de mars. — *Signé :* TRABET.

3. *Le duc d'Orléans donne et octrõye la somme de vingt livres à départir entre ses joueurs de personnaiges.*

Loys, fils du roy de France, duc d'Orléans, comte de Valois et de Beaumont, a notre amé et féal conseiller Jehan Le
Flamant, salut et dilection : Savoir vous faisons que pour
considération des services que nos joueurs de personnaiges
nous ont fait en temps passé, esquels avons pris grans plaisirs et esbatement et esperons que encores nous facent en
temps avenir, et pour certaines autres causes et considérations qui à ce nous ont meus et meuvent, nous leur avons
donné et ottroyé de grace espécial, donnons et ottroyons par
la teneur de ces lettres la somme de vint francs, à départir

entr'eux par égale porcion. Si vous mandons que iceulx vint francs faciez paier, baillier et délivrer des deniers de nos finances à nos dits joueurs de personnaiges ou a leur certain mandement par notre amé et féal trésorier Jehan Poulain, sans délay... Donné à Paris le XVIIᵉ jour d'avril, l'an de grace mil. CCC. quatre vins et seize.

Par Monsieur le duc, Messire Jehan de Roussay, président, contresigné : BUNO.

4. Le duc d'Orléans fait encore payer vingt francs à ses joueurs de personnaiges.

Jehan Lefevre et Jehannin Esturion joueurs de personnaiges de Monsieur le duc d'Orléans en leurs noms, et eulx faisant-foy de Gilet-Villain et de Jacquemin Lefevre leurs compaignons confessent avoir eu et receu de Jehan Poulain, tresorier dudit Monsieur le duc d'Orléans la somme de vingt francs, lesquels ledit sieur leur a donnez pour une fois, de grace espécial, pour les causes contenues et déclarées ès lettres de mandements d'icellui sieur, sur ce faiz et donné le XXIIᵉ jour de ce présent moys d'avril, si comme ils disent. De laquelle somme de XX francs les dits nommez Jehannin et Esturion se tiennent pour contents et bien payez... Faict en l'an mil CCC. IIII. XX et XVI le vendredi XXVIIIᵉ jour d'avril. *Signé :* O. BATAILLE, CLOSIERS.

La pièce suivante est de Charles d'Orléans, fils du précédent et de Valentine de Milan. C'est ce prince que son talent poétique seul aurait rendu célèbre. Tout le monde a dans la mémoire ses jolis vers :

Le temps a laissé son manteau
De vent, de froidure et de pluie,
Et s'est revêtu de broderie
De soleil rayant, cler et beau..

On sait que, prisonnier à la bataille d'Azincourt, en 1415, il fut conduit en Angleterre, d'où il ne revint qu'au bout de vingt-cinq ans de captivité, en 1440. Cette année même, il épousait Marie de Clèves, aimable princesse, âgée de moins de quinze ans, et qui déjà cultivait avec succès les arts, la musique et la chasse. On voit, par les pièces qui suivent, qu'elle partageait avec les princes de la maison d'Orléans la passion des comédies et des joueux de personnaiges, qu'elle appelait et retenait dans son château de Chauny (Aisne), où elle mourut en 1487, ayant survécu plus de vingt ans à son époux, Charles d'Orléans.

1414, 12 septembre. — *Mathieu Lescureur, bateleur à Chauny, reçoit quarante-cinq sols ts. pour ses jeux et esbatemens devant Monseigneur de Guienne et Monseigneur.*

Je Hugues Perrier secretaire de Monsr le duc d'Orléans certiffie a tous qu'il appartiendra que aujourd'hui en ma présence Monsr Pierre Sauvage secretaire de mondit seigneur a baillé et délivré à Mathieu Lescureur bateleur demeurant à Chauny, la somme de quarante cinq sols tournois que mon dit sieur lui a donnés pour ce qu'il a joué audit lieu de Chauny devant Monsieur de Guienne et mon dit seigneur de jeux et esbatemens, lui et trois ses enfans, de laquelle somme de xlv s. dessus dite, ledit Mathieu s'est tenu pour content et en quicte le dit maistre Pierre et tous autres. Tesmoing mon seing manuel cy mis, à Noyon le XIIe jour de septembre l'an mil IIII et quatorze. *Signé :* PERRIER.

1479, 28 septembre. — *La duchesse d'Orléans paye quatre compaignons de Paris pour avoir joué des farces devant elle.*

Je Guillaume Le Vefuille, commis à exercer le grenier à sel establi par le roy nostre seigneur à Orléans, certifie à Messrs les auditeurs des comptes de Madame la duchesse d'Orléans et aultres qu'il appartiendra, que en ma présence maistre Loys Ruzé trésorier et receveur général des finances de ma dite dame a payé cont. à quatre compaignons de Paris, la somme de quatre escus d'or, laquelle ma dite dame leur a donnée pour avoir joué des farces devant elle ; tesmoing mon seing manuel cy mis le XXVIIIe jour de septembre l'an mil CCCC soixante dix neuf.   *Signé :* G. LE VEFUILLE.

Plus oultre certiffie que ledit trésorier a payé ung escu à l'un des dits compaignons pour le recompenser d'une robe qu'il a perdue en jouant les dites farces ; fait comme dessus.

G. LE VEFUILLE.

1423, 23 janvier. — *Les Galans Sans-Soulcy reçoivent dix livres pour avoir joué devant Madame la duchesse d'Orléans et Monseigneur.*

En la présence de moy Jehan Salmon secretaire de Mme la duchesse d'Orléans, de Milan et de Valoys, les Galans Sans-Soucy, joueux de farces, ont confessé avoir eu et receu d'honorable homme et sage Jehan Vigneron conseiller escuier argentier et receveur général des finances de ma dite dame et monseigneur le duc, laquelle somme de dix livres tournois ma dite dame leur a donné et en s'en sont trouvez et treuvent pour contens et bien paiez, et en ont quicté et quictent ma dite dame, ledit trésorier et tous aultres : tesmoing mon seing manuel cy mis le XXIIIe jour de juing l'an mil CCCC XX et troys.   *Signé :* SALMON.

Cette dernière gratification est du fils de Charles et de Marie de Clèves qui, duc d'Orléans après son père, devint, à la mort de Charles VIII, le roi Louis XII, en 1498.

1485, 14 avril. — *Les Galans Sans-Soulcy reçoivent trente et un sols pour avoir joué une farce devant Monseigneur le duc d'Orléans.*

Je Alexandre Malabayle, escuier conseiller et maistre d'ostel de Monseigneur le duc d'Orléans, de Milan, etc., certiffie à tous qu'il appartiendra que Jacques Hurault, conseiller trésorier argentier et receveur général des finances de mon dit seigneur, a païé et baillé contant aux Gallans sans soulcy, la somme de trente quatre sols ts. que le dit seigneur leur a donnés pour avoir joué une farce devant luy ce jourd'huy : tesmoing mon seing manuel cy mis le XIIII° jour d'avril l'an mil CCCC IIII XX et cinq. *Signé :* ALEXANDRE MALABAYLE.

Comme on le voit, nos documents ne nous renseignent qu'imparfaitement sur le genre d'exercices des Gallants sans-souci. Cette expression, *joueurs de personnaiges*, indique assez qu'ils exécutaient des sotties ou petites comédies, entremêlées d'ébattements divers, tels que chants, danses, jeux de souplesses et scènes grotesques. Mais on ne leur voit de répertoire qu'avec Pierre Grin-goire, le grand fournisseur de la *Mère-Sotte*, associé lui-même aux Gallans sans-soulci — mais seulement à la fin de Louis XII et sous François Ier. — Et bientôt le théâtre français, à son aurore avec Jodelle et Gar-nier, répudie les sotties, farces et moralités de nos pauvres artistes. « Vous ne verrez plus avec nous, dit l'un des précurseurs de la nouvelle littérature, ni farces, ni moralités : nous ne nous amuserons plus à chose ni si basse ni si sotte et qui ne montre que l'ignorance de nos vieux François... » Toutefois, les Angoulevent, les Gauthier-Garguille, les Gros-Guillaume, les Bruscam-bille et les Turlupin soutinrent encore quelque temps le règne de la grosse farce, qu'allait achever de discré-diter le théâtre des deux Corneille.

Les successeurs des Gallans sans-soulci, bateleurs et saltimbanques, n'eurent bientôt plus à faire fond que sur la clientèle de la rue qui, à la vérité, ne leur fit ja-mais défaut.

C'est surtout aux foires et marchés qu'on voit les vrais saltimbanques modernes accourir et dresser leurs tréteaux. Il n'est pas douteux que la foire de Pâques de Reims, autrefois si célèbre, et qui, de tout temps, amenait en ses murs un si grand nombre d'étrangers, n'ait eu le privilège de les attirer avec tout leur personnel, leurs joyeuses fanfares, leurs hilarantes parades et leurs tapageuses représentations. Mais il ne faut pas croire qu'ils eurent plein et libre exercice de leur industrie.

En 1707, à l'époque de la foire de Pâques, il y eut conflit entre l'archevêque lui-même et son clergé, au sujet d'un saltimbanque qui s'était établi pour jouer durant la foire de petites pièces bouffonnes tirées du théâtre italien. Voici, à ce propos, les curieux documents qui nous sont tombés sous les yeux :

Placet présenté a Monseigneur l'archeveque par le sieur Selle danseur de cordes et comédien.

Le sieur Selle supplie très humblement Monseigneur l'archevêque duc de Reims, de lui permettre de danser, sauter et exécuter les exercices de corde ordinaires, avec de petites pièces italiennes comiques, pour l'espace d'un mois dans ladite ville, à commencer à l'ouverture de la foire de Pâques, pour jouer les fêtes et dimanches après le service divin, à l'exclusion de tout autre. Le sieur Selle et sa famille sera obligé de prier Dieu pour sa santé et prospérité.

Signé : SELLE.

Au bas de la supplique on lisait l'autorisation, conçue en ces termes :

« Je prie M. Fillion de dire à M. le Bailly que je désire qu'il accorde au porteur du présent billet ce qu'il demande par son présent placet.

« Il faut fixer l'heure à laquelle il commencera, en telle
sorte que l'office divin soit partout achevé.

« *Signé :* LARCHEVÊQUE DUC DE REIMS. »

Mgr Le Tellier, archevêque, avait écrit cette permission de Paris, où il se trouvait alors et sans avoir,
au préalable, consulté son chapitre ni son clergé. Le
sieur Selle ne fut pas plutôt nanti de son titre, qu'il se
mit en mesure de jouir du privilège accordé. Messieurs
les curés, dans la dernière affliction d'un tel scandale,
adressèrent sans retard la lamentation suivante :

*A. M. de Y de Séraucourt, prêtre, docteur en théologie,
grand archidiacre et chanoine de l'église métropolitaine de
Reims, vicaire général de Monseigneur l'archeveque duc de
Reims.*

Monsieur,

Dans l'extrême douleur où nous jette l'arrivée d'une troupe
de comédiens, nous ne pouvons ni nous taire ni recourir
qu'à vous, en l'absence de Monseigneur l'archevêque et de
M. l'abbé de Louvois. Une expérience funeste nous apprend
ce qu'on doit attendre de ces maitres licencieux que l'Eglise
déteste avec tant de raison ; et nous ne doutons nullement
que s'ils étoient tolérés, tout le fruit des Paques et du Jubilé
ne fut pas anéanti. Les grandes solennités de l'Ascension, de
la Pentecoste et du Saint Sacrement profanées ; les débau-
ches et les batteries meurtrières, déjà si fréquentes dans
cette ville, comme vous le savez, multipliées sans mesure, et
le poids du ministère, que nous ne portons qu'en gémissant,
infiniment appesanti. Nous crierions à la vérité, contre les
loups, et malheur à nous si nous nous taisions ! Mais qui
nous écouterait en de telles circonstances ? Ainsi, il ne nous
reste que de vous supplier d'interposer vos bons offices pour
obtenir de Monseigneur notre archeveque que toute permission soit refusée ou revoquée à ces Italiens, qu'on ne souffre
pas même à Paris, et dont les jeux conviennent si peu à la

misère d'un temps où Dieu nous afflige. Nous nous assurons que vous parlerez volontiers, et que vous serez écouté en parlant pour la cause de Dieu et pour le salut du troupeau que mondit seigneur nous a confié.

Nous sommes, avec un profond respect, Monsieur, vos très humbles et très obéissans serviteurs.

Ainsi signé : Godbillot, Bernard, Charlier, J. Singly, J.-F. de Beyne, Rogier, Hardy, Hillet, J. Douarn, A. Curiot et Bourguet.

Il n'est pas étonnant que le fils de Louvois, Maurice Le Tellier, archevêque de Reims, si célèbre par son faste, sa magnificence et sa bibliothèque de plus de cinquante mille volumes, et qui, en bon courtisan, avait plus d'une fois assisté au fêtes royales de Versailles, protégeât au moins secrètement le théâtre et ses comédiens ; mais le bruit que fit dans Reims l'établissement du sieur Selle, les plaintes et les murmures que souleva dans le clergé une pareille nouveauté, déterminèrent l'archevêque à retirer la permission qu'il avait donnée. Voici d'autres lettres du dossier sur cette affaire :

Lettre de Monseigneur l'archevesque à M. de Y
de Séraucourt.

Paris, 18 mai 1707.

Je vous prie de m'envoyer une copie de la permission qui a été donnée à un homme que je n'ai cru que danseur de corde. En conséquence de quatre lignes que j'ai mises au bas de son placet qu'il a du vous mettre entre les mains je n'ai point cru que ce fut des comédiens italiens, comme on me le mande ; si cela est j'ai été surpris. Mandez moi donc ce qui a été fait sur cela, quel jour ils ont commencé, quel jour ils doivent finir, et informez moi au plus tôt du nombre, de la qualité et de la nation de ces gens là, que j'ai cru, comme je viens de vous le dire, etre simplement des danseurs de corde.

Pour me mieux instruire de ce que je veux savoir, je vous prie de m'envoyer l'original ou la copie du placet qui m'a été présenté et des quatre lignes que j'ai mises de ma main au bas de ce placet.

Je suis tout à vous,

L'AR. DUC DE REIMS.

Seconde lettre de Monseigneur, sur le même sujet.

A Paris, 22 mai 1707.

Vous ne m'avez point adressé avec votre lettre, sans date, la copie que je vous avais demandée par la mienne du 18 de la permission qui a été donnée par M. le Bailly à celui qui m'avait présenté le placet que vous m'avez envoyé. Je vous prie de me l'adresser au plus tôt. Je vous repète que j'ai cru en repondant ce placet qu'il n'etoit question que de danseurs de corde, et que mon intention étoit que cela commençat à l'ouverture de la foire : puisqu'ils ont différé jusqu'ici, je ne veux pas absolument qu'ils jouissent de la permission que j'avais mandé qu'on leur accordat : car voilà les Rogations qui approchent, l'Ascension suit immédiatement les fêtes de la Pentecote et celle de la Sainte Trinité. Ce seroit un scandale que de donner de tels spectacles au peuple, dans le temps de ces fetes solennelles. Je vais d'ailleurs indiquer des prières publiques pour la prospérité des armes du roy pendant lesquelles il ne convient pas que le peuple soit distrait par ces sortes de divertissements de fréquenter les églises. Je vous prie de présenter ma lettre à M. le Bailly et à M. Clignet et de leur dire de ma part de faire tout ce qui est nécessaire pour empêcher ces gens là de se servir de la permission qu'on leur avoit donnée : je leur en aurois laissé profiter, si tout avait été terminé, selon mon intention, dans le cours de ce mois. Montrez aussi ma lettre à Monsieur le grand archidiacre. Je suis tout à vous,

L'AR. DUC DE RHEIMS.

Malgré ce changement de front dans les dispositions archiépiscopales, le sieur Selle s'était empressé de mettre à profit ses premières immunités, et les résis·

tances du clergé n'avaient fait qu'exciter notre histrion qui, son brevet en poche, croyait pouvoir braver les censures de Messieurs les chanoines, et en particulier les foudres de M. le curé de Saint-Jacques, sur la paroisse duquel travaillaient nos saltimbanques. Il faut convenir que les pièces qu'il offrait à son public n'étaient pas de nature à calmer l'irritation cléricale. On en jugera par la lettre suivante :

Lettre de Messieurs les curés à Monseigneur l'archevesque.

Monseigneur,

Nous avons appris avec une sensible consolation que Votre Excellence avoit bien voulu avoir égard à ce que nous avions cru être obligés de représenter au sujet des comédiens : nous vous en rendons de tres humbles actions de graces, convaincus que votre protection est la seule chose qui puisse nous soutenir et autoriser le bien. Mais permettez-nous, Monseigneur, d'ajouter ici qu'autant nous avons été édifiés de vos ordres autant sommes nous touchés de voir qu'ils ne soient point exécutés. Quoi qu'on fut déjà instruit de vos intentions et qu'on eut promis de suspendre tout jusqu'à nouvel ordre, dimanche dernier on représenta, par une profanation inouie en cette ville, une pièce infâme dont le titre est *La femme juge et partie*. Les assistans même, c'est a dire ce qu'il y a de gens moins consciencieux, en furent scandalisés. Le lundi on joua le *Cocu imaginaire*. Nous demandons pardon à Votre Excellence si nous sommes forcés de lui rapporter de telles choses : mais nous avons cru qu'elles étaient nécessaires pour lui faire voir combien ces pièces sont pernicieuses et propres à apprendre aux femmes à tout oser et aux maris à tout souffrir. Malgré vos nouveaux ordres, Monseigneur, on joua encore hier ; on doit continuer tous les jours de cette semaine, au moins on a annoncé pour dimanche la comédie de *Tartufe*, faite pour décrier toute vertu, et nous apprenons qu'ils ont par écrit la permission qu'ils n'avoient auparavant que verbalement. Nous ne pouvons vous dire jusqu'à quel point tous les gens de bien gémissent de voir la religion, l'honnêteté publique et l'honneur de Votre Excellence ceder a d'indignes considerations, et avec quelle impatience ils attendent que votre fermeté fasse cesser absolument un si grand scandale : c'est aussi de quoy nous la supplions très humblement, étant avec un très profond respect

Monseigneur, de Votre Excellence les très humbles et très obeissants serviteurs.

Gobillot, Bernard, Charlier, Singly, Rogier, Bourguet, J. Douarn, J.-F. de Beyne, Hardy, Hillet. (M. Curiot n'était point à la ville.)

A Reims le 25 may 1707.

Cette dernière homélie atteignit sans doute le but. Ordre exprès de l'Archevêché vint mettre un terme aux audacieuses représentations de nos téméraires artistes, qui furent contraints de battre en retraite et de quitter la ville. Voici leurs adieux à M. le curé de Saint-Jacques :

Lettre des comédiens à M. le curé de Saint-Jacques.

Monsieur,

Quoique le zèle qui vous a obligé de contrarier nos prétentions ne soit nullement bien fondé, puisqu'il n'y a rien dans nos représentations qui puisse blesser la modestie, et que nous avons soumis toutes nos pièces à la censure des personnes les plus timorées, nous sommes pourtant des victimes innocentes, que l'irrésolution de Monseigneur réduit à la dernière extrémité. Dans une situation aussi fâcheuse, j'ay recours à vous, Monsieur, pour implorer les effets de cette mesme charité qui vous distingue si avantageusement parmi toutes les personnes de votre caractère, et vous prie de considérer que me trouvant réduit à vendre tout mon équipage, je n'ai pas même de quoi payer de pauvres ouvriers que j'ay employés icy pour mon service : je me flatte que lorsque vous aurez la bonté de faire réflexion que vous êtes la cause morale de ma disgrace, vous voudrez bien me donner quelque soulagement dans mon malheur, et faire connaître à toute une ville que vous n'estes pas moins généreux, lorsqu'il s'agit de secourir votre prochain, que vous estes zelé pour defendre la cause du Seigneur ; et puisque cet homme-Dieu, de qui vous embrassez la defense, nous a dit : *Nolo mortem peccatoris sed ut convertatur et vivat*, et que d'ailleurs l'apôtre saint Paul nous assure que les armes de l'Eglise ne sont pas charnelles, *Arma militiæ nostræ non carnalia sunt*, je crois que vous vous feriez un scrupule de nous réduire au dernier desespoir et de traiter avec la dernière rigueur des personnes qui n'ont rien de blamable que le nom, et qui dans la profession de comédiens se flattent de remplir les devoirs du christianisme. C'est ce que nous aurions eu l'honneur de vous persuader si nous avions fait un plus long séjour dans cette ville ; et quoique nous soyons obligez de nous en éloigner, nous nous estimerions heureux de trouver des occasions à vous signaler le respect profond avec lequel nous sommes,

      Monsieur,

Vos très humbles et très obéissants serviteur et servante,

         LE PRIEUR, *dit* SELLE. — JEANNE ORSSON,
         maîtresse de la troupe.

On ne voit pas, à la lecture de cette dernière pièce, que, pour des saltimbanques expulsés, le sieur Selle et la dame Orsson fussent si mal embouchés ; et il n'est pas bien sûr que les artistes de notre époque, vrais comédiens ou purs saltimbanques, soient tous en état d'écrire aussi congruement, en style aussi correct, en termes aussi mesurés, bien que suffisamment narquois.

Passons aux saltimbanques de notre époque, mais seulement à cette race d'artistes dont notre ami Dumersan a reproduit le type.

Avant tout, qu'on nous permette une réflexion. Notre langue, qu'on accuse quelquefois de stérilité, est d'une extrême richesse dans la nomenclature des rejetons de

cette prolifique race du bateleur. C'est sous son sceptre
que se classent, avec beaucoup d'autres, le saltimbanque, l'acrobate, le funambule, le baladin, le jongleur,
l'opérateur, l'escamoteur, le prestidigitateur, le charlatan, le mime, le grimacier, le farceur, le gile, le pierrot, l'histrion, le pître, et surtout le paillasse. Nous
pourrions peut-être détailler les attributions spéciales
de chacun de ces nobles représentants du maître; nous
nous bornerons à rappeler l'emploi des deux principaux
agents du pouvoir : Le *bateleur*, proprement dit, est généralement reconnu pour chef et directeur de l'association. C'est à lui qu'incombe le soin d'amasser la
foule et de lui montrer l'entrée du bureau. Un bon bateleur est censé réunir en lui tous les talents, et pouvoir, au besoin, remplir tous les rôles; mais il se doit
avant tout à la foule extérieure : c'est lui qui fait la parade, qui accentue le boniment et, tandis que, dans
l'intérieur, le funambule et ses légères odalisques com-
mencent leurs gracieuses voltiges, c'est lui qui, sous
les yeux de la foule et pour l'amadouer, donne gratuitement un avant-goût des merveilleux exercices de
l'intérieur, n'ayant pour aide et pour interlocuteur que
l'homme à la toile de matelas, si bien nommé *paillasse*
qui, sans le paraître, est le véritable artiste de la troupe.
N'est-ce pas lui, en effet, dont l'apparente balourdise
fait le bonheur des populations? Charles Nodier qui
passait des heures à voir Polichinelle, avouait volontiers
le mérite de Paillasse... Il faut le voir, en effet, avec son
impassible figure, recevoir les soufflets, les coups de
pied, les avanies de tout genre, et endosser le tout sans
sourciller, faire le plaisantin, persifler son tyran, ses
camarades et le public qu'il interpelle effrontément,

singeant la tournure des uns, riant à gorge déployée
de la figure d'un autre, sans cesse en mouvement, dan-
sant, gesticulant, sautant, ici comme un cabri, pour
tomber là comme un lourdeau, mais toujours sans la
moindre douleur, provoquant partout le rire du bourgeois sceptique et du campagnard ébaubi dont il fait les
délices. Bref, un bon paillasse, dans le comique et le
burlesque, est un véritable artiste qui, à lui seul, prépare
et assure le succès de la troupe.

« Il nous manque cette année », écrivions-nous autrefois,
à propos des exhibitions comiques de la foire de Pâques, « il nous manque quelques-unes des attractions des
années précédentes : pas de bêtes féroces, pas de salon
Curtius, pas la moindre géante dont l'ingénue pudeur
se borne à laisser voir et palper ses rouges mollets ;
mais, en revanche, nous avons Monsieur Bertrand, dit
le *Zozo du Nord*, sans doute en raison de son type
d'orang-outang ; homme rare en son genre, le Nestor de
la parade et que seconde si bien, dans l'emploi de paillasse, son disciple Bilboquet. Sous cette légendaire
raison de commerce, *Zozo et compagnie*, travaille et se
montre Madame Bertrand la jeune, artiste émérite,
dont la corde raide semble être l'élément, qui s'y pré-
lasse sans balancier, les mains dans les poches, puis,
avec une légèreté de sylphide, y exécute la valse du duc
de Reichstadt et la voluptueuse cachucha ; tour à tour
Laïs effrénée, ou Madeleine repentie, elle a sur le fil
des poses dont la Taglioni ne désavouerait pas l'élégance académique. — Mais, tout près de là, et comme
incivile concurrence, apparaît le *Théâtre des Funam-
bules*, où brille au premier rang l'agile M. Dubouchet,
le Lovelace du genre qui pousse le désintéressement

jusqu'à laisser le paillasse *Frisepoulet* usurper l'honneur
d'aventures heureuses qui suffisent à la gloire du pître,
mais que dédaigne M. Dubouchet dont le brillant coup
de jarret sait, au besoin, triompher des plus inhumaines.

« Non loin des planches Dubouchet, les grandes *Marionnettes*, d'institution royale, s'il vous plaît; puis, à
côté, deux Esmeralda qui, de grâces et de mérite divers,
fonctionnent avec une rare perfection dans le vaudeville
et les tableaux vivants, et forment, avec un prestidigitateur stupéfiant, l'élite de ce concours d'histrions qui,
véritablement, laisse peu de chose à envier aux années
précédentes, et même à ce que le moyen-âge a pu produire de mieux en ce genre. »

Tout ce personnel nous a légué deux types durables,
que notre société moderne est destinée à garder : l'un,
comme souvenir du passé, le SALTIMBANQUE, et l'autre,
comme signe du temps présent, le CHARLATAN.

––––––––

Nous manquerions cependant à notre mission si nous n'a-
joutions une note explicative sur cette expression des *Marionnettes d'institution royale*. On a oublié peut-être que
l'invention de ces marionnettes organiques, due à Dominique
Mormandin, a eu l'honneur des curieuses lettres-patentes
dont voici le texte :

« Notre bien amé Dominique de Mormandin, ecuyer, sieur
de la Grille, nous ayant humblement fait remontrer qu'il a
trouvé une nouvelle invention de *marionnettes* qui ne sont
pas seulement d'une grandeur extraordinaire, mais mesme
représentant des comédiens avec des décorations et des machines imitant parfaitement la danse et faisant la voix hu-

maine, lesquelles serviront non seulement de divertissement au public, mais serviront d'instruction pour la jeunesse, lui accordons privilege de donner ses représentations pendant le cours de vingt années à dater du présent, dans notre bonne ville et faubourgs de Paris et par toutes, autour tels bourgs et lieux de notre royaume qu'il jugera à propos, etc. » *(Archives nationales*, d'après J. Claretie, dans son *Molière, sa vie et ses œuvres.)*

CHAPITRE VI.

Le Théâtre au Collège des Bons-Enfans
et chez les Pères Jésuites.

Ce chapitre n'est pas pour moi sans quelque difficulté : *opus aggredior opimum casibus*, j'entreprends
un sujet assez délicat : celui de mettre en scène, ou
plutôt en regard, deux institutions qui ne cessèrent
d'être en lutte : *l'Université — et les Jésuites.* On ne
peut guère aujourd'hui parler sans passion, en bien ou
en mal, de ces derniers. — J'ai cherché à éviter tout
parti-pris à leur sujet, et à ne m'en occuper qu'avec la
plus expresse impartialité, car ainsi que l'a dit un ancien, dans un sujet plus grave, il est vrai, « je n'ai
reçu d'eux ni injure ni bienfait, » et je crois être en droit
de m'en tenir aux simples traditions que m'a fournies
l'histoire.

Déjà dès le moyen-âge, et bien avant les Confrères
de la Passion, les établissements universitaires étaient
dans l'usage, aux grandes solennités scolaires, de
donner non pas la comédie, mais de petits drames, toujours en latin, dont les sujets, empruntés aux légendes
des saints ou à l'histoire profane, semblaient ne pouvoir qu'entretenir chez les jeunes acteurs le sentiment
religieux, le goût du travail et de la vertu. Cependant

il faut tout dire, nous trouvons dans l'*Histoire de l'Université* du grave Crevier, ces étranges aveux : « Les
« comédies, les danses, les chansons, les vêtemens
« somptueux pour la représentation des grands rôles
« dans les pièces, l'indécence de l'habillement mondain
« substitué à la modestie cléricale et académique, on
« se croyait tout permis ; et dans ces jours de dissipa-
« tion, les collèges, les pédagogies devenaient des lieux
« de tumulte, de violence et de désordre. »

Nous ne saurions préciser à quel temps de l'histoire
universitaire Crevier fait allusion ; ce qui paraît certain, c'est que les exercices dramatiques dans les collèges durent cesser en présence des mesures rigoureuses
édictées à ce sujet. Par l'arrêt du Parlement de 1525,
il était interdit, sous les plus graves peines, de jouer
aucunes farces, momeries ou sotties d'aucun genre, et
il était expressément enjoint au recteur, au chancelier
de l'Université et aux principaux de collèges d'y tenir
la main.

Mais ces rigueurs ne pouvaient avoir qu'un temps, et
nous pensons que Montaigne ne fut point étranger à cet
apaisement de l'autorité, et au réveil de la muse dramatique.

L'auteur des *Essais* raconte qu'à peine sorti de sa
onzième année, il soutenait les premiers personnages
ès tragédies latines de ses professeurs Buchanan, Gué-
rante et Muret, qui se représentaient au collège de Bordeaux... « C'est un exercice, ajoute-t-il, que je ne
meslouc point aux jeunes enfans de bonnes maisons, et
j'ai veu nos princes s'y adonner depuis en personne, à
l'exemple d'aulcuns anciens, honnetement et louable-
ment. »

Montaigne n'ignorait pas les arrêts du Parlement, et
il savait qu'au jugement de l'Eglise les spectacles n'é-
taient pas tenus pour des divertissements honnètes,
mais pour des inventions propres à allumer ou à entretenir dans l'âme des spectateurs des passions réprou-
vées ; mais il savait aussi que cette doctrine de l'Eglise,
si formellement exprimée dans les actes des conciles,
n'empêchait pas des personnes notoirement pieuses,
des clercs, des ecclésiastiques et des gens éminents en
doctrine, de faire leurs délices de la lecture des drama-
turgistes de l'antiquité classique. De là à la reproduction de leurs chefs-d'œuvre, dans la langue vulgaire et
à leur remise au théàtre, il n'y avait en effet qu'un
pas.

Montaigne, moraliste intègre et chrétien convaincu,
ne voyait guère d'exercice meilleur et plus propre au
développement de l'esprit et des caractères que l'exercice et la fréquentation du théàtre.

« J'ai toujours, écrit-il, accusé d'impertinence ceux
qui condamnent ces esbattements, et d'injustice ceux
qui refusent l'entrée de nos bonnes villes aux comédiens
qui les valent, et envient au peuple ces plaisirs publics. »

Montaigne regardait le théàtre comme un puissant
moyen de civilisation, et il est à remarquer que, l'un
des premiers, il eut l'idée pour les grandes villes d'un
édifice spécial, consacré aux représentations dramatiques.

« Les bonnes polices, ajoute-t-il, prennent soing
d'assembler les citoyens et les rallier aussi aux exercices et jeux, comme aux offices sérieux de la dévotion. La société et amitié s'en augmente, et puis on ne
leur sauroit concéder des passetemps plus réglés que

ceux qui se font en présence d'un chacun et à la vue
même du magistrat; et trouverais raisonnable que le
prince, à ses dépens, en gratifiât quelquefois la commune, d'une affection et bonté comme paternelle, et
qu'aux villes populeuses il y eut des lieux destinez et
disposez pour ces spectacles, divertissements do pires
actions et occultes. » (Liv. Iᵉʳ, chap. 26).

Ce vœu de Montaigne pour la construction dans
chaque ville importante d'une salle de spectacle n'était
pas réalisable de sitôt. La représentation des Mystères,
qui faisait la joie de nos ancêtres, ainsi que nous l'avons
fait voir, ne se serait pas arrangée de salles comme
nous les entendons aujourd'hui. Bien loin de là, ces
représentations réclamaient des dispositions absolument
différentes des dispositions de notre théâtre actuel; et il
n'est pas certain que Shakespeare, l'initiateur, le créateur du drame moderne, ait de beaucoup modifié la mise
en scène, l'économie matérielle du théâtre des Confrères
de la Passion. Ainsi que les pièces de ceux-ci, les drames du grand écrivain, chargés de personnages, d'al-
lées et venues et d'incidents de tout genre, avaient besoin d'un vaste espace, disposé de façon à ce que de
continuels changements de décors ne vinssent point en-
traver le jeu des acteurs. A l'instar du théâtre des anciens, le théâtre au xvᵉ siècle, nous l'avons précédemment démontré, était ouvert à tous, en plein air, et point
circonscrit comme chez nous, « dans une salle fermée,
ténébreuse et seulement éclairée par la lueur de chandelles ou de quinquets fumeux, dans une salle où l'on
vient passer le soir une heure ou deux dans de petites
niches de bois: où le héros tragique, quand il parle du
soleil, lève les yeux vers un lustre plus ou moins bien

allumé, et quand il invoque le ciel, regarde un plafond de bois peint, ou bien, au-dessus du plafond, la dernière galerie, pleine de spectateurs tumultueux et débraillés. » (*S. Marc-Girardin*.)

Le théâtre, au moyen-âge, comme celui des Grecs et des Romains, s'édifiait sur une place publique, avait le ciel pour plafond, et pour la mise en scène un vaste terrain où se pouvaient prévoir toutes les exigences du sujet.

C'est donc dans le collège des *Bons-Enfans*, qu'après les représentations des Confrères de la Passion, furent tentés à Reims les premiers essais de l'art scénique des anciens.

Si je ne craignais de tomber dans le lieu commun et d'inutiles redites, je voudrais rappeler l'antique célébrité des écoles de Reims. Au temps d'Hincmar, existait déjà l'association *Bonorum Puerorum* qui, dès cette époque, avait son siège dans la maison de saint Gombert (l'époux de sainte Berthe), proche la porte Bazée, aujourd'hui occupée par les Dames de la Congrégation. L'archevêque Ivelle, au XIIIᵉ siècle, reconstituait ce collège par une charte en 26 articles, que nous a conservée l'historien Marlot. C'est seulement en 1544 que Charles de Lorraine achetait le terrain en face de la maison des Bons-Enfans, et y faisait construire, sur une vaste échelle, le collège où nos contemporains ont pu faire leurs études et qui, tout en devenant le siège de l'Université, fondée par l'illustre cardinal, n'en conserva pas moins, au fronton de sa principale entrée cette antique et célèbre appellation : *Collegium Bonorum Puerorum*, appellation que notre époque de progrès, si dédaigneuse du passé, n'a pas osé faire disparaître.

C'est là que nous retrouvons nos jeunes étudiants, au temps de la renaissance des études dramatiques.

Nous n'avons pas la prétention d'attribuer aux *Bons-Enfans* de Reims l'honneur du réveil en France de la muse dramatique. Paris n'a-t-il pas toujours eu le monopole de tous les progrès ! Il suffit à la gloire de Reims d'avoir suivi de près Paris dans cette voie. Pourtant il ne faut pas remonter au-delà de 1500 pour trouver, dans le répertoire des divertissements scolaires, des pièces régulières et de quelque valeur. C'est au *Collège de Reims*, à Paris, que furent jouées les premières tragédies de Jodelle, où Jodelle lui-même, âgé de moins de vingt ans et encore étudiant, remplissait le principal rôle. Mais ce n'était encore là qu'un essai de théâtre et, pour voir ses commencements dans notre pays, il nous faut arriver aux premières années du siècle suivant.

Dès l'année 1608, près de vingt années avant le Cid de Corneille, les *Bons-Enfans* de Reims donnent sur leur théâtre la *Mort de Mustapha*, tragédie de l'un des leurs, du jeune Thillois, élève de rhétorique : sujet emprunté à l'histoire de Turquie, le titre l'indique assez. Quoique musulmans, les personnages du drame ne citent et n'invoquent que les dieux du paganisme, Pluton, Cerbère et Bellone. Les scènes se succèdent alternativement en Turquie, en Perse et ailleurs. On y voit paraître une quarantaine d'interlocuteurs, sans compter les figures allégoriques, telles que l'*Ambition*, le *Sommeil*, la *Discorde* et les *Furies*. — Au dire de l'auteur de la *Description de Reims* qui a eu en main la pièce imprimée, ce drame ne manque pas d'un certain mérite. Le dialogue est, çà et là, vif et pressant :

l'élocution naturelle et facile, « pour le temps, bien en -
tendu ».

Le nombre des tragédies, des comédies ou pastorales,
latines ou françaises, jouées au Collège des *Bons-Enfans* est considérable, et le recueil suffirait à plus d'un
volume. — En 1624, ils donnaient, dans l'église Saint-
Antoine, l'*Election de Saint Nicolas*, œuvre de l'élève
Soret. M. Géruzez, qui en a vu le livret, avoue que
l'œuvre n'offre guère qu'une suite de dissertations phi-
losophiques et mystiques : le style en est obscur et pénible et n'obtint, en résumé, comme nous dirions aujourd'hui, qu'un succès d'estime.

Quoi qu'il en soit, en voici l'analyse que nous fournit
la *Description de Reims*, et que nous reproduisons d'autant plus volontiers qu'elle a été, pour Tallemant des
Réaux, l'occasion d'une assez piquante anecdote.

« Cette pièce, dit Géruzez, imprimée l'année même
de la représentation, est précédée de jeux de mots à
l'archevèque, aux Rèmois, et d'une oraison jaculatoire.
Elle est divisée en cinq parties, mais il n'est pas question d'actes.

Les personnages sont sept évèques, un ange et saint
Nicolas :

1° Les sept évèques réunis regrettent la mort de l'évé-
que de Mire, et, après avoir disserté longtemps, chacun
à leur tour, sur les qualités d'un bon prélat, ils se re-
tirent en chantant une ode ;

2° Ils s'occupent du choix d'un nouvel évèque, et dé-
crivent tour à tour les qualités qu'il doit avoir. Un ange
se trouve tout à coup au milieu d'eux et leur indique
pour évèque celui qui frappera le premier à la porte :

ce fut saint Nicolas. Cette partie finit par un cantique d'actions de grâces ;

3° Saint Nicolas refuse d'accepter l'épiscopat. Les sept évèques, par leurs discours, parviennent à le faire changer de résolution. Un cantique termine cette partie ;

4° Les sept évèques procèdent au sacre de saint Nicolas, suivant les cérémonies d'usage ;

5° Saint Nicolas dit adieu au monde. Les sept évèques font son éloge tour à tour. Saint Nicolas donne sa bénédiction au peuple, qui chante deux couplets à sa louange. »

Voici maintenant le compte-rendu que fait Tallemant de cette représentation, et qui prouve une fois de plus combien l'auteur des *historiettes* est parfois bien informé :

« Un homme de Rheims fit une comédie pour le collège : c'estoit l'Election de Nicolas, patriarche d'Antioche. Or, les douze qui le devoient eslire estoient tombez d'accord que le premier qu'entreroit dans l'église seroit eslù. Un hermite de sainte vie fut le premier : il dit son nom, c'estoit Nicolas. Les douze répétoient ce mot de Nicolas l'un après l'autre, et cela en trois beaux vers alexandrins. Ce mesme homme desdia cette belle pièce à trois frères de la ville de Rheims, qu'il appeloit Géryon rhémois. » — On sait que le géant Géryon, auquel il est fait allusion ici et que terrassa Hercule, avait un triple corps.

Nous avons retrouvé, dans les registres de l'hôtel de ville, d'assez nombreux témoignages de l'affection et de l'intérèt que nos édiles portaient aux essais dramatiques du Collège des Bons-Enfans. Nous regrettons seulement que les mentions que nous reproduisons ne nous

donnent pas le titre et le sujet des pièces que le grave
Conseil, en corps, allait honorer de sa présence et de ses
encouragements. Voici ces curieux extraits :

Conclusion du Conseil de Ville du 28 Avril 1661.
Sur ce qui a été représenté par M. le Lieutenant que le
s᠂ Michel, régent de la rhétorique du Collège de l'Université lui a rendu visite et fait entendre qu'il avoit
dessein de desdier la tragédie qui se doit faire audit
collège, après Pasques, à Messieurs de la ville ; pourquoi est à délibérer si les civilités seront reçues. —
« Conclud a esté que lesdites civilités seront reçues et
que ledit sieur Michel sera remercié ; auquel sera fait
un présent d'une vaisselle d'argent de la valeur de
cinquante à soixante livres, en recognoissance de la
tragédie qu'il a desdiée à Messieurs de la ville, et laquelle luy sera présentée par le Procureur syndicq. »

Conclusion du Conseil de Ville du Lundi 17 Avril 1662,
à propos d'une autre tragédie dont on ne nous révèle
pas davantage le titre et le sujet : « Conclud que la compagnie s'assemblera en l'hôtel de ville pour marcher en
corps et aller en la tragédie qui se doit jouer mercredi,
en l'Université, quoy quelle ne soit desdiée à Messieurs
de la ville. »

Autre acte de présence de la haute compagnie à une
nouvelle tragédie dont nous manque également le titre.

Conclusion du 11 Avril 1665. Sur ce que M. le Lieutenant a représenté que Messieurs les Principal et
Régens du collège de l'Université ont esté chez luy
pour le prier et toute la compagnie de vouloir assister
à la tragédie qui se représente demain à l'heure accoustumée, conclud a esté que la compagnie se trouvera en

corps à ladite tragédie ainsi qu'il est accoustumé, et à cet effect se rendra en l'hostel de ville, à onze heures précises.

Un autre extrait des comptes de la ville, même année 1665, porte ces mots, à l'occasion de cette représentation : « 21 liv. pour la collation faite au collège de l'Université, le jour de la tragédie. »

Enfin, un autre extrait du mercredi 7 avril 1671, mentionne que « Messieurs se trouveront demain à la tragédie du collège, ainsi qu'il est accoustumée. »

Nous croyons que dans ces différentes pièces du répertoire des Bons-Enfans on peut remarquer chez les auteurs, élèves ou professeurs, un progrès dans le sentiment littéraire et la prétention d'aborder le théâtre tel que commençaient à le constituer les grands écrivains du XVII° siècle. Voici une note que l'on nous communique et qui nous fait connaître au moins par le titre quelques autres pièces du collège de l'Université de Reims.

1° Etna, incorporé au Parnasse, pièce dramatique représentée dans la grande cour du collège de l'Université, les 2 et 3 juillet 1698, avant la distribution des prix. — *Rheims, Nicolas Pothier, 1698*, 12 p. in-4°.

2° Salomon sur le trône, tragédie représentée dans le même lieu, les 26 et 27 juillet 1701, 8 p. in-4°.

3° Brutus, tragédie représentée les 25 et 26 juillet 1707, 8 p. in-4°.

4° Jaddon ou Jérusalem délivrée, tragédie représentée les 19 et 20 août 1711, 12 p. in-4°.

5° La mort de César, tragédie, 1737, 8 p. in-4°.

6° Les Originaux, comédie, 1739.

7° Description de la Pompe funèbre qui s'est faite dans la chapelle du collège des Bons-Enfants de l'Université de Reims, le jour du service célébré pour le repos de l'âme de M. N. Fremyn, fondateur des prix. — *Rheims, B. Multeau, 1746*, in-4°.

Nous ne finirons pas ce chapitre sans parler d'une pièce plus importante pour nous et sur laquelle nous avons plus de détails. Elle est d'un homme fort célèbre autrefois en la ville de Reims qui, de nos jours du moins, en a conservé le nom, en le donnant à une rue que tout le monde connaît, et qu'une célébrité culinaire contribuerait seule à sauver de l'oubli.

Pluche, le savant auteur du *Spectacle de la nature*, dont, nous venons de le dire, on a donné le nom à la rue qui l'a vu naître, avait débuté en 1713 comme professeur d'humanités au collège des Bons-Enfans, où il s'efforça d'inspirer à ses élèves le goût de l'histoire et des belles lettres. En 1714, il composait à leur intention une tragédie intitulée *Archélaüs*, dont le sujet, pris dans l'histoire de Judée, obtint un grand succès au théâtre universitaire. En voici le programme tel que nous le fournit l'imprimé Multeau (1) :

(1) Au moment où nous imprimons cette partie de notre travail nous recevons le prospectus de l'*Histoire du Collège des Bons-Enfans*, par M. l'abbé Cauly, chanoine et aumônier du Lycée de Reims ; nous renvoyons à ce livre, qui ne peut manquer d'un grand intérêt, le lecteur qui voudra contrôler ou compléter ce que nous ne pouvons qu'effleurer.

ARCHÉLAUS.

Tragédie représentée dans la cour du Collège de l'Université de Reims,
les 20, 21 août 1714, — imprimée à Reims, Bernard-Multeau 1714,
avec dédicace par Ant. Pluche,
pour la distribution des prix donnés par MM. les Lieutenants, Gens du Conseil
et Echevins de la ville de Reims.

PERSONNAGES :	ACTEURS :
Hérode le Grand	Jules Nicolas Regnault de Mangon, de Reims.
Varus, Gouverneur de Syrie........	Jacques Frémyn de Branscourt, de Reims
Maltace, femme d'Hérode, mère d'Archélaüs.........................	Georges-Ernest de Fisenne d'Auron, de Liége.
Antipater, fils d'Hérode et de Devis..	Jean-Baptiste Ainé, de Reims.
Archélaüs, fils d'Hérode et de Maltace.	Jacques Levesque de Vandière, de Reims
Tigrane, fils d'Alexandre, petit-fils d'Hérode	Jean-François Rogier, de Reims.
Olympe, fille d'Hérode et de Maltace..	Ponce-Pierre Bonvarlet, de Reims.
Voasor, grand sacrificateur...........	Claude Nivelle, de St-Germainmont.
Antiphile, confident de Tigrane......	Jean-Baptiste-François Oudan de Monmarson, de Reims.
Tryphon, officier du palais d'Hérode.	Nicolas Ferru, d'Avaux-la-Ville.
Lysias, } confidents d'Antigate ..... { Ptolémée, }	Nicolas Baudet, Pena., de Charleville. Charles-Hyacinthe Baudet, de Reims.

CHŒUR DE LÉVITES.

Sous-Chef — Antoine Labouret, Pensionnaire, de Paris

LÉVITES :

Jean-Baptiste Lallemant, de Reims.
Jean-Baptiste Pauffin, de Rethel.
Baptiste Clignet, de Reims.
Nicolas Lebrun, de Reims.
Jean-Baptiste-Joseph Cloquet, de Reims
Hubert-François Baron, de Savigny.
Martin Pierrot, de Reims.

Prologue.
Baptiste Clignet.

Tragédie, par Antoine Pluche,
Professeur de Philosophie.

Comme nous le verrons, chez les PP. Jésuites, la grande pièce était suivie d'une autre moins sérieuse : on n'en pouvait pas choisir de plus gaie et de plus appropriée aux dispositions joyeuses d'une jeunesse à la veille des vacances. Molière était encore de mode, même expurgé.

LE MALADE IMAGINAIRE.

(Comédie corrigée.)

PERSONNAGES :	ACTEURS :
Argan	Charles-Hyacinthe Baudet.
Beline	Georges Defisenne.
Mᵉ Patelin	Nicolas Ferru.
Angélique	Pierre-Ponce Bonvarlet.
Cléante	Jules-Nicolas Regnault de Montgont.
Damis	Antoine Cabouret.
Philip'n	Jacques Levesque de Vandière.
Mᵉ Diafoirus, Père	M. Pierson.
Mᵉ Purgon	Claude Nivelle.
Mᵉ Fleurant	Claude Frontin.
Mᵉ Bonnefoi	Jean-Baptiste-Charles Lallemant.
Toinette	Jean-Baptiste Guériot.
Lucas	{ Nicolas Baudet. Jean-Baptiste-Henry Ainé.

Les Pères Jésuites.

Avant d'arriver aux Pères Jésuites, rappelons que l'Uni-. versité, surnommée par Charles V la fille aînée des Rois, à l'instar de l'Université de Paris, se composait à Reims des quatre facultés, de théologie, de droit, de médecine et des arts et, à ce titre, prétendait avoir exclusivement le droit d'enseigner. Mais, bien avant l'institution des Jésuites, elle avait eu pour ce même objet de vives luttes à soutenir avec les Dominicains, les Franciscains et d'autres corps enseignants qui ne cessèrent de lui faire une véritable concurrence. L'arrivée des Jésuites à Reims, à ce point de vue, ne pouvait que lui être importune, bien que la plupart des professeurs du collège des Bons-Enfans appartinssent à l'ordre ecclésiastique.

Quoi qu'il en soit, « les Rémois ne reçurent pas favorablement les offres que la Compagnie de Jésus leur fit de ses services : il fallut avoir des lettres patentes de Sa Majesté pour les leur faire agréer. » Ces paroles sont tirées des *Mémoires de Sully*. On sait que l'auteur, en sa qualité de Protestant, n'aimait point les Jésuites. Du reste, il suffit de remonter aux institutions de l'ordre dont la raison d'être et la mission étaient de combattre l'hérésie, pour comprendre les nombreuses résistances que, dès leur apparition, ils rencontrèrent partout. En réalité, leur dévouement au Saint-Siège, dévouement stigmatisé du nom *d'ultramontanisme*, les signalait à l'avance à la répulsion des futurs Jansénistes et des Gallicans du jour, et leur supériorité, déjà bien connue, dans l'art d'enseigner la jeunesse, leur devait susciter les plus grandes difficultés avec l'Université.

Une fois installés dans le collège *des Ecrevés*, derrière l'hôtel de ville, que leur abandonnait le Chapitre de Notre-Dame, ils ouvrirent leurs cours, et la prompte affluence de leurs pensionnaires les mit immédiatement à l'étroit. C'est alors qu'émerveillé de leurs succès, Messire François de Bruslart, abbé de Valroy, acheta pour eux, rue du Barbâtre, l'hôtel de Cerny, où il leur fit construire, à ses frais, et sur une large échelle, des classes et des salles d'étude capables de recevoir un nombreux personnel. Ce qui est assez probable, c'est que l'abbé de Valroy fut aidé dans cette fondation par M. de Sillery, chancelier de France, frère de François de Bruslart, et lui-même ardent protecteur de la Société. Les Révérends Pères inaugurèrent leur maison dès l'année 1608. Dom Jean L'Espagnol, prieur de Saint-Remy, joignant ses libéralités à celles de l'abbé de Valroy, leur donna le prieuré de Sainte-Vaubourg, qu'ils trouvèrent promptement à échanger avec le prieuré de Saint-Maurice, attenant à leur maison et qui, dès ce moment, devint une dépendance et comme le complément de leur pensionnat. — De pareils progrès leur devaient susciter l'envie et par cela même des adversaires. Ainsi le collège des Bons-Enfans qui, au dire de l'annaliste Bourgeois de Reims, depuis plus de 70 ans ne battait plus que d'une aile, se voyait sérieusement atteint dans ses vues d'avenir. Sur les plaintes itératives du Recteur de l'Université, le Conseil de Ville promit, tout en avisant au rétablissement de la discipline, de soutenir le collège des Bons-Enfans contre ce que l'on appelait les entreprises et les intrigues des Jésuites. Mais il n'y avait guère lieu de songer à lutter contre une société que protégeaient le Roi et ses Ministres. Le mieux eût été d'accepter la concurrence et de rivaliser d'habileté et de bonne administration.

Les Jésuites ont été considérés comme les promoteurs du théâtre moderne à Reims. Nous avons vu qu'il n'en est rien, et que la renaissance du théâtre proprement dite y a devancé l'arrivée des Jésuites.

Il n'entre point dans notre plan d'esquisser l'histoire du théâtre de la docte compagnie, tâche dont au surplus M. Etienne Boysse vient de si bien s'acquitter (1). Nous nous en tiendrons à ce qui regarde leur collège de Reims que l'on vient de voir à son début. — Nul doute que les organisateurs du théâtre de la place Saint-Maurice ne fissent de fréquents emprunts au répertoire de l'ordre, si abondamment fourni de drames en tout genre. Nous ne parlerons ici que de ces petites pièces, composées dans la maison même et à l'usage exclusif des pensionnaires de Reims.

On voyait, comme chose naturelle et louable, que l'Université admît dans ses collèges l'étude du théâtre et, pour ses pensionnaires, les représentations dramatiques, comme honnête distraction.— Mais ce fut un *tolle* général quand on vit les Révérends Pères, des prêtres faisant profession de pratiques dévotieuses et même de mysticisme, ouvrir leurs salles à de si mondaines récréations que celles du théâtre. La haine qu'ils excitaient parmi les partisans du Chapitre et de l'Université fut extrême. Ecoutons un instant Oudart Coquault, bourgeois de

(1) *Le théâtre des Jésuites. Paris*, H. Valon, *1880*.

Reims, dont le style abrupt ne manque pas de couleur : « Le principal motif d'escripre est l'abus des Jésuites, leur vie scandaleuse, et sont encore creus par leur ruse et hypocrisie pour gens de bien... Ces trois jours gras donnent le dimanche, lundi et mardi, indulgence plénière en leur église : toute la matinée le peuple y communie et y va à confesse, on y presche à une heure après midy. Mais l'abus ! le sermon faict, on va à la comédye dans leur salle pour les gens de condition : il n'y en faut point d'autres, et cette comédye faicte, environ les quatre heures, on retourne à l'église au salut. Et pendant que l'on joue cette comédye, l'église, toujours ouverte, cierges allumés, le saint Sacrement sur l'autel, et pendant ceste heure c'est le jubilé que l'on gagne au jeu. *Est-ne conventio Christi cum Belial ?* Jugez, chère postérité, et présent de cela : *a fructibus eorum cognoscetis eos.*

« Ce n'est pas d'aujourd'huy ce scandale : de plus de vingt ans ils en ont usé ainsi... Je l'ay dit en ce temps là, on ne me voulait point croire : mais je disais à leurs suppots : « Je l'ay veu, cela a esté publique. » — Et ceste présente année 1666, ils ont recommencé ; mesme le dimanche, il y a eu comédye à sept heures du soir, n'ayant pas où la jouer l'après midy ; et le lundy et mardy ça esté l'après midy que l'on l'a jouée. »

En réalité, à l'instar de ce qui se passait à Rome dans les maisons d'éducation, non-seulement les jésuites autorisaient les spectacles, mais ils estimaient même que l'exercice de la scène, honnêtement pratiqué, ne pouvait qu'aider au développement du caractère et de l'esprit de leurs jeunes élèves. Aussi faisaient-ils de la poésie dramatique un objet spécial d'enseignement. Ils introduisirent donc, en l'appropriant à leur mode d'éducation, l'usage des exercices littéraires et des divertissements de la scène, de la musique, des chants, de l'escrime et de la danse, s'appliquant à donner aux jeunes gens de famille appelés, selon eux, à remplir dans le monde des fonctions élevées, cette grâce de manières, cette élégance de maintien qu'ils croyaient utile de leur faire contracter dès l'enfance : toutes choses dont les collèges universitaires se préoccupaient un peu moins. Ces exercices, au jour des solennités, charmaient les spectateurs, et s'il n'y avait pas de femmes sur la scène, on peut assurer qu'il y en avait toujours un grand nombre parmi les assistants pour applaudir.

Le théâtre des Jésuites occupait dans la maison une grande galerie divisée en deux parties, l'une exhaussée pour la scène, l'autre réservée aux spectateurs. L'inauguration qu'ils en firent fut couronnée d'un plein succès. Tout en organisant et dirigeant la mise en scène, les Pères, sans doute par respect pour leur robe, ne prenaient personnellement aucun rôle dans leurs représentations, mais ils acceptaient volontiers le concours des ecclésiastiques de bonne volonté et d'une aptitude reconnue. Ainsi l'histoire rapporte que dans une de leurs représentations, en 1625, ils eurent *la malice*, dit le chroniqueur, de décider un chanoine de la cathédrale de se charger de nous ne savons quel rôle, qui obtint un véritable succès, mais qui valut à l'honnête chanoine une véhémente réprimande du Chapitre. « Ce chanoine, dit Pierre Coquault (le cousin d'Oudart), fut puni avec défenses aux autres de faire ni accepter tel personnage, ni jouer ou paraître sur le théâtre : le

Chapitre de Reims se trouvant grandement scandalisé que les Jésuites aient entrepris de faire paroître un des leurs sur leur théâtre ; les Chanoines de Reims, se trouvant aussi religieux que les Jésuites qui ne voudroient permettre que ceux de leur congrégation fussent employés en telles actions, et que l'on pouvoit estimer qu'ils le faisoient en dérision des séculiers et principalement des Chanoines qui leur sont odieux. Vous pouvez voir la conclusion du Chapitre qui ne peut approuver cette action, comme estant contre le droit canon, duquel les Jésuites sont peu observateurs. Aussi n'est leur profession d'y estudier, mais bien celle des Chanoines pour policer l'église. »

Le brave chanoine Coquault oublie la représentation des *Mystères*, à laquelle, au siècle précédent, les Chanoines avec les autres membres du Clergé prenaient une si vive part. — A cette mercuriale du Chapitre, fut ajouté un acte comminatoire contre ceux qui avaient donné ou presté des ornements de l'église de Reims pour servir en ces jeux, et défendit d'en prester à l'avenir. — « Les Jésuites, ajoute le chroniqueur, croyent que tout leur est permis, de mettre les sacrés ornements des autels, et les employer à leur théâtre. Je veux même que l'action représentée soit bonne, mais ce qui sert à dire la messe ne se doit profaner ainsi. »

Le même annaliste nous donne encore de curieux détails sur une autre représentation chez les Révérends Pères. Le sujet de celle-ci était le *Martyre de saint Maurice*, le patron de leur église, et qui devait être pour eux l'occasion d'une ovation en l'honneur du généreux bienfaiteur de leur maison. « Le même jour (20 ou 23 août 1627), Messieurs les Jésuites firent re-

7

présenter l'*Histoire de saint Maurice* sous l'empereur
Phocas. A la fin furent distribués les prix des classes,
comme ils ont accoustumé, qui est une bonne émulation pour la jeunesse. — Sur le même théâtre fut mis
le portrait de Mons. Brulart, fondateur du collège,
entre les deux colonnes d'Hercule, où Hercule le vint
saluer avec une troupe d'acteurs qui, tous mirent les
genoux en terre devant ce pourtraict, en lui rendant
actions de grâces. Puis, ledit Hercule, se tournant devant ledit sieur Brulart qui estoit en une fenestre du
collège qui répondoit (avait vue) sur le théâtre, se mit
à genoux et lui fit aultres actions de grâces après en
avoir faict à son portraict; ce qui fut jugé par plusieurs
actions d'idolâtrie et de grande flatterie. »

En 1628, nous trouvons imprimée *La Conqueste du
char de la Gloire,* par le grand THÉANDRE, — représentée en cinq ballets, par les pensionnaires du collège de
la compagnie de Jésus de Reims, en réjouissance de
la réduction de la Rochelle, à l'obéissance du roi. —
*Reims, chez Nicolas Constant, imprimeur du roi à la
Couronne d'Or,* MDCXXVIII, in-4°, p. 5.

Je suppose, nous dit le R. P. Som...., à qui nous devons cette curieuse note, qu'il conviendrait d'attribuer la
paternité de cette pièce au P. Pierre Lemoine, qui était
professeur à cette époque au collège des PP. de Reims,
et qui l'année suivante publiait : *Les Triomphes de Louis
le Juste en la réduction des Rochelois.* — Ballet dont
parle *Le Mercure de France,* novembre 1745, p. 182-185.

Nous ne devons pas omettre de rappeler qu'en 1631
les Jésuites publiaient un volume de poésies, harangues,
oraisons funèbres en latin et en français, à l'occasion de la

mort de François de Bruslart : *Academica parentalia à collegio Remensi Societatis Jesu persoluta Reverendissimo domino Francisco Brulartio, abbati olim Valli regio, — ejusdem Collegii fundatori munificentissimo. Rhemis apud Nicolaum Constant*, 1631, in-4°. — A la fin, il y a un drame latin intitulé *Joannes Eleemosinarius* (saint Jean l'aumônier) qui probablement eut les honneurs de la représentation.

Nous retrouvons encore, dans notre annaliste rémois, sous la rubrique de 1633, un témoignage de l'antipathie du Chapitre pour les Révérends Pères. « Fut défendu cette année aux Chanoines et aux habitués de l'Eglise de Reims de représenter aucuns personnages sur les théâtres, soient des Jésuites ou collège de Reims, soit d'histoire profane ou ecclésiastique ; ainsi que le Chapitre l'avoit de toute antiquité deffendu... C'estoit à raison que les Jésuites y vouloient employer des ecclésiastiques de l'Eglise de Reims. »

Ces mauvaises dispositions pour la maison de saint Maurice n'étaient pas le fait exclusif de Messieurs les Chanoines, elles étaient partagées, nous l'avons déjà dit, non seulement par l'Université et ses suppôts, mais aussi par Messieurs de l'Hôtel de Ville qui, dès l'arrivée à Reims des enfants d'Ignace, s'étaient montrés si peu favorables à leur installation. Nous trouvons un témoignage bien caractéristique de cette hostilité dans cette résolution du Conseil.

« *1646, Lundi 3 Septembre.* — Sur ce que le sieur Lieutenant a représenté que Monsr le Marquis de Rothelin, Gouverneur de cette ville, luy faict dire qu'il désiroit avoir deux sergents de ville pour garder la porte du collège des Pères Jésuites durant la tragédie qu'ils font ce jourd'hui, pour éviter la confusion, scavoir si on luy baillera deux desdits sergents de ville ?

« Conclud a esté qu'il ne sera baillé aucun. »

Les Révérends Pères, trempés pour la lutte, n'étaient nullement disposés à reculer devant des hostilités même déclarées. La confiance dont les entouraient les meilleures familles du pays, les soutenait dans leur mission d'éducateurs de la jeunesse et, malgré les criailleries de leurs adversaires, ils continuèrent leurs agissements habituels.

Au sacre de l'enfant que l'on nommait déjà Louis XIV, le collège de la place Saint-Maurice fit éclater son zèle pour la monarchie et donna : « LE LYS SACRÉ ROI DES FLEURS, *ou le sacre de Louis XIV, avec les avantages qu'en doit attendre la France et toute l'Europe.* » Représenté devant Sa Majesté dans le collège de Reims de la Compagnie de Jésus, le.... de juin 1654, *imprimé in-4° de 20 p.*

Nous passerons à dessein quelques faits secondaires pour arriver à d'autres plus significatifs. En 1660, à l'occasion du traité des Pyrénées et du mariage de Louis XIV et de Marie-Thérèse, la maison des Jésuites voulut signaler son patriotisme par une fête digne de la circonstance et à laquelle fut convié tout le personnel de l'Administration municipale et de la haute société rémoise. A la suite d'une brillante collation offerte aux invités, les jeunes pensionnaires exécutèrent une comédie héroïque toute à la gloire du prince, intitulée le *Mars françois*, pièce imprimée à Reims, mais que nous n'avons pu retrouver. Nous savons seulement qu'au nombre des acteurs figurait et y remplissait, à lui seul, quatre rôles différents, le jeune Jean-Baptiste de Tier-

celin, marquis de Brosses, fils de cette Henriette de
Joyeuse dont il est tant question dans les *historiettes* de
Tallemant des Réaux, et pour laquelle notre poète
Maucroix, alors simple avocat, avait éprouvé une si
vive passion.

Cette fête, à laquelle ne manquèrent pas les applaudissements des nombreux spectateurs, se devait terminer par un brillant feu d'artifice préparé dans le jardin.
Le Lieutenant des habitants présent, fut prié de vouloir
bien mettre le feu aux poudres : pris à l'improviste
(comme de nos jours feu Dupin le fut à Saint-Acheul),
Monsieur Coquebert de Taissy, quoique peu favorable
au Jésuitisme, ne pouvait refuser l'honneur qu'on lui
déférait : A la tête de son conseil et de l'assemblée il
saisit la fusée-signal, aux acclamations répétées de
Vive le Roi !

Le succès de cette fête ne se trouva pas du goût de
tout le monde : Il y eut des jaloux, des mécontents et
les malins ne manquèrent pas de dire que les Révérends
Pères jouaient fort bien leur rôle, et s'entendaient
merveilleusement *en artifices.*

Les bibliophiles rémois conservent encore précieuse-
ment un exemplaire d'une pièce imprimée du répertoire jésuitique. Comme cette pièce encourut les plus
vives critiques, nous en exposerons, sommairement
avec le titre, le sujet et la curieuse mise en scène. La
distribution des rôles fait connaître quelques unes des
honorables familles du pays de Reims et des environs,
dont les fils étudiaient chez les Révérends Pères ; et
c'est ce but que, je crois, l'on n'était pas fâché d'at-
teindre.

LA MORT DE TIRCIS

OU LA MORT DU BON PASTEUR

*Tragédie pastorale allégorique, qui sera représentée par les
Ecoles d'humanité du Collège de la Compagnie de Jésus,
le 21 juin 1701, à trois heures et demie
et le 22 à deux heures du soir (1).*

Voici l'analyse que nous fournit de la pièce le *libretto*
même :

PROLOGUE

« Apollon avait dans l'Idumée un jardin, dont il avait
confié la garde à des bergers du pays, avec une sévère
défense de toucher à certains fruits qu'il leur marqua.
Ils désobéirent. Et pour les punir, ce Dieu remplit la
terre de bêtes féroces qui la ravageaient et qui dévo-
raient les pasteurs et leurs troupeaux. On consulta
l'oracle qui répondit que pour se délivrer du fléau, il
falloit qu'un berger de la race des Dieux se dévouast
volontairement pour tous à la mort, et que ce serait
celui qu'il leur désignerait un jour par la bouche du
grand Prêtre.

« *Acte premier.* — Le jour marqué par l'oracle étant
arrivé, après les sacrifices accoutumés, les bergers
s'assemblent dans une vallée où était le temple d'Apollon : là, pendant que chacun craint pour soi-même, le
temple s'ouvre, le Grand-Prêtre est subitement inspiré,

---

(1) A Reims, de l'imprimerie de B. Multeau, imprimeur du Roy.

et prononce que Thyrsis est celuy qui doit être déchiré
des bestes, pour le salut du pays.

« *Acte second*. — Les ennemis et les jaloux du mérite
de ce berger n'omettent rien pour hâter sa triste destinée : ses amis, au contraire, mettent tout en usage
pour l'arracher à la mort.

« *Acte troisième*. — Thyrsis enfin donne généreu-
sement sa vie ; mais il n'est pas plus tôt expiré qu'il
est reconnu fils d'Apollon même et qu'on annonce qu'il
doit bientôt revivre, pour régner à jamais sur toute la
contrée. Alors le cœur de ses ennemis change, ils se
repentent, et tous se réjouissent dans l'attente de sa
domination. »

*La scène est dans une vallée d'Idumée, auprès du
Temple d'Apollon.*

Ce programme est, comme dans nos drames modernes, suivi de l'énonciation des personnages, des
rôles et de leur distribution aux acteurs. Cette liste
peut avoir quelque intérêt pour nous, car elle fait
connaître les familles du pays (dont quelques-unes
subsistent encore), qui confiaient leurs fils à l'éducation de la maison de saint Ignace.

PERSONNAGES :	ACTEURS :
Tyrsis, berger, fils d'Apollon........	Simon Bourin, de Reims.
Lacon, prêtre d'Apollon.............	Nicolas Dumongin, de Cormicy, Pen-sionnaire.

Bergers amis de Thyrsis :

Mopse........	J.-Fr. Turpain, de Cormicy.
Amynte....,.....,..........	René-Louis d'Urban, de Mouzon.

Bergers ennemis de Thyrsis :

Damette...........................	Philippe Bergeat, de Reims.
Damon............................	Nicolas Bourguet, de Reims.
Lycidas..........................	Simon Cottier, de Perches.
Alexis............................	Noël de Corvisart, d'Avenay, Pensionnaire.
Phylus............................	J.-B. Hachette, de Reims, Pensionnaire
Corydon	Rubert Lebœuf, de Reims.
Aegon.............................	Charles le Boucher, de Reims.
Menalque..........	François Tronson, de Reims.

Deux Faunes.

Premier Faune....................	Florimond Le Tellier, Pensionnaire.
Deuxième Faune..................	Jean-Baptiste Parent, de Lagery.

On ouvrira la scène par une petite comédie française. — Le sujet : LA CRITIQUE DES PIÈCES DE THÉATRE.

PERSONNAGES ET ACTEURS DE LA CRITIQUE :

Oronte, magistrat..................	André des Forges, de Guise, Pensionn.
Dorimont, chevalier, ami d'Oronte....	Nicolas Dumongin.
Grimaçon, prétieux affecté...........	Simon Cottier.
D'Espricourt, précepteur............	Jean-Baptiste Parent.
Le petit Damis, élève d'Espritcourt...	Simon Bourin.
Courant, } jeunes gens......... {	Nicolas Camuset, de Reims.
Libère,	Jean-Baptiste Hachette.
Larobe, garde....................	Florimond Le Tellier.
Léveillé, garde....................	Aubert Lebœuf.
Un Acteur de la tragédie..........	François Tronson.

Les intermèdes qui se chanteront tiendront lieu de ballet, après chaque acte. Ils y seront tellement unis, qu'ils en font comme la dernière scène. On a jugé à propos, pour la satisfaction des spectateurs, de les mettre icy, parce que, dans les chœurs de musique, on ne peut faire entendre assez distinctement les paroles.

PROLOGUE

Comme la tragédie est héroïque et champêtre tout ensemble, la matière du prologue en est tirée. C'est une contestation en récit et en chant, entre un personnage héroïque et un berger qui disputent chacun en faveur du genre qu'ils ont embrassé : Un vieux berger les accorde et leur persuade de mêler, dans un même spectacle, la grandeur de l'héroïque et l'agrément du champêtre.

PERSONNAGES DU PROLOGUE :

Clitandre, personnage héroïque.......	Jean-Baptiste Hachette.
Damis, personnage champêtre........	Nicolas Camuset.
Palémon, juge....................	Charles Le Boucher.
	Philippe Bergeat.
	Nicolas Camuset.
Troupe de personnages héroïques et champêtres. — Chantans, Bergers chantans................	Henri de Corvisart-de-Fleury, d'Avenay, Pensionnaire.
	Nicolas de Corvisart Montmarin, d'Avenay, Pensionnaire.
	Jean de Livergny, de Lilet.
	René-Louis d'Arbau.
	Hubert Lebœuf.
Enfin dira l'épilogue...............	Nicolas Camuset.

Le *libretto* imprimé que nous avons sous les yeux, ne nous fournit pas le texte de la petite pièce, ou lever de rideau, comme on appelle aujourd'hui ces sortes de préliminaires : il nous eût offert sans doute plus d'intérêt que la pastorale elle-même, sorte de berquinade dont les vers, les stances et l'ensemble ne valent ni plus ni moins que d'autres compositions du temps et du même genre.

Quoi qu'il en soit, l'allégorie était transparente. Sous une forme nouvelle, et en termes voilés, c'était une manière de reproduction du *Mystère de la Passion*, joué avec tant de succès et devant le public rémois, au siècle précédent. Mais cette reproduction, cette innocente allégorie, n'en souleva pas moins tout le camp des

Universitaires et des Jansénistes du pays qui cria au
scandale et à la profanation ! Immédiatement parut un
pamphlet rimé ayant pour titre :

   « *Critique d'une pièce de théâtre, représentée à Reims
dans le collège de la Compagnie de Jésus, le 21 et le 22
juin 1701*, et qui a pour titre : *La mort de Thyrsis,
ou la mort du bon Pasteur.* » — Tragédie pastorale-
allégorique, MDCCI.

   Nous en citerons quelques vers :

> Vous partez donc Damis, chez les enfants d'Ignace
> A la pièce invité, vous allez prendre place,
> Et vous verrez Jésus, selon leur saint projet
> D'un spectacle païen faire tout le sujet...

> Par une fable impie ils profanent sans crainte
> Le plus aimable objet d'une loi toute sainte :
> D'un faux Dieu dans leurs vers notre Dieu prend le nom ;
> Des hommes à sa place adorent Apollon...

> Vous entendrez, Damis, cet horrible langage
> Et vous verrez sans frémir cet affreux badinage
> Où des prêtres de Dieu feront faire au démon
> Tout ce qu'a fait Jésus dont ils portent le nom !

   Il nous reste un autre témoignage imprimé des jeux
scéniques de la maison des Pères Jésuites. Il s'agissait
alors de la maladie qui mit les jours de Louis XV en si
grand danger. La mort semblait imminente : les derniers sacrements avaient été administrés. Cependant
un mieux survint : Louis entra en convalescence, et sa
guérison fut accueillie partout avec de tels transports
d'allégresse que, touché de tant de marques d'affection,
Louis, se rendant quelque peu justice, s'écria : *Qu'ai-je*

donc fait pour être aimé ainsi? On sait que c'est à cette occasion que lui fut décerné le surnom de *Louis le bien-aimé*, et que, dès ce moment, l'édilité rémoise conçut le projet de la statue et du beau groupe dû au ciseau de Pigale : groupe qui est encore aujourd'hui l'un des plus remarquables monuments de notre cité. Voici le titre de la pièce :

PASTORALE HÉROÏQUE SUR LE RÉTABLISSEMENT
DE LA SANTÉ DU ROI.
SERA REPRÉSENTÉE PAR LES PENSIONNAIRES DU COLLÈGE
DE LA COMPAGNIE DE JÉSUS DE REIMS

Dans la grande salle du même Collège .le mardi 15ᵉ de septembre 1744
à quatre heures après midi.

Plus de quarante années nous séparent de la tragédie pastorale de la *Mort de Thyrsis :* nos acteurs ont été renouvelés.

S'ensuit la distribution des rôles :

PERSONNAGES :	ACTEURS :
Dira le Prologue..................	Charles de Chiavry de Cabassole, d'Arles.
Duphois..........................	Pierre Fournel de Rouvaux, de Verdun.
Lycidas..........................	Claude Golbery, de Colmar.
Mirtille..........................	Jean-Baptiste Gérard, de Neufbrisach.
Damon...........................	J.-Joseph Le Bonvalet, de Paris.
Sylvandre........................	Ant.-François de Féret, de Reims.
Thyrsis..........................	Charles de La Motte, de Reims.
Atys.............................	Pierre Augerd, de Bourg-en-Bresse.
Palémon..............	Jacques-Félix de Vrévins, de la Grange-aux-Bois, en Thiérarche.
Lycas............................ .	Charles de Chiavary de Cabassole.

Danseront avant le Prologue :

MM. de la Motte, de Vrévins, de Chiavary, Augerd.

Après le Prologue :

MM. Fournet, Golbery, Gérard, de Féret, de la Motte.

On voit, par cette distribution des rôles, que la maison
des Révérends Pères ne s'étayait pas seulement de l'estime et de l'appui des Rémois, mais qu'elle recrutait
ses pensionnaires au loin et dans les meilleures familles, ce qu'elle ne négligeait pas de mettre en évidence et
de prouver à l'Université.

On a vu, dans notre précédent chapitre, que les organisateurs de la représentation des *Mystères de la Passion*,
prélevaient un droit d'entrée sur les spectateurs, dont
le produit couvrait une partie des frais de l'entreprise :
nous ne savons si les PP. Jésuites de Reims en usaient
ainsi, mais ce qui paraît certain c'est que Messieurs
leurs Confrères du collège de Clermont, de Paris, ne
se privaient pas de cette petite ressource et paraissent
même avoir eu, sur ce point, d'assez hautes prétentions.
Loret, le journaliste du temps qui, en août 1658, assistait chez eux à la représentation d'*Athalie*, tragédie
latine de leur répertoire, payait 15 sols d'entrée ; le
même prix qu'il eût payé à l'hôtel de Bourgogne pour
voir une tragédie de Corneille. Il est vrai, dit un critique, qu'il en eut pour son argent, car outre la
tragédie :

> On y dansa quatre ballets
> Moitié graves, moitié follets
> Chacun ayant plusieurs entrées
> Dont plusieurs furent admirées
> Et vrai, comme rimeur je suis,
> La Vérité, sortant du puits
> Par ses pas et ses pirouettes
> Ravit prudes et coquettes... (*Muse histor.*)

Nous avons dit précédemment que les rôles de femmes étaient tenus par de jeunes élèves — mais que si les dames n'y figuraient pas, elles ne manquaient point aux représentations ! Tout cet éclat donné aux exercices des Révérends Pères devait prêter à la satire. Toutefois l'autorité littéraire des Jésuites était assise sur des succès trop variés, pour être ébranlée par la critique de quelques adversaires. L'ordre comptait, en effet, parmi les pourvoyeurs du théâtre rémois, un groupe d'auteurs estimés et spéciaux, tels que les Pères Le Jay, Lallemand, Ménestrier. Bougeant, Lemoine, du Cerceau et le Père Porée lui-même, sous la direction duquel grandit et se développa le jeune Arouet.

Ce qui nous remet en mémoire que les deux Corneille ainsi que Voltaire, élèves des Jésuites, puisèrent sans doute, dans leur enseignement, cet amour du théâtre qui valut tant de chefs-d'œuvre à la scène française !

CHAPITRE VII

La Comédie de Salon
Maucroix — La Vespierre — La Dame Inconnue

La société rémoise, dans sa haute expression, avait déjà, dès le xviiᵉ siècle, les habitudes d'une vie élégante et facile telle qu'elle se pratiquait à Paris. Cela s'explique suffisamment par la résidence en ses murs de plusieurs familles aristocratiques, par une magistrature éclairée, un clergé d'élite, par ses artistes, ses gens de lettres, et aussi par son haut commerce qui, désormais, entendait exercer son influence dans les affaires administratives aussi bien que dans les questions à l'ordre du jour.

Ce dont on ne se doute pas aujourd'hui ou plutôt ce qu'on a oublié, c'est qu'au xviiᵉ siècle Reims possédait une douzaine de nourrissons des Muses, tous suffisamment patentés au Mont-Parnasse et pour qui la médisance n'était qu'un jeu, une sorte de badinage poétique. En ce temps, Oudinet l'avocat qui (après son parent, l'antiquaire Rainssant), devint garde des médailles du cabinet du roi, écrivait sous le manteau sa philippique contre ses confrères du barreau. Le versificateur Maillefer effilait son crayon à l'encontre du beau sexe de la moderne Durocort; le chanoine Favart distribuait à

huis-clos ses charades, ses bouts rimés et ses quatrains
malicieux. La Fontaine, commensal de Maucroix, ami du
peintre Hélart, composait son conte des Rémois, tandis
que ce même Maucroix lançait, par myriades, ses épigrammes acérées contre les faux dévôts, les maris jaloux, les vieilles coquettes et les sots de tout rang ; et
l'on n'a point oublié les coups de bâton qu'à la même
époque le Prince de Conti faisait administrer à un autre
Rémois, auteur supposé d'un pont-neuf injurieux pour
plusieurs grandes dames de la Cour.

Habitué des cercles littéraires de Paris, familier de
l'hôtel Rambouillet et des beaux esprits du temps,
Maucroix, revenu à Reims, y avait trouvé un monde
déjà initié aux choses parisiennes. Or, à cette époque
où la pléïade dramatique jetait un si vif éclat sur le
déclin du règne de Louis XIII, et sur l'aurore du règne
de Louis XIV, la comédie était devenue, à Reims,
l'amusement de prédilection de l'élite de la société. Tout
y poussait d'ailleurs. Sous l'influence féminine, tout
devenait pour les malins matière à exploiter : tout,
suivant le cas, s'y traduisait en piquants dialogues, en
saynettes pastorales ou comédies qui se jouaient au
Salon, entre deux paravents, comme naguère chez nous,
la société se plaisait aux proverbes de Carmontelle ou
de Théodore Leclercq. Maucroix fut un instant le poète
attitré du beau monde rémois. Il était de ceux qu'on
chargeait le plus volontiers de la mise en scène des
incidents de la chronique locale.

Nous trouvons dans sa correspondance imprimée,
une lettre d'un de ses amis, M. de la Haye, de Château-
Thierry qui, sachant son goût pour ce genre de
récréations, offre de diriger sur Reims une troupe de

comédiens, dont la patrie de La Fontaine a fait ses délices.

« Je vous recommande, lui écrit-il, une petite troupe comique qui voudrait bien jouer à Reims. Si vous avez *quelqu'un* qui connaisse *quelqu'un* qui puisse parler à *quelqu'un* pour les recommander à ceux qui donnent la permission, vous m'obligerez fort de vous y employer, et si votre *sévérité* vous permet de les aller entendre, vous n'en serez pas mal satisfait, vous qui ne l'êtes qu'à bon escient. Ils nous ont donné ici beaucoup de plaisir, et malgré les prédicateurs qui les ont tourmentés, ils nous ont fait passer un peu plus doucement que nous n'eussions fait le temps pénible de l'Avent. Dieu nous envoie de temps en temps de pareilles consolations !

On sait qu'à la date de cette lettre, Reims n'avait point encore de salle de spectacle, et que la comédie dite *de société* ne se jouait que chez les particuliers qui n'avaient nul besoin pour recevoir leurs amis de recourir à l'autorité locale. Il n'en pouvait être de même pour les acteurs ambulants et de profession. Les amateurs, prévenus de leur arrivée, sollicitaient à l'avance de l'administration compétente l'autorisation indispensable. En beaucoup de localités les amateurs, à l'aide de modestes cotisations, se contentaient d'un théâtre factice. Le menuisier leur construisait une salle mobile qui pouvait être posée en tel ou tel quartier de la ville, à la convenance du public, sans endommager ni gêner personne et où, cette fois-ci, avec l'autorisation du magistrat, pouvaient se jouer toutes sortes de pièces, drames, comédies, opérettes. Nous ne sommes pas sûr que tel n'ait pas été le premier théâtre que se donna la ville de Reims. Quelques critiques nous disent que les choses se passaient encore plus simplement chez nous.

8

Les amateurs, nous dit-on, prévenus de l'arrivée de comédiens nomades, louaient aussitôt à leurs frais un local soit dans une hôtellerie, soit ailleurs, y faisaient dresser une estrade, et poser des bancs pour les hommes, des chaises pour les dames. La salle se trouvait éclairée par des lampes, des bougies et de simples chandelles, et le public y affluait en prenant ses billets et en acquittant les droits d'entrée, le tout sous la surveillance des agents de M. le Lieutenant de police.

Il en était à peu près ainsi dans toutes nos villes de province. L'autorisation du magistrat ne s'obtenait pas toujours. Les comédiens ambulants étaient agréés ou refusés selon les circonstances, et il ne paraît pas que les protégés de l'ami Delahaye aient reçu à Reims l'accueil espéré. Le temps de l'Avent était passé, — mais bien que les artistes annoncés ne se présentassent qu'au mois de juillet, des calamités atmosphériques, des pluies continuelles suivies de fâcheuses inondations motivèrent l'interdiction administrative. Voici la pièce que nous fournissent nos archives :

Conclusion du Conseil
du Dimanche 10 Juillet 1639, de rellevée.

Sur ce que Monsieur le Lieutenant a représenté qu'il s'est présenté en ceste ville des Comédiens qu'on dit avoir obtenu permission de Monsieur le Lieutenant général de jouer, ce qu'il semble debvoir estre permis durant les prières de quarante heures qui se font ; joint la misère du temps et ruine du pais l'affaire mise en délibération ;

Conclud a esté que ledit sieur Lieutenant général sera veu de la part de céans et supplée de ne permettre lesdits comédiens de jouer et pour ce faire sont nommez Messieurs Lebel et Rogier. Et en cas qu'il leur ayt baillé la permission, qu'il ne leur sera baillé permission de battre le tambour ny sonner la trompette. Et fait deffenses à l'hoste où ils seront logez de leur permettre de jouer.

Mais revenons à Maucroix et à la comédie de salon proprement dite. On retrouve, dans les œuvres de notre poëte, des extraits de quelques-unes de ces petites pièces qui se jouaient chez les amis de l'auteur. Tallemant des Réaux, si intimement lié avec Maucroix, et si bien au courant des choses de nos contrées, parle dans ses *Historiettes* d'un grotesque personnage des environs de Reims. Le baron de la Vespierre, *Gros-Dada,* dit-il, dont les prétentions nobiliaires et l'avarice sordide avaient fait une manière de *Baron de la Crasse* qui prêtait fort à rire. « Maucroix » dit le commentateur de Tallemant, « fit une petite comédie de société très bien versifiée pour amuser Madame de Saint-Etienne sur le sujet de ce Monsieur de la Vespierre. » Cette comédie rentre trop bien dans notre sujet pour que nous n'en reproduisions pas quelques fragments. Et tout d'abord, en voici le prologue :

LE RÉGISSEUR *au public.*

Nous prétendons jouer Monsieur de la Vespierre,
C'est un noble bâti de gentille manière.
Ses discours, ses exploits, les traits de son esprit
Serviront de sujet à ce digne récit.
Mais figurez-vous bien un noble de campagne,
Reclus dans sa chaumière avecque sa compagne
Chaste, prude, fort laide, au teint jaune et hâlé
Et tirant quelque peu sur le cochon brûlé.
Sa dure et seiche main, depuis son mariage,
N'a pu souffrir des gants le fâcheux esclavage.
Mais cette noble main, nourrice des dindons,
A versé mille fois le lait clair aux cochons.

Quant à Monsieur leur fils, leur unique espérance,
C'est un aimable enfant ! Il garnit bien sa pance,
Et toujours dans la main, il tient quelque morceau
De flan ou de pâté, de tarte ou de gâteau !
Il a sur son jupon cent taches bien écrites
Et son petit minois crasseux de pommes cuites ?
Monsieur de la Vespierre au reste est un seigneur
Délicat, tête bleu ! dessus le point d'honneur.
Dans la Flandre autrefois, il a bien fait des siennes.
Diantre ! Il fuit des premiers au camp de Valenciennes.
Nous allons maintenant vous le représenter
Quand quelque Nobilis s'en vient le visiter.
Prêtez-nous audience, ouvrez bien vos oreilles,
Tous nos comédiens vous vont faire merveilles !

Le couple la Vespierre se prépare à recevoir un baron
du voisinage, leur ami qui, de lui-même, s'invite à diner :
mais à ce moment, le pauvre la Vespierre se trouve
sous le coup d'exploits d'huissier dont les clients n'entendent pas raison. Le malheureux hobereau prend
occasion delà pour gémir sur le prestige perdu de la
noblesse du jour, que son caractère ne met plus à l'abri
des avanies du premier roturier, du premier épicier
venu. — Ecoutons sa philippique indignée :

LA VESPIÈRE *au Baron.*

Ah ! mon cher, qu'aujourd'hui la noblesse est à plaindre !
Qu'est devenu le temps où, voyant un château,
Le plus hardi sergent sentait frémir sa peau !
Quelque sot eût alors payé des arrérages.
Tel n'a pas un valet qui nourrissait des pages.
Un gentilhomme alors, d'un air impérieux,
Devant son créancier ne baissait point les yeux,
Le regardait en face et, plein de confiance,
Jamais ne le priait de prendre patience ;

Au lieu de paiement, parlait de ses combats
Et traitait mon bourgeois toujours du haut en bas.
Mais ce temps-là n'est plus, on a changé de mode,
La noblesse à présent suit une autre méthode.
Il faut bien humblement parler au créancier
Et l'appeler *Monsieur* ! ne fut-il qu'un mercier !
Surtout Messieurs de Reims sont fiers comme le diable !
C'est une nation du tout insupportable !
Non, dans tout l'univers, il n'est point de cité
Où l'on traite si mal les gens de qualité !
Vois-tu bien cet exploit, je t'en dirai la cause,
Et vais naïvement te raconter la chose.
J'allai chez mon marchand pour compter et savoir
Quelle somme à peu près je lui pouvais devoir !
En comptant par hazard, par malice peut-être,
Parlant à mon marchand, je l'appelai *mon Maître !*
Mon Maître, tête bleu ! reprit-il à l'instant,
Mon Maître, Monseigneur, veut de l'argent comptant
Et si, sans le payer vous sortez de sa porte,
La race des sergents n'est pas encore morte !
Je vous le ferai voir, j'en jure sur ma foi
Et que vous entendrez bientôt parler de moi !
Je vous trouve plaisant avec votre *mon Maître !*
Gentilhomme à dindons, où pensez-vous donc être ?...
Il fallut doucement essuyer tout cela,
J'enrageais, mais le mieux fut de partir de là,
Et sans plus de discours, trousser vite bagage,
Car j'entendais déjà braire le voisinage.
Il ne fait pas trop bon de jouer à ces fous,
Ces marauds sans respect m'auraient roué de coups !
Je me souviens encore de la guerre civile
Et comme on régalait les d... en cette ville.

La pièce qui nous fournit cette scène est de la moitié du xviie siècle, et semble prouver qu'on a bien exagéré, à l'époque de la Révolution, l'autorité, la morgue et le despotisme des nobles campagnards, la plupart obérés

et dont un simple exploit d'huissier pouvait si facilement
avoir raison. Nous renvoyons le lecteur aux *Historiettes*
pour les drôleries que Tallemant raconte encore du
baron de la Vespierre, et nous arrivons à l'héroïne
d'une autre comédie de salon.

En 1682, à Reims, se passa la singulière histoire de
la *Dame inconnue*. Rappelons-en les principaux incidents. Une dame d'un extérieur noble et distingué,
jeune et belle encore, se disant d'une illustre maison de
France, s'était vue réduite à fuir son époux, dont elle
subissait de mauvais traitements, sa famille qui mécon-
naissait sa vertu, son pays où tout lui avait fait faute en
même temps. Persécutée, errante et mendiant de ville en
ville, elle était arrivée aux portes de Reims où l'avait
recueillie l'ardente charité de l'abbé Lempereur,
curé de Saint-Hilaire et promoteur de M. L'Archevêque.
Homme grave et plein de sagesse, l'appui que donnait
à la belle étrangère un prêtre de ce caractère, le récit
qui se faisait des malheurs de l'inconnue, devaient éveiller promptement les sympathies rémoises. En quelques
mois, grâce à de généreuses interventions, l'intéressante
réfugiée se vit en état de se montrer dans le monde, et
de faire preuve des hautes vertus dont elle était douée.
Pieuse et charitable, elle était sans cesse à l'église et
chez les pauvres. La Marquise, ainsi désignait-on l'é-
trangère, avait pour oncle un prince de l'Eglise, dont le
haut crédit, assurait-elle, devait faciliter la promotion
du curé de Saint-Hilaire à l'épiscopat; flatteur espoir
qui chatouillait du brave curé l'orgueilleuse faiblesse.
— Mais hélas! prompte et cruelle déception! Les en-

quêtes des envieux et du curé allaient bientôt amener la
révélation de la fatale vérité.

La dame inconnue qui avait mis dans ses intérêts et
à contribution les deux tiers de la ville, se trouva n'être
plus qu'une *maîtresse intrigante*, une *vagabonde*, une
débauchée, une *effrontée publique !* Ce sont les termes
de l'arrêt du 12 janvier 1683, qui condamne *Marie-
Magdeleine Gautier*, native de Savoie, soi-disant marquise de Chastillon, après une heure de carcan, à être
battue, fustigée de verges au carrefour de la Pierre-au-
change et de la Couture, etc. — Cette histoire, on le
présume bien, excita grande rumeur en la cité et devint
le sujet de bien des plaisanteries. On la mit en chansons,
en pamphlets, en ponts-neufs et même en tragi-comé-
die (1).

Nous avons eu la bonne fortune de retrouver, parmi
de vieilles paperasses de l'hôtel de ville, la comédie en
cinq actes et en vers qui fut jouée à Reims, dans quelques-uns des salons où les infortunes de la marquise et
du pauvre curé de Saint-Hilaire prêtaient à rire. Cette
comédie jouée, mais restée manuscrite, n'est certainement pas de main de maître, le style en est généralement
assez pauvre, et la pièce manque d'invention. Cependant quelques parties sont assez bien filées, et l'ensemble
a son intérêt, ne fût-ce que comme production locale
et souvenir de la bizarre histoire. Nous en extrairons
quelques scènes. En voici d'abord une qui ne manque

---

(1) *L'art de plumer la poule sans crier. A Cologne* (Paris), *chez Robert-le-
Turq, au coq hardi, 1710* contient, entr'autres anecdotes, l'aventure de la *Dame
inconnue* et de ses nombreuses victimes. Le livre est rare. M. Brissart-Binet
a réimprimé la partie relative à notre aventurière, dans sa jolie *Bibliothèque de
l'Amateur Bib. rémois*, 1854.

pas d'un certain comique. Les marchands de Reims, amadoués par la bonne renommée de la noble étrangère, accourent successivement lui offrir et mettre à ses pieds tout ce qu'ils ont de mieux dans leurs magasins :

ACTE II. — SCÈNE II.

LA MARQUISE, LE CURÉ, DEREIMS et LES AUTRES MARCHANDS

DEREIMS, *entrant, au Curé*

N'est-ce pas vous, Monsieur, qui, dès le grand matin,
Estes venu chez moi ?

LE CURÉ

Je n'en fais pas le fin !

DEREIMS

J'apporte en votre nom, Monsieur, ma marchandise.

LE CURÉ *à la Marquise*

C'est un de nos marchands, Madame la Marquise;
Ce qu'il vous faut de lui, prenez à votre gré.

LA MARQUISE

S'il veut vendre trop cher, je l'abandonnerai !

DEREIMS

Madame, choisissez ! que rien ne vous tourmente,
Je serai satisfait si vous êtes contente.

LA MARQUISE, *souriant*

Je ne m'attendois point à pareille faveur !

LE CURÉ, *montrant les autres marchands qui surviennent*

Madame, ces messieurs sont tous de cette humeur.

L'ORFÈVRE

J'ai passé quatre jours à ciseler l'ouvrage.
Madame, de vous plaire aurais-je l'avantage ?
M'oserais-je flatter d'un favorable accueil ?

LA MARQUISE

Ce couvert est bien fait... il mérite un coup d'œil,
Peut-être un peu petit...

LE CURÉ

                    Oh ! l'artiste est habile !
Mais en quoi ce couvert vous peut-il être utile ?
Ou prenez la douzaine, ou prenez celui-ci (montr. un plus grand)
Vous aurez quelquefois à traiter un ami.
Il vous faut des couverts en belle argenterie
Et laisser cet étain aux gens d'économie !

L'ORFÈVRE

Monsieur l'abbé dit vrai... J'en ai bien encor dix...
Puis un de commencé...

LA MARQUISE

                    C'est fort bien, mais le prix ?

LE CURÉ

Il sera toujours temps !

MONTARUEL, marchand d'étoffes

                    De la dentelle fine,
Madame, en voulez-vous ? du Havre ? du Maline ?
Des beaux mouchoirs de point, à coup sûr d'Alençon,
De la toile de chanvre de la Ferté-Millon,
De la toile de lin, de la toile batiste,
Achetez ! achetez ! j'ai besoin qu'on m'assiste !

POLONCEAU, drapier

Le curé Dorigny me fait venir chez vous
Vous dire que je vends draps, serge, enfin de tout.
Si vous croyez devoir habiller vos suivantes,
Madame, j'ai de quoi les rendre très contentes !

LA MARQUISE, au curé

Vous êtes vraiment bon ! Voyez ce qu'il me faut ;
Pourtant je ne veux pas qu'elles le portent haut !...
Laissez-nous votre drap, aussi votre étamine.

DESAIN, *mercier*

Des chapeaux et des gants, coiffes à la Dauphine,
Cassolettes de prix, rubans de bourdalous,
Parassols bien cirez, masques de velous,
Des éventails du temps, pierreries du Temple,
Patrons de points coupés, pour vous servir d'exemple
A faire d'autres points.

LA MARQUISE

Puisque je suis entrain,
Il faut tout acheter, et ne rien faire en vain.

LE CURÉ

C'est aussi mon avis.

LA MARQUISE

Il me reste à le suivre !

Les marchands sont sortis après avoir livré leurs diverses marchandises.

LA MARQUISE

Ça ! de quelle façon voulez-vous que je vive ?

LE CURÉ

Mais, à votre appétit ! vous avez lapereaux,
Poulets et cannetons, bécasses et levreaux,
Perdrix et pigeonneaux, tourtes, galette en pâte :
Mais comme quelquefois la viande se gâte,
Le traiteur du quartier vous pourra mieux fournir.
Votre caisse, il est vrai, semble se dégarnir,
Deux ou trois mille francs seraient bien votre affaire.
Le banquier pourra bien augmenter l'ordinaire.
Je m'en vais le trouver.

LA MARQUISE

Je le rembourserai !
Votre Grandeur sortant, aurait-elle à bon gré
De me faire envoyer cinq ou six pains d'épice !
(Minaudant)
· C'est un produit rémois qu'on mange avec délice,

LE CURÉ

Madame, c'est assez, j'en aurai du meilleur
· Qui se fasse au pays.

LA MARQUISE

Vous avez trop bon cœur !
Pour une pauvre femme... Ah ! que du ciel la grâce
Lui octroye bientôt cet évêché de Grasse !...
Plait-il à *Sa Grandeur* ?

LE CURÉ

J'en serais trop flatté ! (il sort).

SCÈNE III.

LA MARQUISE, MADAME DEMEST, *riche pain-d'épicière*.

Les filles suivantes, dans le fond.

LA MARQUISE *regardant par le treillis*

Eh ! Madame Demest !
Qu'on lui dise d'entrer ! Hé, bonjour donc, ma chère !
Je jure en vous voyant reconnaître ma mère !
Comment vous portez-vous ? Que j'aime votre cœur !

Mᵐᵉ DEMEST

Madame de vous voir c'est pour moi grand honneur
Et d'oser vous venir faire ma révérence !

LA DAME

Ah ! vous avez en moi bien peu de confiance !
L'accès chez moi n'est point commun à toutes gens,
Non, mais vraiment pour vous je n'aurais point de sens,
Si l'on vous refusait de ma maison l'entrée;
Passez-y le matin, le midi, la soirée,
Vous y retrouverez toujours le même accueil,
Sans compliment, prenez, s'il vous plait, un fauteuil !

M° DEMEST

Quoi, Madame, m'asseoir devant une princesse !
Où serait le respect qu'on doit à votre Altesse ?

LA DAME

Asseyez-vous chez moi, mon aimable Demet,
Vous aurez désormais le droit du tabouret
Et prendrez après moi la première séance !
(Les filles dans le fond rient)
Qu'avez-vous donc ! Paix là, fillettes, et silence !
Madame, ici beaucoup de gens de qualité
M'ont fait complimenter avec civilité,
Mais comme j'ai fait vœu de renoncer au monde,
Que du siècle maudit les maximes je fronde,
Qu'autant que je l'aimais, j'abhorre le plaisir,
Toute ma passion, mon unique désir,
N'est que d'entretenir des personnes dévotes
Et de ne fréquenter que des gens à patenotes !
J'ai quitté le marquis, le comte et le baron
Et me soucie peu que l'on sache mon nom,
Lorsque Dieu nous appelle, il faut qu'on se méprise.

M° DEMEST

Mais, Madame, pourtant le titre de marquise
Est d'un fort grand appui dans la dévotion.

LA DAME

Ma chère, je n'ai point ici de passion :
Toute noblesse à part, la vie la plus sûre
Sera toujours la vie entièrement obscure.

M° DEMEST

Pourquoi donc oublier votre condition ?
D'où vous vient cet esprit ?...

LA DAME, détournant la conversation

Faisons collation :
Je suis d'un estomach dont la faible nature
Demande fréquemment nouvelle nourriture;

Il faut de temps en temps que je prenne du vin,
J'ai soin que mes amis m'en fournissent du fin.
Filles, vénez ici ! Qu'on nous mette la table,
Servez-nous ce qu'il faut. Approchez, mon aimable !
N'avons-nous pas encore un morceau de jambon ?
Un poulet, des biscuits ? Cela rend le vin bon !
                    (Elle en présente une tranche)
Mangez-en hardiment, c'est un présent d'église,

LA DAME DEMEST

Il est de Maïence ?

LA DAME

                    Oui ! vite du vin, Bélise !
Très heureusement, j'ai deux illustres curés
Qui me font aprester tout ce que vous voïez.

M° DEMEST

Aussi s'attendent-ils à quelque récompense.

LA DAME

Je veux les élever plus que prélats de France,
J'ai toujours, Dieu le sait, entière bonne foi
Et je veux que dans peu ils *soient* connus du roi.
J'ai du crédit auprès des têtes souveraines
Et qui me servira ne perdra pas ses peines !
Mais, vous avez un fils et vous n'en parlez pas !

LA D° DEMEST

Oui, Madame...

LA DAME

                    Pour lui, la vie a ses appas ?
Il est jeune et bien fait, élégant et poli ?
Mais enfin que fait-il ?

M° DEMEST

                    Il demeure à Lhéri ?
Dont il est le pasteur.

LA DAME

                    Le pasteur ! Ah ! Madame,
Il en est le pasteur ! Il a donc charge d'ame !
Mais simple pasteur, ah ! je ne saurais souffrir
Qu'un homme comme lui se résigne à vieillir
Parmi des paysans dans un méchant village !
Fi ! c'est de son esprit faire un méchant usage.
Appuïez-vous sur moi, je puis en moins d'un jour
Le pousser et bientôt l'établir à la cour.
Je veux lui procurer un gros, gros bénéfice :
Pour vous, ne pensez plus vendre du pain d'épice !
Vous ne pétrirez plus ni biscuit, ni croquan.
Il faut qu'il étudie à bien tenir son rang.
Ma chère, du moment qu'il portera la crosse,
Vous ne marcherez plus, s'il vous plait, qu'en carrosse !

LA DAME DEMEST

Ha ! Madame, comment...

LA DAME

                         J'en veux faire un abbé
Un prélat, en un mot, de grande qualité.

LA DEMEST

D'où, s'il vous plait, Madame ?

LA DAME

                         Abbé de Sombre-Valle !

BÉATRIX, *bas à Bélise*

Qu'elle dise plutôt, petit abbé de galle !...
          (Haut)
Je viens de recevoir, Madame, ce paquet.

LA DAME

Donnez-le moi, donnez... Je n'ai point de secret.
          (Elle lit et change de couleur)

MADAME DEMEST

Qu'avez-vous donc, Madame ? On voit à votre mine
Que c'est...

LA DAME

Quoi !... dites-le.

LA DAME DEMEST

Quelqu'un qui vous chagrine.

LA DAME

Vous devinez bien. Un frippon de banquier,
Infidèle et fort peu prisé dans son métier,
Dont je devais toucher par mes lettres de change
Deux ou trois cents écus !... Il faut que je m'en vange !
Je ne sçais où j'en suis !... J'en ai besoin pourtant !

LA DEMEST

Vous puis-je là-dessus donner contentement ?
Tout ce que je possède est à votre service,
Disposez-en, mais...

LA DAME

Quoi ?

LA DEMEST

Que ce gros bénéfice,
Vous m'entendez ! ne puisse échapper à mon fils !

LA DAME

Reposez-vous sur moi, oh Dieu ! j'ai des amis...
Comme il passe déjà pour un fort galant homme,
Vous verrez que...   (Elle rentre)

MADAME DEMEST

Madame, il suffit qu'on le nomme !
                (Seule, à part)
Pour ces trois cents écus que je vais avancer,
Que de gloire et d'honneur elle va nous verser !
Je songe avec plaisir au bien de ma famille,
Voilà mon fils pourvu, reste à pourvoir ma fille.
Avecque son crédit tout nous va réussir.
L'argent fait grand miracle à qui sait s'en servir !
                (Elle sort précipitamment).

Epilogue.

Si nous en croyons un récit posthume, la Dame inconnue finit fort malheureusement ses jours. Elle alla rejoindre ses associés de Paris qui la reçurent fort mal, et ne voulurent lui pardonner qu'à la condition qu'elle se prêterait à un coup de main hardi qu'ils avaient arrêté contre un riche banquier de la capitale. Ils convinrent qu'on la mettrait dans un grand coffre qui serait porté, à titre de dépôt, chez le banquier en question et que, la nuit venue, elle sortirait de son coffre et ouvrirait à ses affidés la porte de la maison. La chose entendue, le dépôt fut envoyé et accepté. Mais fort malheureusement pour la dame, un petit chien se mit à aboyer avec une telle opiniâtreté contre ce maudit coffre, qu'inquiet le banquier fit venir la police qui s'assura de la nature du dépôt. La dame, prise en état de récidive, fit l'aveu de son crime et du projet de ses complices. Nouveau procès lui fut fait et, quelques jours après, elle se vit condamnée à être rompue vive et pendue. Ce qui fut exécuté en place de grève, au mois de mars de l'année 1684.

CHAPITRE VIII

La Comédie de salon au XVIIIe siècle.

Mademoiselle de Navarre. — Voltaire à Reims. — Madame Desjardins.

Arrivons aux faits du XVIIIe siècle, l'époque de la plus grande extension de la passion dramatique. Notre ville n'est pas retardataire à subir l'impulsion que donne Paris à toute la province. Elle n'a point encore de salle de spectacle, mais ses salons sont ouverts à tous les essais. « Rien, dit St-M. Girardin, ne peut aujourd'hui donner l'idée de l'importance qu'avait le théâtre à cette époque. C'était plus qu'un amusement ; c'était une sorte d'institution publique. C'était là que les passions s'exerçaient, non point sur la scène seulement, mais dans la salle. C'était là qu'il y avait des partis pour ou contre les auteurs et les acteurs. C'était là le sujet habituel des conversations, des pamphlets et des brochures. » — A Reims, en particulier, on joua la comédie, et la société, les gens du meilleur monde ne dédaignèrent pas d'y prendre part. On joua, non plus sur la place publique, mais chez les particuliers, dans le salon où, à défaut de salles consacrées, on utilisait les aptitudes des amateurs que dirigeaient parfois des acteurs nomades et de passage. Car, nous le répétons, c'était la passion du jour. Les casuistes rigoureux, à Reims

9

surtout, pouvaient continuer à se récrier et à rappeler
les anathèmes d'antan ; l'impulsion était irrésistible. Aux
adversaires, on ne manquait pas d'opposer cette justification récente du grave Boileau, encore à cette époque
réputé le chancelier du Parnasse : « Attaquez, si vous le
voulez, nos tragédies et nos comédies, puisqu'elles sont
vicieuses ; mais n'attaquez point la tragédie et la comédie en général, puisqu'elles sont d'elles-mêmes
indifférentes, comme le sonnet et les odes, et qu'elles
ont quelquefois rectifié l'homme plus que les meilleures
prédications... Il n'est pas concevable de combien de
mauvaises choses la comédie a guéri les hommes capables d'être guéris. » *Lettre à Brossette.*

On le voit donc encore une fois, la comédie n'a de
danger qu'en raison du mauvais usage qu'on en fait,
de la morale plus ou moins relâchée que les auteurs y
introduisent. C'est aux entrepreneurs de spectacle à y
penser et à se rappeler la formule latine : *Caveant Con-
sules!* Nous ne répondons point qu'à Reims, non plus
qu'ailleurs, au XVIIIᵉ siècle, on se soit rigoureusement
retranché derrière cette sage doctrine.

Peut-être est-ce ici le lieu de dire quelques mots des
divers éléments dont se composait alors la société rémoise. Des nuances fort accentuées la partageaient en
groupes distincts, et scission à peu près complète existait entre ses fractions.

En première ligne, et quoi qu'on fit, s'isolait l'aristocratie qui se composait de la gentilhommerie en résidence à Reims, peu nombreuse, peut-être, mais puis-
sante par sa clientèle : des officiers de la force publique,
des subdélégués de l'intendance, et des représentants
de la cour souveraine, de récente institution.

Puis la robinocratie, comme il se disait alors, ou la magistrature proprement dite (avant comme après la création de la cour souveraine), composée des juges des différentes juridictions, présidents et procureurs du roi : compagnie pleine de dignité, empreinte d'une certaine morgue et qui, de tout temps, s'est considérée comme hors de page et de parangon..

Venait ensuite la classe nombreuse des gens de lettres ; je dis nombreuse, car elle comprenait, non seulement les littérateurs et les artistes de profession, mais aussi les avocats, les médecins, les notaires, les procureurs, en un mot, tout ce qui maniait la plume ou la parole. C'est là, en définitive, qu'était l'action, là surtout que se traitaient les affaires politiques, les questions littéraires, musicales, les modes et les choses de goût. A ce groupe se rattachaient naturellement les universitaires et certaines notabilités de passage. C'est de cette pléïade qu'émanaient généralement les productions plus ou moins littéraires, les chansons, les pamphlets qui alimentaient la malignité publique et en faisaient l'amusement.

Peut-être faut-il aussi mettre à part le cercle des Cléricaux. (Pardon du néologisme.) Il se tenait principalement chez Madame B. Le dîner de fondation du jeudi y groupait MM. les curés de Saint-Pierre, de Saint-Maurice, de Saint-Jacques, et le joyeux abbé de Latteignant, le versificateur abbé de Saulx, et le caustique abbé Bergeat. On y causait littérature, on y médisait du tiers et du quart ; et le soir on s'y permettait le boston et surtout la partie d'hombre, le jeu en vogue de l'époque, le tout au milieu des rires et des racontars, auxquels Madame B. mêlait ses saillies et ses piquantes apostrophes.

Mais il y avait surtout, et peut-être avant tout, le cercle des *Importants*. Les gros bonnets du commerce et de l'industrie, qu'un brûlot imprimé du temps avait surnommé *les Nouferons*. Ceux-là, effectivement, par leurs brigues et leur entente, disposaient du gouvernement de la cité et s'en transmettaient, de père en fils, les charges honorifiques ou rétribuées. Les *Nouferons*, à l'époque des élections, s'assemblaient chaque jour après midi, en de petits jardins où, dans la cordialité de collations intimes et de joyeuses libations, nos Importants arrêtaient les destinées de l'administration. « *Nous ferons*, se disaient-ils, un tel lieutenant de ville, un tel syndic, un tel receveur. *Nous ferons* tel et tel conseillers l'année prochaine ; un tel y rentrera l'année d'après. » L'outrecuidance de ces gros marchands était vraiment comique. « J'incaque, disait l'un d'eux, le savoir, l'esprit et la jurisprudence ! J'ai dans ma boutique la valeur de toutes les charges de conseillers du présidial. » — La tyrannie des *Nouferons* s'exerça durant plus d'un siècle (les almanachs du temps en fournissent la preuve), et ne prit terme qu'à la Révolution.

Nous venons de parler des artistes nomades ou de passage qui, de temps à autre, arrivaient se mêler à cette société si divisée et lui servir comme de point de ralliement. Nous voyons, en l'année 1747, s'y produire une personnalité que des succès en plus d'un genre avaient déjà rendue célèbre. Nous voulons parler de cette artiste connue sous le nom de *Mademoiselle de Navarre*, dont nous avons ailleurs narré quelques aven-

tures. Aimée et recherchée tour à tour du maréchal de
Saxe, à Bruxelles et à Avenay, où demeurait Henri de
Navarre son père; puis de Monnet, le directeur de
l'Opéra-Comique dont elle fut une des plus brillantes
élèves; de Marmontel qui l'adora; de l'abbé de Latteignant qui la chanta; on la voit, après l'existence la plus
agitée, finir par épouser un Riquetti, frère de Mirabeau,
l'ami *des hommes* et oncle du célèbre orateur, et mourir
marquise de Mirabeau en 1749. Monnet nous fait un pi-
quant récit des commencements de sa liaison avec la
jeune artiste : c'était pendant son séjour aux eaux de
Passy. Il venait d'entrer en relations avec la compagnie
un peu mêlée qui se trouvait à ces eaux. « Deux jours
après que j'eus fait leur connaissance, elles m'invitèrent à une comédie bourgeoise qui se jouait dans une
des meilleures maisons du lieu. J'y allai et, à la seconde représentation, on me chargea d'un rôle dont je
me tirai assez bien. C'est à cette comédie que je connus
Mademoiselle N***, qui en était sans contredit la meilleure actrice. Ma camarade de théâtre devint bientôt
très intéressante pour moi : elle me faisait répéter mon
rôle, et me donnait mes répliques... Elle était grande,
bien faite et remplie de grâce. La voix, la musique, la
danse, le dessin, elle réunissait tous les talents agréables... L'empire qu'elle avait pris sur moi devint bientôt
si fort, qu'elle m'entraînait malgré moi-même à être de
moitié dans toutes les extravagances qui lui passaient
par la tête... La quantité des scènes folles, comiques,
singulières qui se sont passées entre nous feraient
seules la matière d'un livre. » C'est l'année même de sa
rupture avec Marmontel qu'elle fait à Monnet le récit de
son entrée et de sa réception à Reims. Sa lettre, écrite

d'Avenay, mais sans date précise, est certainement de l'année 1747.

Mon esprit est enfin moins noir, mon cher Monnet : il faut que je vous conte tous mes plaisirs de Rheims. Je passe les accidens du voyage, la peur que me fit un loup, dont je triomphai sans le secours de mes pistolets, puisque mes cris suffirent pour le mettre en fuite... J'arrivai à Rheims au soleil couchant, cette remarque n'est pas inutile. Il y avoit assemblée dans une maison devant laquelle je passois, et les dames étoient aux fenêtres. Vous voyez que mon soleil couchant n'est pas indifférent : elles n'auroient pas exposé leur teint à ses ardeurs, et un historien ne doit rien oublier de ce qui appartient à la vraisemblance. On m'apperçut. Depuis longtemps on avoit de la curiosité sur mon compte. L'abbé de Latteignant m'a chantée ; on vouloit juger son ouvrage d'après moi. Deux femmes de ma connoissance arrêtèrent ma chaise et m'engagèrent à descendre. Je m'en défendis sur mon négligé ; on m'assura qu'il étoit charmant, je le savois déjà, mais je me fis presser pour donner à mon amour propre un air de complaisance qui prévint en ma faveur. J'entrai sur la scène. Tout parut s'empresser d'abord à me voir : on me présenta à toutes les femmes imposantes. Le cérémonial fini, on fit cercle autour de moi. Je débutai par trois ou quatre plaisanteries : elles prirent assez bien, sans doute, puisque je vis presque toutes les femmes se remettre froidement à leur jeu et tous les hommes me rester. C'était un triomphe complet. J'apperçus dans un coin du salon une table où l'on avoit fait peu d'attention à mon arrivée : vous connoissez le cœur des femmes, voilà toute ma gloire évanouie. Je demandai assez dédaigneusement qui l'occupoit ? On me dit que c'étoit deux petites maitresses qui venoient passer deux mois à Rheims et qui fatiguoient depuis quinze jours la ville de leurs impertinences. L'éloge me parut modeste. — « Voyez-vous, me dit Mlle ***, voyez-vous ces deux hommes qui jouent avec elles ? ce sont les plus aimables d'ici, et les plus sots cependant, car ils se sont laissé subjuguer par les minauderies de ces déesses... Depuis qu'elles s'en sont emparé d'autorité nous ne les voyons plus. Encore si c'étoit vous qui nous les enlevassiez, on vous le pardonneroit, et à eux aussi, mais deux bégueulles qui n'ont pas le sens commun! Vous devriez bien nous venger, et leur ôter leurs conquêtes! »

Je plaisantai beaucoup sur la proposition qu'on me faisoit : la conversation s'anima et, sur la fin, à l'air sérieux dont on me parloit, je crus qu'on vouloit m'en faire une affaire d'honneur. Cette partie intéressante finie, Mademoiselle *** me présenta ces deux merveilleux que je reçus assez légèrement. Les deux femmes vinrent se placer vis-à-vis de moi. — Je voulus d'abord connoître leur ton, et tout d'un coup j'élevai le mien jusqu'à elles. — Me voilà dans un fauteuil, d'un air tout aussi penché, à faire d'abord assaut de nœuds et de mines. — Elles parlèrent, — je les décidai du Marais, — et avec trois ou quatre mots (nouveaux pour elles) tels que : *délicieux! supérieur! persiflage! divin!* je leur fis sentir la supériorité du faubourg Saint-Germain. — Elles n'y tinrent point, et elles sortirent pour la promenade. J'assurai Mademoiselle *** que c'était un prétexte et qu'elles auroient des vapeurs pour toute la soirée. — Je fus abordable après leur départ, et le mien laissa la liberté de me juger à mon tour. — Je sus le lendemain que j'avois réussi : mais comme il falloit me trouver un défaut, tout le monde convint que je sentois l'ambre!

Voilà, mon cher Monnet, mon début à Rheims.

Les succès de notre brillante Avenaisienne et sa réputation d'excellente actrice la firent rechercher des cercles où se jouait la comédie, et nous croyons que Mlle de Navarre était d'un tempérament à se montrer sur ce point fort accommodante, et à accepter toute espèce de rôle. Ecoutons-la, rendant compte de ses impressions :

C'est une chose étrange que de se mettre en tête de jouer la comédie. Je ne sais rien de si séduisant ni qui occupe davantage. Il faut apprendre ses rôles, disputer sur le choix des pièces, se quereller aux répétitions, recevoir des conseils de tous les importans qui, à les entendre, se connoissent à tout,

ne jouer cependant que d'après soi, c'est-à-dire comme l'on
sent, se laisser modestement accabler de complimens, vrais ou
faux, rire avec les critiques et braver le courroux de ceux
qu'on ne veut point admettre à ces plaisirs ; exception faite
de ce dernier trait, il faut enfin devenir comédienne. Vous
vous doutez bien, mon cher Monnet, que j'ai brillé dans ce
caractère. L'entêtement, l'amour-propre, le ton décidé, les
tracasseries, les fantaisies m'ont distinguée dans la troupe et
ont présagé la supériorité de mon talent. J'ai joué la Duègne
avec le front de ces femmes qui gagnent le paradis en enra-
geant de ne plus mériter l'enfer qui, avec ces grands mots
de vertu, de sagesse, de retraite et d'horreur pour les amans,
en parlent avec une vivacité qui les fait soupçonner d'avoir
eu quelque sujet de se plaindre d'eux .

Puis elle ajoute, en post-scriptum d'une autre de ses
lettres :

A propos, il y a ici une comédie! C'est le souffleur qui joue
les grands rôles. Mérope est à faire mourir de rire !

Est-ce du théâtre de Reims, ou de celui d'Avenay
qu'elle parle ? Il est plus que probable que c'est de ce
dernier où, suivant un autre récit de Grosley, se trouvait à cette époque, comme grotesque, parmi les com-
mensaux de M. de Navarre, un vieillard à nez prodi-
gieux, avec lequel il contrefaisait fort bien l'orgue, ce
qui ne manquait pas de faire rire les spectateurs.

Nous voici à l'époque brillante de M. Lévesque de
Pouilly, dont le nom rappelle toutes les tentatives de
progrès dans les sciences, les lettres et les arts. Avec
l'établissement des écoles de mathématiques, de dessin
et de peinture, nous voyons poindre, sous l'inspiration
de l'habile administrateur, la première idée d'une société
littéraire. Cette création semblait achever de poser la
ville de Reims au rang des villes de France les mieux

pourvues. Sous le titre de *Société littéraire des bons amis*, dénomination suffisamment modeste, on espérait désarmer la malignité publique, toujours disposée à rire de tout ce qui vise au titre d'homme de lettres ou d'académicien. Au jour de son installation, le 8 mai 1749, la société se composait seulement de neuf personnes. Bien que ce soit peut-être un hors-d'œuvre ici, nos lecteurs ne seront pas fâchés de connaître le nom des honnêtes citoyens qui, de gaieté de cœur, se vouaient aux sarcasmes, aux lazzis d'un public illettré, mais d'autant plus railleur. Voici ces neuf fondateurs : MM. Félix Delasalle, chez lequel devaient se tenir les séances, rue de Vesle ; Clicquot Blervache, qui devint plus tard de l'académie des inscriptions ; Jobart, conseiller de ville ; Bergeronneau, Sutaine, Bouron le jeune, Sutaine-Hibert, Vauger, Vanin et Tinois, secrétaire. — Un mois après, la société comptait seize membres. — C'est du cabinet académique de M. Delasalle que nos beaux esprits tentèrent de battre en brèche les ridicules de leur temps, et que sortirent notamment les cent et un couplets qui, au dire des rieurs du jour, bernèrent si bien les ennemis du bon et généreux chanoine Godinot.

Cette année 1749 devait doublement marquer dans les fastes de la cité rémoise. Au mois d'octobre, Voltaire, à son retour de Cirey, après la mort de Madame Duchatelet, venait visiter notre ville et prenait son logement chez M. de Pouilly, dont il avait eu occasion d'apprécier le caractère et le genre d'érudition.

Ce monsieur de Pouilly, écrivait le philosophe de **Ferney** au comte d'Argental (8 octobre 1749), est peut-être l'homme de France qui a le plus le vrai goût de l'antiquité. Il adore

Cicéron et il trouve que je ne l'ai pas mal peint. C'est un
homme que vous aimeriez bien, que ce Pouilly! il a votre
candeur et il aime les belles-lettres comme vous. Il y avait
ici un chanoine qui, pour s'être connu en vin, avait gagné un
million : il a mis ce million en bienfaits. Il vient de mourir.
Mon Pouilly, qui est à Reims ce que vous devriez être à Paris,
à la tête de la ville, a fait l'oraison funèbre de ce chanoine,
qu'il doit prononcer. Je vous assure qu'il a raison d'aimer Cicéron, car il l'imite très heureusement.

C'est chez M. de Pouilly que Voltaire acheva sa tragédie de Catilina, dont plusieurs scènes devaient être
jouées dans le salon de Madame de Pouilly. Ce fut le
jeune Tinois, secrétaire de la petite académie, déjà
connu par quelques poésies couronnées, que Voltaire
pria de recopier sa pièce et d'en distribuer les rôles.
Tinois se chargea avec empressement du travail, qu'il
remit avec ce compliment :

> Enfin le vrai Catilina
> Sur notre scène va paroitre !
> Tout Paris dira : le voilà!
> Nul ne pourra le méconnoître.
> Ce scélérat par sa fierté,
> César par sa valeur altière,
> Cicéron par sa fermeté,
> Montreront leur vrai caractère.
> Et dans ce chef-d'œuvre nouveau
> Chacun reconnaîtra par les coups de pinceau
> César, Catilina, Cicéron et Voltaire.

> Par son très humble et très obéissant
> serviteur,   TINOIS de Reims.

Voltaire, enchanté de l'esprit de Tinois, se l'attacha
comme secrétaire et l'enleva à la *Société littéraire des
bons amis.* Ce fut sans doute un malheur pour Tinois et

pour l'académie, car nous ne voyons pas que celle-ci
ait prolongé son existence longtemps au-delà du départ
de son secrétaire et de la mort de M. de Pouilly, enlevé
prématurément à l'âge de cinquante-neuf ans, le 4 mars
1750. Et quant à Tinois lui-même, d'abord chéri de son
glorieux Mécène, emmené à Berlin, à la cour du roi de
Prusse, il ne tarda point à y devenir l'objet d'odieuses
accusations et à se voir indignement expulsé par l'iras-
cible auteur de la *Pucelle*. Déçu de ses rêves de gloire
et d'ambition, Tinois revint à Reims, à peu près sans
le sol, pour mourir à la fleur de l'âge, et comme Gil-
bert, sur un grabat à l'hôpital.

Nous avons dit précédemment qu'aux xviie et xviiie
siècles nous voyons se pratiquer assez volontiers l'art
du pamphlet et des lettres anonymes. Péché mignon
des petites villes, et dont on aurait pu croire la ville du
sacre exempte. Mais là, comme ailleurs, les petites passions se font jour. On est trop bien élevé, trop poli pour
s'en prendre à visière levée aux gens qui gênent ou qui
offusquent. Aussi rarement s'y permet-on l'injure en
pleine rue, l'outrage à brûle-pourpoint ; et le guet-apens
y est tout à fait inconnu. Mais les lettres anonymes y vont
leur train. C'est avec cela que triomphent et se vengent
les colères rentrées, les vanités confuses, les passions
inavouées. On n'attaquerait point un homme en face ;
bien mieux, on le salue, on lui rit à toute rencontre :
mais la haine se dédommage de tant de faiblesses par
quelque bonne petite infamie que l'on s'en va courageu-
sement confier au papier, sans garantie de la poste ni
du facteur.

La lettre anonyme a toujours été le péché mignon

des gens qui manquent de cœur. On trouve malheureusement de ces gens-là partout, à Paris comme en province, et dans la cité du pain-d'épice tout aussi bien qu'en aucun lieu du monde. Elle y est même, en cette bonne ville, pratiquée avec une distinction marquée. On ferait un volumineux recueil de tout ce qui s'y est écrit en ce genre depuis que l'art épistolaire est tombé dans le domaine public.

Au xviii° siècle, temps auquel se rapporte l'histoire que nous écrivons, ce n'était pas précisément la lettre anonyme qui était en vogue à Reims; c'était le pamphlet à la main, le libelle calligraphié, l'épigramme et les petits vers clandestins. Ce genre d'exercice n'est guère moins blâmable, mais il demande plus de finesse et plus de trait, car il passe sous les yeux de tous, et tous nous sommes assez enclins à donner la main aux rieurs, quand les rieurs ont de l'esprit. La diffamation ne s'appelle plus diffamation quand, prenant une allure inconnue du vulgaire, elle emprunte le langage littéraire. Ce n'est plus, aux yeux du monde, qu'une ingénieuse et piquante malignité.

Dans la nuit du 18 octobre 1756, on y répandit nuitamment et avec profusion, un petit imprimé, dont chacun de Messieurs les ecclésiastiques trouvèrent un exemplaire sous l'huis de leur résidence. C'était une sorte de *catalogue*, de quatre pages in-4°, sur deux colonnes, ayant pour titre :

Avis aux curieux. Bibliothèque choisie,

cadre satyrique déjà usité ailleurs, pensons-nous, et dont Rabelais, dans son chapitre des *Beaux livres de la librairie de Saint-Victor,* avait pu donner l'idée (1). — Jamais pamphlet n'excita telle rumeur, ne causa tel scandale. « Cet imprimé contient la diffamation la plus odieuse et les calomnies les plus atroces contre la plus grande partie des membres de l'église métropolitaine : la religion, l'honneur, la probité, les mœurs, le caractère sont les objets sur lesquels on les attaque, avec la méchanceté la plus noire et la malignité la plus raffinée. » Paroles tirées de la sentence du bailliage royal et siége présidial de Reims, qui condamne l'*Avis aux curieux* à être lacéré et brûlé par l'exécuteur de la haute justice.

On ne peut imaginer l'irritation du Chapitre et la passion que Messieurs les chanoines mirent à rechercher et poursuivre l'auteur, quel qu'il pût être, du coupable catalogue. Les soupçons s'égarèrent peu, et tombèrent à peu près unanimement sur l'un des plus jeunes membres de la sacro-sainte compagnie, l'abbé Bergeat, âgé de moins de vingt-six ans, et déjà vidame, qu'un esprit caustique et narquois distinguait, et qui s'était déjà fait connaître par quelques épigrammes dont s'étaient émus dans le temps, Messieurs les chanoines. C'est lui que visèrent toutes les dénonciations.

Il faut lire les pièces qui composent le dossier de ce procès, pour voir à quel excès se livrèrent Messieurs les chanoines contre leur jeune confrère, que nulle preuve sérieuse ne pouvait convaincre. *Au tolle* général qui enveloppait le malheureux vidame, il fallut opposer l'intervention archiépiscopale qui, heureusement, ne faillit

---

(1) Mathieu Marais, dans ses *Mémoires*, t. II, donne un extrait d'une *Bibliothèque satirique* publiée sous le manteau, en 1728, et dont, quoi qu'il en soit, notre *Avis aux curieux* n'est guère qu'une imitation.

point à l'accusé, et le tint à l'abri des persécutions, mais non des rancunes canoniales.

Le bruit qu'avait fait l'affaire de l'*Avis aux curieux* semblait devoir sauvegarder l'avenir, et préserver le Chapitre et la société rémoise d'incartades de ce genre. Il n'en fut rien : le cadre était trouvé et d'une trop facile mise en œuvre, ainsi que nous le dirons tout à l'heure.

Mais voici le temps où la passion du théâtre, non seulement en notre ville mais en différentes provinces, envahit et gagne toutes les classes de la société. C'est, en effet, de cette époque, c'est-à-dire vers la moitié du XVIIIᵉ siècle seulement, que chaque ville un peu importante éprouve le besoin de se donner un théâtre, ou plutôt, comme nous le disons aujourd'hui, une salle de spectacle. Une *conclusion du conseil* du 23 décembre 1754 nous informe que, sur la requête présentée par le sieur Charles Regnault, bourgeois de Reims, expositive qu'il a obtenu de Son Altesse Sérénissime Monseigneur le prince de Clermont, la permission d'établir en cette ville une salle de spectacle, pour y faire représenter les tragédies, comédies, opéra-comiques qu'il avisera. — La compagnie a conclu que ladite permission sera enregistrée.

Effectivement, dès l'année suivante, grâce sans doute à des travaux exécutés au préalable et antérieurement à l'autorisation régulière, nous trouvons, rue Large, entre le jardin de l'Arquebuse et le tripot de la Fleur-de-Lys, un théâtre régulièrement construit, avec son double rang de loges, ses loges réservées, son balcon, la loge de la reine, la loge de l'intendance ou du gouvernement, avec l'autorisation de Monsieur le gouver-

neur de la province, et sous la direction du sieur Charles
Regnault, son propriétaire et fondateur.

Cette salle, réclamée depuis longtemps, dut être cha-
leureusement accueillie par le public, affamé du genre
de plaisirs qu'elle promettait : fréquentée par une foule
indulgente et favorablement disposée, les débuts s'effec-
tuèrent sans encombre. Mais on ne tarda point à reconnaître que, desservie par un personnel médiocrement expérimenté, la salle de la rue Large ne répondait
pas au goût, aux exigences du public lettré.

Cet état de choses explique comment la comédie bourgeoise reprit faveur. Bien que divisés, ainsi que nous
l'avons dit, les amateurs des différents groupes se rap-
prochent, et les salons se rouvrent, comme il se disait
alors, à la voix de la joyeuse Thalie. Parmi ces salons,
nous distinguons surtout celui de Madame Desjardins.
— Voilà un nom bien ignoré de nos jours, et que la biographie rémoise a complètement oublié : notre héroïne
valait mieux que cela.

Madame Desjardins de Courcelles, née Tournay de
Crèvecœur, était femme d'un riche négociant de la place
Royale, l'un des officiers de l'Arquebuse, et qui visait
in petto à faire partie des *Nouferons*, c'est-à-dire à devenir échevin ou conseiller. Du reste, bon homme, tout
rond de taille et de manières, estimé dans son commerce, mais peu enclin aux choses d'imagination,
M. Desjardins laissait Madame se faire honneur de sa
fortune et se donner la gloire d'un salon. Elle y tenait
bureau d'esprit : on y jouait la comédie; aussi, grâce à
la séduction qu'elle exerçait sur ses invités, la maison
de la place Royale jouissait d'une grande renommée. Il
était de mode d'y être reçu et d'en faire partie. On y

rencontrait, avec un essaim de jolies femmes, tout ce
qui était frotté de quelque littérature et les plus distingués de la jeunesse rémoise. Parmi les plus favorisés
de la maison brillait le jeune comte de Chambly, qu'avait
apprécié Madame Desjardins et qui, très bien venu
d'elle, était de moitié dans ses succès dramatiques.
Leur intimité dura quelque deux années, que des ab-
sences assez fréquentes rendaient trop courtes. Une
correspondance alors s'établissait entre eux. Nous
n'avons pas retrouvé les lettres du jeune comte, mais
celles de la dame Desjardins disent assez qu'elles n'é-
taient pas dénuées d'intérêt.

Si vous ne faites des miracles, Monsieur, lui écrit-elle, le
1ᵉʳ novembre 1772, au moins vous opérez des prodiges. De
ma vie je n'avois essayé de bouts rimés. Vous m'en demandez,
en voilà. Remarquez que je me mets en quatre pour vous
plaire...

Raison devant Amour se couche tout à....... plat
Le plus sage aussitôt devient échec et......... mat.
Pour séduire il emploie et la prose et la....... rime:
Sous les fleurs du plaisir il nous masque le... crime.
Lise ainsi raisonnait et son cœur fut.......... vaincu:
Les quatrains de Pibrac en vain elle avait.... lu.
Amour arda le livre, et la charmante........ Lise
Fit à cette lueur sa première............... sottise.

Je suis désespérée de ne savoir manier ni le burin ni le
pinceau, il me semble que je ferois une jolie estampe de la
dernière stance de l'Amour. Je peindrois une Belle, entourée
de livres de morale, en tenant encore un à la main, mais à
demi tombé, tandis que l'Amour, souriant d'un air de triomphe, mettroit avec son flambleau, d'un côté, le feu à la sévère
bibliothèque, et de l'autre guideroit un amant, qui raviroit
un doux baiser à la lueur de ces flammes. Tout cela seroit assez pittoresque et *fort instructif.* Mais je ne suis ni un.

Eisen, ni un *Boucher ;* ainsi vous aurez de mauvais vers qui ne seront point rachetés par le mérite d'une estampe. — Il en faudroit de bien excellents pour répondre au mérite de votre prose. Savez-vous, Monsieur, tout le parti que j'en tire, quand l'ennui de votre absence redouble? Je prends vos lettres et je les relis toutes l'une après l'autre...

Dans une autre de ses lettres, Madame Desjardins exprime à son correspondant l'ennui que lui cause la disette momentanée d'amusements dans la ville de Reims :

Nous n'avons pas même de semestriers, écrit-elle ; la disette est totale : ainsi il ne sera pas possible de jouer la comédie ! Vous êtes non seulement l'acteur unique, mais l'unique acteur de la ville. Quant à moi, ma santé ne me permet aucune fatigue. Le bal de Madame de *** m'a tuée... Cette impossibilité de jouer la comédie est d'autant plus fâcheuse que nous avons une très mauvaise troupe de comédiens et que nous aurions valu beaucoup mieux.

Madame Desjardins ne se prévaut point d'un talent imaginaire, et comme Mademoiselle de Navarre, avec laquelle elle a plus d'un point de ressemblance, elle réussissait dans les rôles les plus opposés. Après avoir joué la *Baronne,* dans *Nanine,* de Voltaire ; la *Soubrette,* dans la *Pupille,* de Fagon, on la vit dans la *Jeune Indienne,* de Champfort. Le soir même de cette dernière représentation, elle faisait une quête en faveur de pauvres incendiés. Un des témoins de ses succès lui glissait, avec son offrande, le compliment que voici :

J'aime Lisette et sa gaîté.
J'admire aussi, baronne hautaine,
Vos grands airs et votre fierté.
J'adore ta douceur, ton ingénuité,
Touchante et naïve Indienne !
Je vous respecte encor dame de charité !

10

Pour le ciel et pour nous votre œuvre est méritoire.
Vous avez charmé tour à tour
Vos brebis et votre auditoire !
Vous nous ruineriez sans retour
Si votre aumône, dans ce jour,
Etait au prix de votre gloire (1) !

Tant d'heur et tant de gloire devaient avoir un terme.
Nous ne savons trop à quel propos la liaison de M. de
Chambly et de Madame Desjardins reçut quelques
atteintes. Grâce à la haute position de Madame la marquise de la Tour du Pin, sa mère, le jeune gentilhomme,
recherché de tous les cercles, en vint à négliger quelque
peu la maison de la place Royale. Madame Desjardins
en conçut un ressentiment qu'elle eut beaucoup de peine
à dissimuler.

Sur ces entrefaites, c'est-à-dire vingt ans après la
mésaventure de l'abbé Bergeat, et durant la brouille de
nos deux acteurs, parut subrepticement cette autre *Bibliothèque choisie* qui vint mettre à nouveau la ville de
Reims en combustion. Bien plus, trois libelles du même
genre, et comme coulés dans le même moule, furent
successivement distribués d'une façon clandestine :
l'un, sous le titre de *Bibliothèque choisie, avis aux curieux ;* l'autre, intitulé : *Adresses pour servir à la bibliothèque de Madame Desmont ;* le troisième : *Livres nouveaux.* Bien que Madame Desjardins ne fut point épar-
gnée dans ces feuillets, la voix publique ne lui en
attribua pas moins l'œuvre. Son esprit mordant et sa-

(1) M. Duchénois (de la bibliothèque de Reims) nous a découvert l'auteur de
ce joli madrigal. « Il est de M. Leleu-d'Aubilly, adressé (dit le recueil Coquebert de Taizy) à M** Desjardins, née Bourron de Courcelles, à l'occasion d'une
quête qu'elle fit pour les brûlés de C., le jour qu'elle jouait la *Jeune Indienne* et
la *Pupille* sur un théâtre de société bourgeoise. »

tirique y prêtait. Pour s'en disculper, elle fit porter les
soupçons sur notre jeune gentilhomme, naguère son
plus assidu, son plus favorisé tenant. Grand fut l'émoi
de l'aristocratie locale dont, malgré sa sorte de mé-
salliance avec le groupe des avocats, le jeune Chambly
ne semblait avoir démérité.

Quoi qu'il en soit, les préventions, les soupçons ayant
pris un certain caractère de vraisemblance, le comte de
Chambly se vit déféré au bailliage ducal et poursuivi à
la requête de M. Bergeat père, alors lieutenant général de
police, lui-même fort maltraité dans l'un de ces pamphlets.

Il est à propos de citer ici quelques-unes des facéties,
causes de tant d'irritations. Ces petites épigrammes qui
froissèrent tant d'amours-propres et de personnalités,
pourront paraître d'innocentes plaisanteries aux lecteurs
de notre temps, façonnés aux licences si souvent por-
nographiques de notre presse contemporaine. La société
rémoise du XVIIIᵉ siècle, attaquée dans son ensemble, ne
pouvait avoir la même résignation. Nous ne sommes pas
sûrs que les citations suivantes soient les plus mordantes
des trois libelles.

L'Amant heureux et parjure, avec un précis sur l'art de
triompher de la chasteté, par Madame *Aubriet,* dédié à Messieurs les honnêtes mondains.

Les Amours des jurisconsultes, par Mʳᵉ *Colardeau,* dédié
à Madame *Chevalier.*

L'Assiduité des amants et le mari à la mode, comédie en
un acte, par Mᵉ *Hocquet,* dédié à Madame *Leleu d'Aubilly.*

L'Ane galant, opéra bouffon en un acte, par Mademoiselle
Bergeat, dédié à Mᵉ *Vieillart.*

La Petite bourgeoise-marquise, par Madame *Voitelet-
Cliquot.*

Le Négotiant de bon ton, ouvrage philosophique, par M. *Gérard Sutaine*, approuvé par les frères *Desjardins*, dédié aux sieurs *Delamotte-Bourgogne, Bourgogne-Ledoux*, et à tous les *Bourgogne* de la Champagne.

Le Vigneron voyageur, ou les Pélerinages de Bacchus, petite brochure par les sieurs *Ruinart, Malot* et *Tronson*, dédié à tous les tonnelliers, commissionnaires et courtiers de la ville.

Le Champenois dépaysé roman dans lequel on prouve que les voyages d'outremer forment les jeunes gens, par le sieur *Sot-Binet*.

L'Heureuse paternité, ouvrage en quatre tomes : le cinquième sous presse, par M. *Sutaine-Maillefer*.

Le Hibou heureux : conte véritable, par M. *Cambray fils*.

La Tourterelle gémissante, poème par son épouse, deux petits in-12, brochés ensemble.

Instruction d'une mère à sa fille sur la fidélité conjugale, par Madame *d'Aubigny*.

Le Roturier anobli, parodie du Bourgeois gentilhomme, par M. *Sutaine et compagnie*.

La Machine animée, ouvrage très peu métaphisique, par M. *Lespagnol de Bezannes*.

La Femme scavante, par Madame *Desjardins de Courcelles*, offert aux amis des beaux arts.

Le Caprice de Vénus, anecdote galante, par Mademoiselle *Bergeat*, dédié à Messieurs du Chapitre.

Les Délices de la retraite et les prérogatives de Mars à Cythère, par Madame *Dupont*, dédié à MM. les militaires.

Les Désirs, par Madame *Savoye*, dédié à M. *Bergeat père*.

L'Art de briller aux dépens du public, par Mademoiselle *Desmont*, dédiée à M. *Benoit-Clicquot*.

L'Art de perpétuer les grâces de la jeunesse, par Madame *Laguaille*, dédié à Madame *Desjardins de Courcelles*.

Découverte d'un apoticaire sur le siège local de l'esprit, où l'on verra combien étaient éloignés de le trouver ceux qui le cherchaient dans la tête, par M. *de Framond*.

Voici maintenant quelques extraits du *mémoire* justificatif du prévenu : ce mémoire est contresigné des

noms de Séguier, avocat général, Aubry, avocat, et
Bertau, procureur (1) :

Le comte de Chambly est dénoncé à la justice comme
l'auteur d'un libelle scandaleux qu'on prétend avoir été distribué dans la ville de Reims, et qui contient les traits de
satyre les plus offensants contre un très grand nombre de
citoyens. On se flatte de démontrer que cette imputation
blesse également la vérité et la vraisemblance. Indépendamment de ce que la naissance et les sentiments du comte de
Chambly ne permettent pas de le soupçonner du délit dont on
l'accuse, il n'existe pas dans la procédure la plus légère preuve
qu'on puisse lui opposer, soit relativement à la composition,
soit par rapport à la distribution de l'écrit infâme qui donne
lieu au procès...

L'auteur du *mémoire* justifie en ces termes ce que
nous avons dit nous-même précédemment des écrits
anonymes qui, si souvent, venaient troubler notre honnête population :

L'usage, très condamnable, de publier des libelles n'est
pas nouveau dans la ville de Reims. On y a vu paroitre assez
fréquemment des satyres manuscrites, ou même imprimées ;
et cet abus subsistoit longtemps avant la naissance du comte
de Chambly. Il est prouvé que, depuis 1716 jusqu'en 1767 inclusivement, nombre d'écrits également contraires à l'ordre
public, à l'honneur et à la tranquillité des citoyens ont été
distribués dans cette ville. Ajoutons que quelques sociétés y
ont mis en vogue l'amusement aujourd'hui si général des comédies privées.
Ce n'est point ici le lieu d'examiner l'influence que la pro-
digieuse multiplication des théâtres peut avoir sur les mœurs,
et même sur les lettres. La lecture des ouvrages dramatiques
composés par des auteurs dignes de ce nom, est peut-être un

_____

(1) *Mémoire pour messire René-Charles-François de la Tour-du-Pin,
comte de Chambly — contre M. le procureur général. De l'imprimerie de G.
Desprez, imprimeur du Roi*, 1774. — Pub. in-4° de 42 p.

des délassements les plus agréables et les plus propres à former le goût. Mais si, non content de lire, on veut s'ériger en acteur, la comédie devient alors l'unique, ou du moins la principale affaire qui étouffe pour ainsi dire toutes les autres, et n'inspire pour elles que le mépris. De là les intrigues galantes, dont la scène fait naître l'idée, et est souvent l'occasion, des rivalités, que le choix des rôles où les différents succès des acteurs excitent des prétentions au bel esprit, enfin de milliers de vers ou de couplets, dont la plupart rappellent cette réflexion de M. de la Rochefoucault, *que l'amour-propre vit de tout, et vit de rien.*

Le comte de Chambly (continue le factum) est venu à Reims pour la première fois en 1770, pour y passer les hivers chez Madame la comtesse de La Tour-du-Pin, sa mère. Ainsi qu'on l'a observé, il y a partagé les plaisirs des différentes sociétés qu'il fréquentait. S'il n'a pas connu les dangers auxquels certaines liaisons exposent, il a toujours prouvé par ses procédés et sa conduite qu'il regardait comme dignes d'un profond mépris les libelles diffamatoires et tous les ouvrages anonymes dictés par la haine et par la vengeance.

Nous n'avons pas à débrouiller les divers incidents du procès fait au jeune Chambly, ni à reproduire les dépositions des témoins plus ou moins à sa charge. . Nous en citerons une seule qui nous montrera la façon dont les auteurs du libelle s'y prenaient, pour le faire arriver aux intéressés.

On a appris par la déposition d'un témoin, le sieur Bourgogne, receveur des gabelles que, dès le 12 décembre, jour où l'*assemblée dite l'Enchisa* se tenait chez lui, ce libelle avait été mis sur une table de marbre placée dans son salon de compagnie. Il déclare qu'après l'assemblée, il aperçut, en rangeant des fiches sur la même table, un papier plié en forme de lettre, adressé à la dame son épouse, cacheté de cire rouge, où l'on remarquait l'empreinte d'un écu de trois livres. Il ajoute que l'adresse, tracée en caractères assez semblables à l'impression, lui ayant donné des soupçons, il monta dans son appartement pour y lire seul cet écrit, qu'il reconnut être un vrai libelle, où les personnes les plus recommandables de la ville étaient offensées. Il lut quelques articles de l'écrit à la dame son épouse, et le jeta au feu en sa présence. Ce même témoin a ouï dire que le libelle avait été répandu à Reims, et de plus à Châlons et à Soissons. Les mêmes faits sont attestés par la déposition de la dame Bourgogne, femme du témoin.

Nous ne voulons plus nous occuper du *Mémoire justificatif* qu'autant qu'il touche à notre sujet, c'est-à-dire aux choses du théâtre. Nous y trouvons encore cette appréciation du caractère et du genre de talent de Madame Desjardins.

Le talent de la dame Desjardins le plus décidé, le plus généralement reconnu, est celui de jouer la comédie. Elle excelle dans tous les rôles. Le comte de Chambly, sans avoir la prétention de se croire, ainsi que la dame Desjardins lui a écrit, *l'acteur unique et l'unique acteur de la ville de Reims*, s'est annoncé comme amateur : on l'a jugé digne d'être admis dans la savante assemblée; et la conformité de son goût avec celui de la dame Desjardins pour les amusements du théâtre, lui a mérité vraisemblablement les sentiments de bienveillance et d'affection que cette dame exprime avec tant d'énergie dans ses lettres.

Puis, faisant allusion au théâtre de la rue Large, tenu par le sieur Regnault, les auteurs du *mémoire* ajoutent :

Indépendamment des comédies qu'on appelle de *société*, il y a dans Reims des comédiens de profession et un théâtre public. La dame Desjardins est dans l'usage d'y faire retenir la loge de la reine. Quelques personnes qui n'ont point de relations avec cette dame, et auxquelles le comte de Chambly doit des égards, lui firent part un jour de leur intention d'aller à la comédie et le prièrent de retenir la même loge. Il ne crut pas pouvoir leur refuser cette satisfaction. La dame Desjar-

dins se vit privée d'une place qu'elle affectionne singulière-
ment et qui, véritablement, est plus avantageuse qu'une autre
pour juger du jeu des acteurs. Elle n'a pu pardonner au comte
de Chambly d'avoir favorisé, par sa complaisance, l'invasion
d'un poste si important.

Mais en voilà peut-être trop sur cette affaire : aussi
bien devons-nous avouer que nous n'en connaissons
pas l'issue. Nous aimons à présumer qu'une ordonnance
de non-lieu renvoya les plaideurs dos à dos, comme il
se dit au palais, et que le noble écu des La Tour-du-Pin-
Chambly n'en fut point entaché.

Quant à Madame Desjardins, nous la voyons, à
quelques années de là, entrer résolument dans la carrière littéraire, se lier avec le *gentil* Dorat et l'*immor-
telle* comtesse de Genlis, comme elle les surnomme, et
par leur appui trouver place au *Mercure* de Marmontel
du *Journal des dames*, et autres publications du même
genre, qu'elle alimenta quelque temps de ses petits vers
et de ses contes galants, quelque peu soporifiques, selon
notre faible jugement. Elle-même finit par se rendre
justice, si nous prenons à la lettre ce quatrain à sa muse
échappé :

> Ci gît mon imaginative !
> Dans l'âge heureux la gaieté l'enfanta ;
> Gentil Amour la rendit tendre et vive,
> Malheur, hélas! d'un revers la tua !

Ses œuvres ont été recueillies en deux jolis petits volumes, sous le titre de *Contes sages et fous*, par Madame ***. *Strasbourg, à la librairie académique, 1787.*
Recueil que nous supposons peu commun aujourd'hui,
et dont nous avons le rare bonheur de posséder un
exemplaire.

SALLE DE LA RUE DE TALLEYRAND EN 1785.

CHAPITRE IX

Le Théàtre pendant la Révolution.

(Salle Talleyrand.)

L'ère historique, pour le théâtre de Reims, ne com‑
mence guère qu'avec la salle de la rue Talleyrand. Tout
ce qui précède cette époque, il nous a fallu du travail
pour en rassembler les éléments. Ce n'est qu'à l'aide
d'inductions, de notes et d'indications, éparses çà et là
dans les archives de la cité, mais fort peu dans ses
annalistes, que nous avons pu condenser, coordonner et
donner une sorte de corps à ce qui n'en avait nulle part.
Aussi, on a pu le remarquer, nous n'avons guère eu
de témoignages véritablement historiques à citer. Ce‑
pendant nous croyons pouvoir mettre la critique au défi
d'attaquer comme imaginaire aucun de nos récits. —
Quoi qu'il en soit, nous voici sur un terrain plus solide.
Les temps historiques étant venus, nous n'avons plus
à marcher qu'armé de toutes pièces, avec des do‑
cuments surabondants, inédits toutefois, et partant
ignorés de ceux qui ont essayé de jeter quelque jour
sur la question. — On ne sera donc point surpris que
ce chapitre ne soit guère composé que d'instruments
puisés aux archives publiques : l'intérêt n'y peut rien
perdre.

L'insuffisance de la salle Regnault étant démontrée, il s'organisa une société d'actionnaires disposés à indemniser Regnault qu'il fallait déposséder, et à déterminer l'emplacement et l'acquisition du terrain convenable. On trouvera à l'*Appendice* la liste et les noms des honorables citoyens qui se firent les patrons de l'idée, et dotèrent enfin la ville d'une véritable salle de spectacle. Quelques-uns de ces noms revivent parmi nous, mais en moins d'un siècle combien de disparus !

Dans un document de l'année 1796, cité *in extenso* aux *Pièces justificatives*, nous trouvons l'exposé suivant :

« Il y avait anciennement à Reims, *rue Large*, une salle de spectacle qui appartenait à un citoyen nommé Regnault. Sa situation très incommode empêchait, surtout pendant l'hiver, les habitants d'en suivre les représentations. D'ailleurs, la distribution intérieure, le froid qu'on y éprouvait, et d'autres inconvénients, dégoûtèrent une grande partie des amateurs. Ces considérations firent concevoir à quelques citoyens le projet de créer une salle de spectacle qui fût plus au centre de la ville et dont l'abord, large et dégagé, pût procurer au public la faculté de s'y rendre sans embarras et sans risque. — Pour se procurer des fonds nécessaires pour cette construction, ils invitèrent leurs concitoyens à s'associer avec eux. On trouva des soumissions pour cent quinze actions de 300 liv. et une de 200 liv. •

Après bien des hésitations, les commissaires délégués arrêtèrent entre eux et l'entrepreneur, le sieur X..., l'acquisition de la maison de M. Jouvant, rue *Vieille-Couture* (plus tard rue *Talleyrand*). Et, par conclusion du Conseil de ville du 17 mars 1777, la compagnie adoptait les devis et plans proposés, montant à 52,600 liv., y compris l'acquisition faite sous le nom de M. Pierre

Jacquesson, l'un d'eux, — sauf à déduire la valeur des matériaux, évalués environ 12 à 1,500 liv. Il est arrêté que l'entrepreneur fournira caution et certificateur de caution ; que tous accidens, même incendie, seront à son compte tant que dureront les travaux ; qu'il y aura terme pour l'exécution ; que les souscripteurs ne seront tenus à rien au-delà de leurs actions ; que la salle lui servira de garantie pour ses paiements ; que MM. Mopinot, Andrieux et Jobart, actionnaires, prépareront le traité qui sera signé par MM. les directeurs, sans adjudication au rabais ; que, pour la destination du produit, après toutes charges acquittées, l'assemblée le destine aux établissements de charité en général, se réservant la distribution desdits produits.

A cette conclusion du Conseil de ville est annexée l'autorisation donnée aux opérations par M. le duc de Bourbon, gouverneur et lieutenant général des provinces de Champagne et de Brie. En voici la teneur :

« *A Chantilly, ce 3 avril 1777.*

« Messieurs les lieutenant, gens du Conseil et échevins de Reims.

« Vous pouvez prévenir les actionnaires qui se sont associés pour le projet et la construction d'une nouvelle salle de spectacle dans votre ville, que j'approuve les engagemens qu'ils prennent pour indemniser le sieur Regnault et sa femme, et que vous me marqués être consignés dans une délibération qui servira de premier titre à ces propriétaires *de la salle actuelle*. Je consens de même à ce qu'il me soit présenté chaque année deux directeurs de comédie, dans lesquels je choisirai celui auquel je donnerai le privilége des spectacles.

« Je suis, Messieurs les lieutenant, gens du Conseil et échevins de Reims,
« Votre très affectionné ami,

« L.-H.-J. DE BOURBON. »

Sans trop attendre cette autorisation suprême, et dès le mois de mars précédent, les actionnaires avaient fait commencer les travaux de construction, et ces travaux n'étaient pas terminés que le sieur Roselli, se disant directeur de comédie, se présente pour obtenir le privilège de la nouvelle salle. Ce Roselli n'était point un inconnu pour Reims, il avait précédemment fait partie du personnel Regnault et figuré sur les planches de la *rue Large*. Recommandé par Regnault lui-même, bien vu de l'intendant Rouillé d'Orfeuille, il fut l'un des premiers directeurs que présenta M. le duc de Bourbon et que les administrateurs durent accepter : direction de courte durée d'ailleurs, Roselli étant mort dans le courant même de l'année suivante. (*V. l'Appendice.*)

Nous venons de dire que l'acquisition des actionnaires s'était faite au nom de M. Jacquesson, l'un d'eux. En vertu de ce titre, il se trouvait investi du droit de gérer les affaires contentieuses du domaine acquis et, de concert avec plusieurs autres actionnaires, des relations avec les chefs de troupe, du contrôle des recettes et des dépenses jugées nécessaires à l'entretien de la salle et de son mobilier.

Nous n'avons pas d'éléments certains pour l'histoire du théâtre pendant les trois premières années. Il paraît pourtant que les affaires et les intérêts des actionnaires associés ne périclitèrent point. Toutefois, au bout de ce temps, nous voyons M. Jacquesson, pour cause de santé,

se démettre de son titre de propriétaire et transmettre
ses droits à M. Jean-Simon Lévesque de Pouilly, actionnaire comme lui : transmission dont la délivrance
est légalement reconnue par sentence du bailli de Reims,
du 12 mai 1780.

Nous voyons, en 1783, un nouveau directeur du nom
de Valville, en faveur duquel le duc de Bourbon promulgue l'ordonnance qui suit :

« Sur le bon et fidèle rapport qui nous a été fait du sieur
Valville, de son intelligence, capacité et expérience pour la
conduite des spectacles, nous lui avons accordé le privilège
de représenter et faire représenter dans les villes de Reims,
Troyes, Chaalons et Langres, tragédies, comédies françoises
et italiennes, opéras sérieux, comiques et bouffons, et généralement tous les spectacles à huis-clos, et cela exclusivement
et privativement à tous autres entrepreneurs de spectacles,
de comédies, de danseurs de cordes et marionnettes, à moins
que ce ne soit du consentement dudit sieur Valville, et ce pendant l'espace de trois années : Permettons en outre audit
sieur de donner, dans les temps convenables, des bals et
redoutes dans le courant desdites années. Défendons au sieur
Valville de céder son privilège à quelque directeur que ce soit
et de transporter sa troupe dans d'autres villes que celles de
notre gouvernement pendant ledit temps du privilège, à moins
qu'il n'en ait obtenu l'autorisation signée de nous. »

Malgré le haut crédit dont jouissait le sieur Valville,
sa direction ne fut point prospère; tombé en complète
déconfiture, il lui fallut céder l'exploitation du théâtre
rémois à de plus heureuses mains. On se trouvait précisément à l'époque des fêtes de Pâques où le spectacle,
pour la population, est d'une absolue nécessité. Avec
l'agrément du Prince gouverneur, l'administration eut
recours à la grande entrepreneuse des succès dramati-

ques, la fameuse Montansier, dont le *théâtre école* était
en passe de fournir la province de ses meilleurs acteurs.
Grâce à ses intelligentes recrues, la scène rémoise
reprit son rang. Nous reverrons plus d'une fois nos
directeurs rémois appeler à leur aide les artistes de la
Montansier.

Associée à M. de Pouilly pour la gestion des affaires
du théâtre, la Commission administrative parvint en
peu d'années, non seulement à satisfaire l'entrepreneur
des travaux effectués, dont les comptes se trouvèrent
soldés, suivant sa quittance finale du 31 mai 1786,
mais encore à payer au sieur Regnault l'indemnité con-
venue. M. de Pouilly informa de ces résultats ses co-
associés, réunis en assemblée générale le 29 mars 1787.
Dès ce moment les produits encaissés permettent aux
administrateurs de procéder à un premier remboursement des actions, qui s'effectua par un tirage en forme
de loterie (*V. l'Appendice*).

A cette époque de notre histoire, les émotions de la
politique ne menacent pas encore la fortune du théâtre
rémois. Cependant la Révolution commence son œuvre :
la municipalité est la première atteinte. Le chef de l'administration civile a changé de titre et d'attributions.
M. Souin, maréchal de camp et armées du roi, chevalier de Saint-Louis, dernier lieutenant de Reims, est
remplacé par un simple bourgeois, M. Pierret, premier
maire de la ville. C'est à lui, et non plus au gouverneur
de la province, charge qui n'existe plus, que vont s'a-
dresser les directeurs de troupes sollicitant le privilège
ou la permission temporaire de jouer la comédie.

La première demande de ce genre, après celle des
Roselli, Valville, Borsari, Senapars et autres, est du

sieur Théodore, soi-disant directeur de la comédie à Troyes. « J'ai l'honneur, écrit-il, le 9 juin 1790, à M. le « Maire de Reims, de vous prier de vouloir bien m'ac- « corder votre permission pour jouer chez vous la co- « médie. Je peux me flatter d'avoir de bons sujets, « beaucoup de talents et de bonne conduite. » Le péti- tionnaire ajoute qu'il n'est pas un inconnu à Reims où, salle Regnault, il a paru les années précédentes et s'est fait apprécier du public. — M. Pierret répond que le régis- seur choisi par MM. les actionnaires étant en congé, il faut attendre son retour pour faire réponse. Dans l'in- tervalle, le délégué de la commission dramatique, M. Bourgogne, d'ailleurs conseiller de ville, que nous avons vu figurer dans l'affaire Chambly-Desjardins, se démet de ses fonctions, et M. Sutaine-Maillefer, l'un des membres de cette commission, écrit au maire, sous la date du 2 juillet 1790 :

« En attendant qu'il y ait un nouveau directeur nommé à la place de M. Bourgongne, qui se retire, MM. les administrateurs de la salle et lui m'ont prié de le remplacer, et je réponds pour lui à la lettre que vous me faites l'honneur de m'écrire. Une troupe très complète de Dijon, et une autre de Saint-Quentin ayant aussi demandé notre salle, je leur ai répondu, le 26 de juin, que j'avais écrit le 24 à celle qui a notre privilège pour savoir si l'on pouvait toujours compter qu'elle reviendroit, sui- vant sa promesse, au 1er ou au 15 octobre, et que j'attendois sa réponse. J'ai en même temps demandé aux deux troupes si elles vouloient consentir de ne l'occuper que pour juillet, août et septembre, qu'alors je leur manderois nos conditions. J'attends aussi leur réponse. Je vous prie, Monsieur, d'écrire à celle de Troyes que ces premières troupes l'ont prévenue. »

Signé : Sutaine-Maillefer.

A peu de jours de là, un autre chef de troupe, égale- ment en passage à Troyes, sollicite la même permission.

Celui-ci se prévaut de la présence parmi ses artistes d'une célébrité que Paris a vivement applaudie. Nous donnons encore sa lettre :

DURAS *directeur de spectacle,*
à Messieurs de la municipalité de Reims.

Troyes, 22 août 1790.

Je prends la liberté de vous écrire pour vous prier de m'accorder votre bienveillance et la permission de conduire dans votre ville une troupe de comédie. Mademoiselle Sauval l'aînée, comédienne du roi, est avec nous dans ce moment-ci. Comme elle n'a jamais paru à Reims, je l'ai engagée à y aller donner quelques représentations, si toutefois j'ai le bonheur d'obtenir votre agrément. Cette délicieuse actrice est plus charmante que jamais, et je ne doute point que la ville ne soit enchantée de la voir. Je crois devoir vous prévenir qu'elle ne pourroit donner que six représentations. — Si vous daignez m'honorer de vos bontés, mon dessein serait de passer mon hiver à Reims. Je ferois partir ma troupe sitôt après la foire de Pâques.

Signé : DURAS, *directeur de spectacle.*

Malgré le plaisir que promettait au public la vue et le jeu de Mademoiselle Sauval, le maire répond, le 28, qu'on ne peut donner le droit cette année, en raison des engagements pris antérieurement par les actionnaires.

Les chefs de troupes de comédiens durant l'époque révolutionnaire, c'est-à-dire à partir de 1790, prenaient le titre d'*Entrepreneurs de spectacles.* C'étaient en général d'anciens acteurs, encore en activité de service pour leur propre compte. Le 13 janvier 1791, sur le rapport de Chapelier, l'Assemblée nationale rend un décret sur la liberté des théâtres.

« Tout citoyen devient libre d'élever un théâtre

public et d'y faire représenter des pièces de tout genre, en faisant préalablement sa déclaration à la municipalité. Les Entrepreneurs sont placés sous l'inspection des municipalités ; ils ne doivent recevoir d'ordres que des officiers municipaux qui, du reste, ne pourront arrêter ni défendre la représentation d'aucune pièce, sauf la responsabilité des auteurs et des comédiens. »

Cette disposition indique suffisamment comment les entrepreneurs adressent plus souvent leurs propositions au maire qu'à la commission des actionnaires.

Il ne peut entrer dans notre cadre d'insérer ici tous les documents que nous fournissent sur la matière les archives municipales; nous nous résignons à passer sous silence ce qui entraverait trop longtemps notre récit. D'ailleurs on en trouvera quelques-uns aux *Pièces justificatives*. De tous les pétitionnaires sollicitant, comme le sieur Duras, le privilège d'entrepreneur et de directeur de notre théâtre, nous nous arrêterons dès ce moment au sieur Redon qui, après plusieurs apparitions sur les planches rémoises, parvint à l'emporter sur ses concurrents et obtint le privilège qu'après lui sa veuve conserva plusieurs années.

Redon, se disant directeur de troupe, d'abord à Limoges en 1789, puis la même année à Cambrai, en 1790 à Amiens, se présente à Reims à la tête d'une troupe d'enfants, raccolés sans doute çà et là, mais que, tous, il annonce comme élèves de l'académie royale de musique. On sait qu'à cette date encore, il y avait dans les dépendances de l'Opéra une école royale de chant et de déclamation, où étaient admis des jeunes gens des deux sexes, montrant d'heureuses dispositions pour le théâtre,

11

et sur la présentation d'honnêtes familles qui répondaient de leur conduite et de leur assiduité. « L'ordre le plus sévère, » disait le règlement, « règne à cette école, tant du côté du devoir que de celui de l'honnêteté et de la décence, et il n'est aucune grâce que puisse espérer un sujet pour peu qu'il s'écarte de l'un de ces points. » — Il est fort douteux que les enfants de la troupe Redon sortissent de cette grande école ! quoi qu'il en soit, voici sa proposition de débuts :

25 décembre 1790.

Monsieur le Maire,

Directeur d'une troupe de petits enfants, tous élèves de l'académie royale de musique, je viens vous prier de m'accorder votre agrément pour conduire ma troupe dans votre ville, à l'effet d'y jouer dix ou douze représentations. J'ose vous assurer d'avance que vous aurez lieu d'être content du spectacle et que le public sera satisfait. En opéras, j'ai un fort joli répertoire : il est composé de *l'Amant Statue, Nina, la Belle Arsène, Zémir et Azor, la Mélomanie, Blaise et Babet, les Deux petits Savoyards, la Rosière de Salenci,..* etc., etc. Honorez-moi d'une prompte réponse.

Signé : REDON, Directeur des Petits Élèves,
Hôtel de la Comédie, à Senlis.

M. Sutaine-Maillefer, président de la commission dramatique, écrit au maire, en réponse à la communication de cette lettre :

Du 31 décembre 1790.

J'ai l'honneur de prier Monsieur le Maire d'envoyer au sieur Redon le détail de nos conditions.

Les frais montent par représentation à 60 fr. pour le luminaire, les postes des femmes qui reçoivent les billets et contremarques au parterre, aux loges grillées, à l'orchestre, aux premières, à l'amphithéâtre, au balcon et aux secondes loges ;

la garde, les habilleuses, les feux de poële et cheminées, les affiches, l'afficheur et l'orchestre, à raison de huit musiciens de notre concert. — Plus 20 fr. pour le loyer des loges où s'habillent les acteurs et actrices chez M. Thubé. — Plus le septième du produit net par représentation, de chacune desquelles notre receveur, M. Husson, fait seul la recette et compte ensuite avec le directeur et nous chaque soir.

Il faudra que le dimanche jour de la Passion soit libre, afin d'avoir le temps de faire pour Pâques les réparations nécessaires.

Signé : Sutaine-Maillefer.

Le privilège de la salle rémoise excitait de nombreuses convoitises. Disons un mot des entrepreneurs de spectacles qui se mirent sur les rangs, en concurrence avec Redon. Le sieur Collas qui, d'Angers, offre une troupe jouant la comédie et l'opéra. — D'Amiens, les associés Montvillé et Franville qui, précédemment, ont été sur le point de traiter avec M. Sutaine-Maillefer. — De Sedan, le sieur Déterville, se disant *Comédien du roi*, il a déjà paru sur la scène de Reims, et désirerait y passer une partie de l'hiver, jusqu'au moment des bals. — Puis Madame Leveneau, demeurant place Saint-Michel, à Paris, qui, trois ans auparavant, s'est déjà trouvée en pourparlers avec M. Bertherand-Sutaine pour l'obtention du privilège. Elle offre une troupe pouvant monter un très fort opéra, avec comédie et accessoire, et des acteurs, tous gens à talent, connus pour leurs mœurs et leur honnêteté. — Déterville, comédien du roi, revenant à la charge, écrit de Charleville, le 1er juin 1791, qu'il avait promis, lors de son dernier passage à Reims, de fournir le tableau de sa troupe : qu'il n'a retardé cette communication que parce qu'il espérait recruter les meilleurs sujets. Effectivement, dans la no-

menclature qu'il en fait, nous remarquons des noms
qui depuis ont trouvé leur place à Paris, notamment
Duparray, longtemps l'un des plus remarqués du Vaudeville et de l'Odéon ; Mademoiselle Dupont, la fameuse
soubrette des *Français*, et quelques autres. — Aubert
et C° qui, de Soissons, 23 juin 1791, offre sa troupe,
jouant la comédie, la tragédie et l'opéra accessoire, et
dont le répertoire n'est presque composé que de nouveautés. — Enfin Colson qui, de Dijon, 6 juillet 1791,
offre ses services, et se fait plus tard une brillante
position à l'Odéon.

Mais après les joies, les futiles *Après-soupers* de la
Régence les scandaleuses orgies du xviii° siècle, la
société française se voit poussée hors de sa voie. La
politique envahit les salons, et après la comédie à l'eau
de rose de Dorat ou de Marivaux, les berquinades et les
idylles à la Florian, voici venir la dissolution sociale,
dont le *Mariage de Figaro* est l'avant-coureur pour la
noblesse, et le *Charles IX ou l'école des rois* pour la
monarchie elle-même. La prise de la Bastille, la grande
secousse de 1789, n'a pas remué seulement Paris ; la
province en a ressenti les atteintes, et la ville du sacre,
inconsciente du cataclysme prochain, en célèbre l'heureux événement.

Nous voudrions pouvoir éviter de mêler les tristesses
de la politique aux choses de notre théâtre : mais, dès
1791, elles tiennent une trop grande place dans l'histoire de notre cité pour que nous puissions tout à fait
les taire, car elles vont avoir une influence funeste sur
les destinées de la société dramatique.

C'était après les journées des 5 et 6 octobre, après les décrets contre les prêtres, la fuite du roi et son lamentable retour de Varennes, à travers nos populations surexcitées, qu'une furieuse émeute vint terroriser la ville et faire entrevoir de prochaines catastrophes. Dès le matin du 5 novembre, la municipalité avait su qu'un sieur Letemple, de la rue Dieu-Lumière, excité, disait-on, par un de ses voisins, le sieur Labrosse (sans doute un clérical du temps), avait fait baptiser son enfant par un prêtre insermenté! — N'était-il pas du devoir de l'autorité, après s'être assurée de la nature du fait, de prendre les mesures nécessaires pour prévenir le mal et sauvegarder la tranquillité publique? La mairie, dès la veille, avait été assurée que l'enfant, porté à Saint-Remi, y avait reçu le baptême des mains d'un prêtre constitutionnel; elle se contente de publier le fait et se croit dégagée de toute responsabilité. Mais la populace, surexcitée, ne devait pas se payer de cette déclaration. Il lui fallait une expiation : elle se jeta sur la maison de Labrosse, en fit le siège, la prit d'assaut et la mit au pillage, malgré les efforts de M. Mauroy, chef-de-bataillon de la garde nationale, arrivé tardivement sur les lieux, député par le maire Hurtault.

Au milieu de cette effervescence des esprits, des manifestations démagogiques et des fréquents troubles de la rue qui détournaient du spectacle les gens paisibles et la société proprement dite, la prospérité du théâtre s'en allait diminuant, et les intérêts des actionnaires se trouvaient plus que compromis. En cet état de choses, croyant user de leur droit de propriétaires, les administrateurs, de l'avis d'un grand nombre d'actionnaires présents, prennent le parti de mettre en vente la salle et ses dépendances et, d'un commun accord, font afficher aux portes du théâtre le placard imprimé dont voici le préambule :

BELLE SALLE DE SPECTACLE

SISE A REIMS, EN CHAMPAGNE

Avec deux Maisons en dépendant et y attenant

A VENDRE

Le 24 avril 1792, en l'étude de Mᵉ Huguin, notaire, rue Cotta.

« La salle en question consiste en théâtre, ayant sept changements de décorations... » suit la désignation très détaillée de l'immeuble en question.

Cette résolution des actionnaires, prise sans l'aveu et à l'insu de l'administration municipale, ne devait pas recevoir de sanction. Aussi trouvons-nous dans les registres de l'Hôtel-de-Ville cette opposition en forme à ladite vente.

« A la requête de MM. les Maire et Officiers municipaux de la ville de Reims, j'ai..... fait savoir à MM. les actionnaires qui poursuivent la vente de la salle de spectacle, comme il est annoncé par des affiches et papiers publics, parlant pour eux tous, à M. Sutaine-Maillefer, et Mᵉ Huguin, notaire, chez lequel se doit faire ladite vente, que le conseil général est d'autant plus surpris de cette résolution, que pareille vente ne peut être poursuivie que par toutes les parties qui y ont droit, et qu'il est certain que toutes n'y ont point consenti ; que, d'ailleurs, MM. les actionnaires sont convenus qu'une fois eux-mêmes remboursés, sans intérêt, la salle et ses revenus nets appartiendraient aux pauvres. D'où il résulte que, conservateur des droits de chacun, le conseil général se déclare opposant à ladite vente, protestant de nullité de tout ce qui serait fait. »

Il est inutile d'ajouter que ce projet de vente en resta
là; il peint, toutefois, les appréhensions et la panique
que l'état général des affaires jetait dans les esprits. A
la vérité, rien jusqu'alors n'avait arrêté le cours des
représentations, mais l'avenir s'assombrissait de plus
en plus. Le répertoire de l'entrepreneur Redon ne se
composait encore que de pièces de l'ancien régime : il
fallait le corser de nouveautés démocratiques. C'est
ce qu'exigeait la *Société populaire;* car, à l'instar de
Paris, Reims a ses clubs, composés de la fine fleur des
démagogues, auxquels sont mêlés quelques poltrons de
la bourgeoisie faisant, par peur, cause commune avec
l'ignoble sans culotisme; assemblage grotesque de hur-
leurs patriotiques qui, en tête des procès-verbaux de
leurs séances, inscrivaient sans rire cette modeste épi-
graphe :

Au bonheur des Français consacrons nos travaux !

La société jacobine de Reims, comme toutes celles
que la franc-maçonnerie révolutionnaire a fait surgir,
a pour mission de démocratiser notre pays, et d'y propager la doctrine et les tendances de la société-mère qui
l'honore de son active correspondance. Redon lui-
même, l'un de ses membres, est soupçonné de modérantisme, en raison du peu de couleur de son théâtre ;
il se défend de tiédeur, et déclare dans sa justification
« qu'il a toujours été révolutionnaire : que, dès 89, il a
osé le premier braver les poignards des prêtres fana-
tiques en jouant, sur le théâtre de Cambray, *le Cardinal de Lorraine* dans *Charles IX,* puis *la Famille
patriote, le Génie de la nation, le Réveil d'Epimé-
nide;* à Amiens, en 1790, *Nicodème dans la lune, le*

Nouveau d'Assas ou *l'Affaire de Nancy, conduite par l'infâme Bouillé;* toutes pièces qu'il est disposé à jouer à Reims où il n'a cessé de se montrer l'apôtre de la liberté. »

Malgré son zèle, Redon n'était plus à la hauteur des circonstances : Reims avait des démocrates plus avancés que lui. Couplet dit Beaucourt, prêtre défroqué du pays de Liège, marié à Reims à nous ne savons quelle femme de bas étage, homme remuant, ne manquant ni d'esprit ni d'instruction, journaliste famélique, et agissant sur les masses par son journal et surtout par ses opinions exaltées. A l'aide de sa faconde démocratique, il s'était poussé aux fonctions de syndic de la commune et, à ce titre, dominait l'administration elle-même. L'une de ses motions fut d'enlever à la rue du Théâtre le nom de rue de Talleyrand qu'elle portait alors.

« Si les émissaires de l'aristocratie viennent à remarquer en passant que les noms de MM. *Talleyrand, d'Artois* et *Monsieur* continuent de décorer nos rues, pour qui croyez-vous prendraient-ils les citoyens de Reims? Ils diraient sans doute que notre civisme ne s'est trouvé qu'au bout de notre plume, et que ces noms attestent notre attachement à ces idoles de boue, dont nous ne parlons qu'avec le frisson de l'horreur... Si j'étais consulté à cet égard, ce n'est pas le nom de *Mirabeau* que je voudrais qu'on leur donnât, mais celui de *Voltaire*, qui convient à une rue où la salle de spectacle est établie (1). »

A côté de Beaucourt, le trop célèbre cardeur de laine, Armonville *Bonnet-rouge*, dont les motions furibondes ourdissaient l'émeute et poussaient au massacre. Mais

----

(1) *Corresp. génér. de l'Europe*, t. II, 1791, *Reims, Pierrard*.

laissons à l'histoire la pénible tâche de retracer les
scènes sanglantes de la place de l'Hôtel-de-Ville. Laissons dans l'ombre les magistrats investis du pouvoir
administratif et de la force publique, dont le devoir était
de prévenir et de combattre l'insurrection et qui, sous
la pression de Beaucourt et d'Armonville, par inertie,
faiblesse ou incapacité, laissèrent commettre sous leurs
yeux les plus abominables forfaits. Or, durant le massacre de septembre, se tenaient précisément les séances
électorales pour deux sièges à la Convention. Les élec-
teurs intimidés, ne trouvant pas de meilleur moyen
d'apaiser les démagogues, choisissent leur coryphée
pour représentant. Déjà le nom du fameux Drouet, de
Sainte-Menehould, est sorti de l'urne, les cris de la populace en font sortir celui d'Armonville.

Le comédien Delloye, personnalité assez curieuse de
cette époque, et qui mériterait un article à part dans la
biographie rémoise, racontant, deux ans après, cet événement dans la *Feuille rémoise, Journal du soir* (recueil devenu très rare), s'exprime en ces termes :

« Après le massacre, et au moment de son élection, Armonville dormait sur un banc du bouchon-Robert, tandis que les coupe-jarrets, émissaires de la société même
des Jacobins, brûlaient à petit feu, en face de la municipalité, le citoyen Alexandre, dixième victime de septembre. Armonville fut réveillé législateur ! On le porta
en triomphe, précédé de deux ménétriers... Il arrêta donc
les massacres comme par hasard. Si (ajoute ailleurs
Delloye) l'interruption des massacres excuse l'élection
d'Armonville, ce n'était pas moins une fort mauvaise
plaisanterie ; c'était ridiculiser, avilir le régime de l'égalité que de préférer le dernier des olibrius. Il faut sans
doute, pour représenter le peuple, des hommes de toutes
les classes du peuple, mais parmi les fileurs de laine il

s'en trouvait d'autres sur qui aurait pu plus justement tomber l'élection pour qu'elle ne fût pas la honte de cette commune vraiment patriote ! »

Mais passons outre.

On sait qu'un des rares actes de résistance à la tyrannie jacobine, fut le drame que Laya eut le courage de faire jouer, précisément dans les premiers jours du procès du roi à la Convention. Les annales du théâtre offrent peu d'exemples d'un succès aussi grand que celui de l'*Ami des lois*. Le *Moniteur universel* du 4 janvier, en rendant compte de l'ouvrage, après en avoir fait le plus grand éloge, ajoute : « Cette pièce mérite d'être suivie. Il est à désirer qu'elle soit jouée promptement dans toute la France. » Répondant à ce vœu, l'administration rémoise demande que la pièce soit mise à l'étude. Elle allait être jouée, quand la *Société populaire,* intervenant dans les choses du théâtre, comme elle intervenait dans celles de l'administration, invite la municipalité à s'opposer à ce que la pièce intitulée l'*Ami des lois* soit représentée sur le théâtre de Reims ; et la municipalité, courbant sous le joug, écrit au bas de l'injonction : ADOPTÉ.

En réalité, le théâtre ne cessait d'être l'objet des attaques et des dénonciations des Frères et Amis de la société jacobine. Le 16 ventôse an II (25 juillet 1793), un membre dénonce les comédiens de Reims qui ne jouent que des pièces « où se trouvent à chaque bout de champ les mots de *monseigneur,* de *roi*, de *reine*, de *comte,* de *marquis*, etc , expressions des ci-devant qui choquent les patriotes ; il demande qu'on en purge le théâtre... » En ceci, comme en beaucoup d'autres extravagances, nos jacobins au petit pied ne sont que plagiaires, et ne font que mettre en pratique les procédés littéraires des démocrates parisiens. (*V. Append.*)

Mais un spectacle plus en rapport avec les instincts des libres-penseurs de ce temps là, c'est celui que le conventionnel Ruhl ménageait aux Rémois : le bris de la Sainte Ampoule. Il a lui-même rendu compte à la Convention de son haut fait en un rapport resté célèbre, et qui touche trop à l'histoire dramatique de notre ville pour que nous ne le reproduisions pas. (*Voir aux pièces justificatives.*)

Revenons à notre théâtre, où ces agitations de la rue avaient leur influence et donnèrent lieu à de perpétuels désordres et à d'ignobles manifestations. Il faut lire la lettre de Messieurs les sous-officiers en garnison à Reims, et habitués de la salle, pour avoir une idée des choses qui s'y passaient.

Au Citoyen Régisseur des Pensionnaires
du Citoyen Redon.

Reims, Jeudi 2 Frimaire. an 2 de la République.

« Comme le citoyen Redon est absent, c'est à vous que nous adressons cet écrit. Vous devez tenir le spectacle un peu plus décent, et faire exercer une police dans les coulisses et surtout empêcher les chiens de paroître en scène avec vous, et qu'il soit refusé l'entrée du balcon ou premières loges à de petits polissons qui y font le coup de poing... Nous allons dans plusieurs bonnes maisons de Reims, et quand nous marquons notre étonnement aux dames de ce qu'on ne les voit point au spectacle, voilà ce que l'on nous dit partout : « Que voulez-vous ? Qu'y voir ? Des acteurs qui ne savent pas leur rôle ; un orchestre qui

joue trois ou quatre fois un air qu'il massacre, parce
qu'il est ennuyeux de toujours jouer la même
chose, etc. » Des décorations qui ne cadrent pas avec
les personnages, et qui choquent plus que chez les gri-
maciers du boulevard. Le citoyen Redon gagne ce qu'il
veut et il n'a pas le courage de faire un banc de gazon,
ni même un bord de terre à la mere (*sic*), dont les vagues
sont si élevées qu'elles dépassent de quatre pieds : et
faites attention que votre machiniste soigne un peu
mieux son théâtre. Nous allons être cet hiver très nombreux. Une partie de nos frères d'armes qui sont caser-
nés à trois ou quatre lieues d'ici viendront souvent au
spectacle. Nous ferons la loi. Faites de votre mieux,
sinon nous ferons venir une autre troupe. »

Puis, ajoutent nos troupiers, qui ne veulent pas qu'on
se trompe sur la nature de leur patriotisme :

« Nous vous demanderons encore pourquoi votre orchestre est si faible ? On nous répond qu'il est en partie
composé d'amateurs ! Nous sommes certainement patriotes, mais nous ne voulons point toujours entendre
jouer *Cadet Rousselle*, dont les paroles n'ont rien de
commun avec la Révolution ! Modelez-vous sur Paris.
Dans une pièce en cinq actes, que l'orchestre, avant le
lever de la toile, joue les trois airs patriotiques et pendant les entr'actes de simples symphonies, et non
point des airs qui n'ont rien de commun avec le patriotisme. Concertez-vous avec le citoyen Redon pour nous
accommoder.

« Signé : *Barbereux, Hardoin, Minerel, Bessant,
Povrelle, Bertrand, Roux et Giroux.* »

Voilà où en est l'art dramatique à Reims à cette époque : ce sont les troupiers en garnison qui régentent le
théâtre et qui entendent faire dominer leurs idées, accepter
ou refuser telle ou telle pièce. Ces Messieurs, si éclairés
qu'ils soient, oublient l'opinion de Robespierre qui,
dans un de ses discours sur la matière, à l'Assemblée

nationale, disait : « Je ne veux pas que, par une dispo-
« sition vague, on laisse à l'officier le droit d'adopter ou
« de rejeter celui qui pourrait lui plaire ou lui déplaire,
« ce serait favoriser des intérêts particuliers et non les
« mœurs publiques. » — Quoi qu'il en soit, la lettre
soldatesque que nous citons constate un état de choses
qui explique suffisamment l'éloignement de la société
des gens de goût du théâtre Redon.

La municipalité reconnut enfin l'urgence d'un règlement, auquel serait soumis le régisseur, les acteurs et
le public. La Société populaire en avait déjà pris l'initiative : nous avons sous les yeux le projet qu'elle
propose à l'administration municipale, et celui qu'a-
dopte celle-ci. Ce n'est, à vrai dire, que le même. La
rédaction de la Société sort à peu près intacte des
mains de la mairie qui la promulgue le 3 nivôse an II
de la République. Voici quelques-uns des articles de ce
règlement : on y retrouve les larges idées du jour.

Art. 2. Le répertoire sera arrêté tous les mois.

Art. 3. Tous les jours de décade et de demi-décade le
directeur sera tenu de donner des pièces patriotiques.

Art. 4. Tous les jours de décade et de demi-décade, et
lorsque le public le demandera, on chantera
dans les entr'actes une chanson civique.

Art. 5. Il est défendu de donner aucunes pièces qui présentent des idées de féodalité.

Art. 6. Seront retirés des pièces les mots de *comte, marquis, monseigneur, bailly,* etc., qui ne doivent pas souiller la bouche des républicains,
sauf quand tourner en ces expressions aura
pour but de l'emploi de ridicule ceux qui en
étoient autrefois revêtus.

Art. 7. Il sera formé un comité de six membres, composé de quatre membres de la Société populaire, et deux du comité des spectacles du conseil général, lequel examinera, revisera et épurera les anciennes pièces qui pourront être jouées devant des hommes libres. (*V. Append.)*

On pressent, d'après ces préliminaires, ce que va devenir le théâtre sous l'intelligente révision de nos rigides sans-culottes. C'est très bien de dire : « On ne jouera plus que des pièces patriotiques ! » Mais où prendre ces pièces ? Elles n'existent pas même à Paris où, à l'exception de deux ou trois mauvais drames, les théâtres n'ont guère d'autre répertoire que celui de l'ancien régime. Dans cette extrémité, et sentant la pénurie du sien, le citoyen Redon prend une résolution héroïque ; il en fait part en ces termes au président de la Société populaire : « Je te prie, citoyen, de vouloir bien écrire au président de la Convention, pour le prier de s'intéresser en ma faveur auprès des auteurs dramatiques qui ont des pièces patriotiques et qui sont dans le sein de la Convention. J'ose espérer que tu voudras bien engager la Société d'écrire au plus tôt. Je pars dans l'instant pour Paris, et si la lettre y arrive pendant que j'y serai, je pourrai agir auprès du comité d'instruction. » — Burlesque présomption de supposer que la Convention va se préoccuper des affaires du citoyen Redon et de son infime théâtre ! — Au surplus, l'histoire ne nous dit pas l'accueil fait à sa pétition. Ce que nous savons, c'est qu'en l'absence de son directeur, et malgré le règlement nouvellement promulgué, le théâtre de Reims est resté à la merci des tapageurs. Les événements politiques y sont l'occasion de scènes violentes et d'ora-

geuses soirées. Là, comme à Paris, les acteurs et les
spectateurs se divisent en deux camps : les *avancés* et
les *rétrogrades* et, suivant leurs passions, prennent fait
et cause dans les incidents du jour. Chaque pièce prê-
tant la moindre allusion aux questions politiques donne
lieu à d'assourdissantes acclamations, aux sifflets aigus,
aux trépignements : luttes véritables, auxquelles prennent part forcément les plus paisibles habitués. On se
provoque, on se heurte, on en vient aux voies de fait ;
le désordre est au comble. C'est, témoin de ce vacarme,
que le député de la Marne, P. Deville, écrit à la municipalité (6 frimaire an II) :

« Citoyens, je vous préviens que j'ai écrit au comité de
sûreté générale, qui vient de faire décréter que le représentant
du peuple Bo se rendra à Reims, sans délai. Je compte que
sa sagesse y ramènera le calme. »

C'est ce même Bo qui, dans son arrêté du 21
brumaire an II, déclarait l'église dite *cathédrale
de Reims* transformée en magasin de fourrages pour
le service des armées, et ordonnait que les fers qui
ne sont point essentiels au soutien du bâtiment, tous
les cuivres, bronzes, etc., soient transportés à Paris,
à la fabrique des armes, etc. — A quelques jours de là,
effectivement, on lit, placardé à la porte du théâtre, l'a-
vis suivant qui tranche toutes les difficultés :

Le Comité de Surveillance du District établi par
le représentant Bo, arrête :

1° Le théâtre est déclaré fermé ;

2° Sur informations et dénonciations reçues sont mis
en état d'arrestation :

1° Philippe-Arthur-Diancourt Rivière, comédien en la
ville de Reims ;

2° Marie-Madeleine Leroux, femme Rivière, comédienne aussi en cette ville ;

3° Renobert-Asselineau du Plessis, aussi comédien en cette ville.

Or, on sait qu'à cette époque de fraternité, de l'arrestation au tribunal révolutionnaire il n'y avait qu'un pas. C'est, du reste, la perspective qu'avaient devant eux, à Paris, les principaux acteurs et actrices du Théâtre *dit de la Nation*, arrêtés quelques jours avant ceux de Reims, pour des motifs équivalents : on sait aussi que les événements de thermidor arrivèrent à propos pour eux comme pour tant d'autres. (*V. Appendice.*)

C'est vers ce temps que se jouait, dans la prison de la *Belle-Tour*, une autre sorte de comédie: l'indécente parodie de la Messe catholique, dont nous avons donné précédemment une édition sous le titre de *La Messe des sans-culottes.*

« Une récréation républicaine, dit l'auteur, est l'origine de ce culte décadien. Chaque détenu se fit un plaisir d'être acteur ou spectateur dans cette cérémonie. Ils y assistèrent tous avec ce silence et ce recueillement qui annoncent que l'âme reçoit les impressions qu'on veut lui communiquer. La certitude qu'en généralisant ce culte décadien il peut devenir un moyen de propager le patriotisme, a déterminé l'auteur à en faire hommage au district, à la municipalité et à la Société populaire de Reims, à l'effet d'en tirer le meilleur parti possible. Les temples de la *Raison*, ajoute l'auteur, établis dans la plupart des communes, seraient les lieux où pourrait se célébrer cette fête. Tout citoyen aurait le droit d'y prononcer un discours analogue aux circonstances qui remplaceroit les ennuyeux sermons de l'ancien régime. »

Que de bon sens, d'esprit et d'atticisme en tout ceci !

Toutefois, si le théâtre proprement dit avait ses dé-
faillances, il y avait pour le populaire ample dédommagement dans la célébration des fêtes civiques décrétées
par la Convention. Elles étaient en grand nombre. Ci-
tons-en quelques-unes : Fête de la fédération, au 14
juillet, *plantation de l'arbre de la liberté ;* — fête du 10
août ; — fête de la déesse Raison ; — fête de l'Etre su-
prème ; — fête de la fondation de la République ; — fête
de la souveraineté du peuple. — Puis voici les fêtes décadaires qui, *en donnant de l'énergie à l'esprit public,
doivent en même temps faire disparaître les dimanches,
dont la mémoire sera toujours funeste à la cause de la
liberté et propice au retour du fanatisme.* Voici l'ordre
dans lequel ces fêtes hebdomadaires furent décrétées.
A l'Etre suprême et à la nature. — Au genre humain.
— Au peuple français. — Aux bienfaiteurs de l'humanité. — Aux martyrs de la liberté. — A la liberté et à
l'égalité. — A la République. — A la liberté du monde.
— A l'amour de la patrie. — A la haine des tyrans.
— A la vérité. — A la justice. — A la pudeur. — A
la gloire et à l'immortalité. — A l'amitié. — A la fru-
galité. — Au courage. — A la bonne foi. — A l'hé-
roïsme. — Au désintéressement. — Au stoïcisme. —
A l'amour. — A la foi conjugale. — A l'amour paternel.
— A la tendresse maternelle. — A la piété filiale.
— A l'enfance. — A la jeunesse. — A l'âge viril. —
A la vieillesse. — Au malheur. — A l'agriculture. —
A l'industrie. - A nos aïeux. — A la postérité. —
Au bonheur. — Puis les cinq jours complémentaires
ou sans-culotides, consacrés : Aux vertus. — Au génie.
— Au travail. — A l'opinion. — Aux récompenses.
Chacune de ces fêtes avait son programme explicatif

12

de son but moral, et prescrivant l'ordre et la marche
du cortège se rendant religieusement et patriotiquement
au temple décadaire.

On avouera, qu'à défaut des représentations dramatiques, la célébration des fêtes civiques et décadaires
pouvait bien en tenir lieu, car, pour le comique et le
burlesque, le théâtre n'offrait rien de plus réussi. Après
les insanités de la *déesse Raison*, trônant à Notre-Dame
sous la figure d'une courtisane, voici le décret du 18
floréal an II, qui proclame l'existence de l'Etre suprême
et l'immortalité de l'âme, et ordonne la célébration de
ce nouveau culte. Il sera célébré, dit le décret, des fêtes
de l'Etre suprême, de la nature, du bonheur public, de
la justice, de la bonne foi, de l'humanité, de la vieillesse, etc. On verra, par la reproduction que nous donnons à notre *Appendice* du programme de l'une de ces
fêtes, tout ce que ce genre de spectacle offrait à l'avide
curiosité de la population rémoise.

Il nous resterait bien des choses à rappeler de cette
fatale année, dite de l'an II de la République, à côté des
misérables incidents qui forment la chronique théâtrale!
C'est l'année des grandes immolations qui ont fait regarder, à l'étranger, la nation française comme atteinte
de folie furieuse. A côté des choses atroces, les choses
les plus dérisoirement ridicules!

L'élargissement de nos acteurs, après le IX thermidor, et la réouverture du théâtre, ne les rendit pas
tous à la scène. La plupart de leurs camarades se
trouvaient eux-mêmes dispersés. Ce fut à la citoyenne
Redon, en l'absence de son mari, à aviser à la réorganisation d'une troupe en état de répondre aux impa-

tiences du public et aux exigences de l'autorité. Avant de prononcer la réouverture du théâtre, l'administration municipale, reconnaissant l'impuissance du règlement du 3 nivôse an II, fit publier et afficher une nouvelle ordonnance de police, dirigée principalement contre les tapageurs de parti-pris et les gens de mauvaise tenue. Il y avait un concert de plaintes contre un groupe de jeunes citoyens, affectant de rester couverts après le lever de la toile, ce qui ne manquait pas de provoquer les plus bruyantes manifestations. Les articles 2 et 3 du nouveau règlement statuaient sur ce point en ces termes :

« Aussitôt le lever de la toile, tous les citoyens indistinctement se tiendront découverts et garderont le plus profond silence. Ceux des citoyens qui, conservant leurs bonnets ou leurs chapeaux, refuseraient de les retirer au premier avertissement, seront considérés comme perturbateurs du repos public, et comme tels poursuivis et punis selon la rigueur des lois. »

Confiante dans l'efficacité de ce nouveau règlement, la citoyenne Redon, manquant de sujets, entra en négociations avec le citoyen *Verseil*, alors régisseur à Verdun, qui consentit à faire l'intérim de Reims. Voici sa lettre, informant l'administration municipale de la prochaine réouverture du théâtre rémois.

« *Verdun, 28 pluviôse an II.*

« Citoyen Maire, j'ai l'honneur de vous prévenir que, relativement à nos arrangements avec Madame Redon, et sous votre bon plaisir, nous ferons l'ouverture de sa salle, samedi 8 ventôse, par la première représentation de *l'Entrée dans le monde* et *la Partie de chasse d'Henri IV.*

« Salut.

« *Signé* : VERSEIL, *régisseur.* »

Mais ce n'est guère par des règlements de police qu'on moralise les masses, pas plus le théâtre que ses habitués ; et la troupe Redon-Verseil ne paraît pas avoir obtenu grand succès et encore moins rétabli l'ordre moral dans la salle rémoise. Après la suppression de l'ancienne Université et des corps enseignants, on avait cru faire du théâtre une école de mœurs, et des comédiens les instituteurs du peuple ! Illusion dérisoire ! Voyons comme les habitués de la salle rémoise, en particulier, entendaient l'éducation ainsi pratiquée. La lettre suivante nous renseignera suffisamment à ce sujet :

« *Reims, 23 germinal an III.*

Le citoyen Lajariette aux citoyens membres du conseil général permanent de la commune de Reims, département de la Marne.

« Citoyens, depuis quelques jours je suis témoin de scènes scandaleuses qui se passent dans les coulisses du spectacle de cette ville. Le bon citoyen, l'ami des lois et de l'ordre voit avec peine que des gens dont je suis loin cependant d'accuser les intentions (réticence pleine de courage !), troublent sans cesse les représentations. Le théâtre, *qui est l'école des mœurs*, doit-il donc servir à l'indécence et au scandale ? Le vandalisme s'applaudit de cet outrage fait aux arts et à l'instruction des républicains ! Quelle est la mère qui voudra conduire sa fille dans un lieu qui paroit consacré aux plaisirs des libertins ? Citoyens, il est temps enfin que la police soit en activité, qu'elle fasse respecter les loix, qu'elle maintienne le bon ordre, si nécessaire dans les circonstances actuelles, et que le théâtre serve à l'instruction et à la morale de tous les citoyens. D'après cet exposé j'invite le conseil général à prendre des mesures sévères contre les perturbateurs de l'ordre et de la tranquillité publique.

Signé : LAJARIETTE. »

C'est qu'à Reims, comme à Paris, le théâtre, nous le répétons, n'est plus le délassement des gens de travail et de goût : c'est un mauvais lieu où se montrent les mœurs du jour dans tout leur débraillé ; où le parterre invective les loges par des cris, des apostrophes malséantes et grossières. Ce n'est pourtant pas que les divertissements faciles manquent à cette jeunesse impatiente de plaisirs et de tout joug. Malgré la misère des temps, les bals publics, les guinguettes s'ouvrent à cette foule que les rumeurs politiques surexcitent et poussent au désordre.

Ce besoin de s'étourdir atteint la bourgeoisie elle-même ; un instant elle cède à cette manie de la danse et des distractions bruyantes. Le quartier de la rue Large qui, dans son périmètre, offrait l'ancienne comédie Regnault et, comme annexe ou appendice, le tripot de la Fleur-de-Lys, l'ancien jeu de paulme, le jardin de l'arquebuse, et où se verra bientôt la salle Draveny ; ce quartier, disons-nous, plein d'attraction, devient le point de repaire et de ralliement de la jeunesse jacobine, de tous ces aimables citoyens auxquels allait si bien la qualification de *sans-culottes*. Un jour de pandémonium démagogique, nos bruyants danseurs furent visités par un groupe inattendu de jeunes gens de famille, républicains ou *réacs* qui, contrairement au débraillé de l'endroit, prétendirent se mêler aux habitués, y danser en tenue prohibée, c'est-à-dire la badine en main, en cadenettes, oreilles de chien, culotte safran, bas chinés et escarpins bouclés, enrubannés. Cette démonstration tout aristocratique est accueillie par un hourra vengeur, qui ne paraît nullement intimider nos muscadins. Une horrible et bruyante mêlée s'ensuit et

met toute la rue Large en émoi. Il était temps à l'autorité
d'intervenir. Elle paraît, mais cette fois-ci sous une
forme impérative. La municipalité est mise en demeure
de prendre un rigoureux parti, témoin la lettre que voici :

LIBERTÉ, ÉGALITÉ, JUSTICE

« Reims, 14 fructidor, 3e année républicaine.

« MOREUX, chef-d'escadron du 5e régiment d'hussards,
commandant temporaire de la place,

*Aux citoyens maire et officiers municipaux de la
commune de Reims.*

« Citoyens, Instruit des troubles et désordres qu'ont
occasionné hier les danses de l'Arquebuze, je vous demande à ce que ce lieu, où chaque fête il se commet
des abus tendants à troubler l'ordre public, soit *fermé
pour toujours,* ou tout au moins que les danses y soient
interdites, l'ordre et le bien du service l'exigent impérieusement, et j'espère que vous voudrez bien acquiescer
à ma demande.

« Salut et fraternité, *Signé :* MOREUX. »

Il résultait de ces deux rapports la nécessité pour la
mairie de prononcer la fermeture des deux établissements : mais elle crut assurer aux yeux du public la lé-
galité de cette mesure en rééditant et faisant afficher
les articles de la loi sur lesquels elle basait son droit.

I. Les maires sont chargés du maintien du bon ordre dans
les spectacles. *(Loi des 16 et 24 août 1790.)*

II. L'article IV porte que les spectacles publics ne peuvent
être permis et autorisés que par les officiers municipaux.

III. Les entrepreneurs ou les membres des différents théâtres sont, à raison de leur état, sous l'inspection des municipalités. Ils ne reçoivent des ordres que des officiers municipaux, qui ne peuvent rien enjoindre aux comédiens que conformément aux lois et aux règlements de police. (Lois des 19 janvier 1791 et du 1er septembre 1793.)

IV. Tout spectacle où des troubles se manifesteroient doit être fermé. On ne peut jouer ou chanter sur les théâtres que des pièces ou airs indiqués par les affiches.

En conséquence, l'administration municipale déclare fermés jusqu'à nouvel ordre la salle de spectacle et le jardin de l'Arquebuse, — et confie l'exécution de son arrêté aux agents de la force publique. »

Cette double exécution, en donnant satisfaction à l'honnête et tranquille bourgeoisie, n'était pas de nature à calmer les esprits de notre belle jeunesse. Chacun des deux partis s'arrangea de façon à souffrir le moins possible de cette exécution draconienne. — Des couplets, lancés par un bel esprit démocrate (le citoyen Bizet), contre les beaux fils de la réaction, mirent un instant les rieurs du côté des sans-culottes. Ces couplets sont trop drôles pour que nous en privions nos lecteurs :

A vous messieurs les muscadins
Chevaliers d'importance,
Petits bourgeois, petits faquins,
Tout pleins de suffisance,
Venez entendre ma chanson,
La faridondaine, la faridondon,
Vous en serez tous réjouis,
Biribi,
A la façon de barbari,
Mon ami.

Que j'aime à vous voir voltiger
Autour des Sans-Culottes,
Et d'un sourire protéger
Ces braves patriotes.
Certes vous prenez le ton,
La faridondaine, la faridondon,
D'en être protégés aussi,
Biribi,
A la façon de Barbari,
Mon ami.

N'êtes-vous pas bien fatigués
   Des travaux de la guerre,
Mignons soldats, héros musqués,
   Troupe vive et légère ?
Courage ! les lauriers naîtront,
La faridondaine, la faridondon,
Et vous en serez tous fleuris
    Biribi,
A la façon de Barbari,
    Mon ami.

Quand les intérêts de l'Etat
   Occupent mille têtes,
Vous tenez un petit sénat
   Au sein de douces fêtes.
Notre régénération,
La faridondaine, la faridondon,
De vos veilles sera le fruit,
    Biribi,
A la façon de Barbari,
    Mon ami.

Lorsque nos valeureux soldats
   Viendront, couverts de gloire,
Nous raconter de leurs combats
   L'intéressante histoire,
Par contraste nous leur ferons,
La faridondaine, la faridondon,
De vos exploits le beau récit,
    Biribi,
A la façon de Barbari,
    Mon ami.

Quand l'arbre de la liberté,
   Nous offrant son ombrage,
Appelera notre gaîté
   Sous un riant feuillage,
A la danse de rigodons,
La faridondaine, la faridondon,
Vous nous disputerez le prix,
    Biribi,
A la façon de Barbari,
    Mon ami.

Muscadins, si cette chanson
   Vous paraît sans génie,
C'est que je n'ai pas d'Apollon
   La sublime énergie.
Un Sans-Culotte à l'Hélicon,
La faridondaine, la faridondon,
N'est pas comme vous accueilli
    Biribi,
A la façon de Barbari.
    Mon ami.

Mais la privation, la fermeture du seul théâtre que possède une grande ville est une calamité pour les nombreux désœuvrés qu'y fait l'interruption des affaires en temps de révolution, et pour cette foule d'individus dont le parterre est le refuge contre de plus dangereux entraînements. Ceux qui en souffrent le plus et les premiers sont les pauvres acteurs, car le théâtre est leur gagne-pain, et personnellement ils n'ont pas toujours mérité les rigueurs de l'administration.

L'année suivante s'ouvre avec la requête des comédiens dépossédés. Leur langage est touchant, quoique
assez peu littéraire :

A L'ADMINISTRATION MUNICIPALE DE REIMS

« *Reims, 3 ventôse an IV.*

« Citoyens, les artistes dramatiques privés, par la
clôture du théâtre, de la seule ressource qu'ils trouvaient dans leur état, de soutenir leur existence, ne
pouvant vivre sans le moyen que leur avoit jusqu'à
ce jour offert l'exercice de leur talent, s'adressent à
vous avec confiance. Ils vous prient de considérer
qu'ils ne sont point les auteurs des tumultes qui ont
occasionné la cessation des spectacles et qu'ils ont
exécuté les ordres qu'ils avoient reçus ; que, par conséquent, il est très douloureux pour eux de se voir
privés de la manière la plus sévère, c'est-à-dire par
la privation de leur existence. Ayez donc égard, citoyens, à des représentations aussi pressantes et, en
ordonnant la prompte réouverture du théâtre, rendez
à leur art, et s'il faut le dire, à la vie, des artistes
qui osent attendre de vous cet acte de justice.

« Ainsi signé : *Milleurat, Bellement, du Grey,
Arquier, Montariol, Bessin, Rosalie Ganier,
Gravelet et Précot.* »

Ces doléances des acteurs semblaient fort légitimes.
Elles étaient appuyées de cette partie du public que les
événements du jour n'atteignaient point, car il ne faut
pas se figurer que tout le monde prit part aux commo-
tions quotidiennes de la politique. A part la populace
remuée par les émissaires de Paris, il y avait dans la
bourgeoisie et dans le petit commerce une foule de
gens indifférents qui vivaient, comme par le passé, au

jour le jour, étrangers à tout ce qui n'était pas rémois, sans s'inquiéter autrement des victimes que faisait le terrorisme à Paris et ailleurs, et parfois même tout prêts à dire, avec le barbier optimiste : *Il fallait ça pour nous tirer d'affaire!* Après les massacres de septembre qui, en résumé, pour Reims, n'avaient été qu'un guet-apens improvisé, la bourgeoisie avait vécu dans un calme relatif : elle espérait traverser sans nouvelles secousses ce qui restait à parcourir de l'ère révolutionnaire dont le mouvement thermidorien semblait avoir assuré l'accalmie. Mais les gens intelligents et l'administration municipale surtout n'étaient pas sans inquiétude.

Un des plus implacables ennemis du modérantisme, terroriste lui-même, échappé à la réaction mais non converti, venait d'être envoyé à Reims comme Commissaire ou Accusateur public. Il devait y donner carrière à ses instincts sanguinaires : deux notables habitants, l'un gentilhomme à peine adulte, l'autre prêtre plus que septuagénaire, sortis de Reims au temps de la tourmente, étaient imprudemment rentrés, confiants dans l'apaisement des esprits. Appréhendés au corps, ils furent jugés sommairement, et cet homme que l'échafaud de Robespierre eût légitimement réclamé, écrit le jour même du jugement des deux émigrés :

« *Aux citoyens président et membres de l'administration municipale de la commune de Reims.*

« Je requiers, Citoyens, que vous fesiez (*sic*) fournir sur le champ à Desmarets, exécuteur des jugements criminels, une livre de savon et des cordes, dont il dit avoir besoin. Je requiers aussi que vous donniez injonction à un coutelier de faire à l'instant même ce que ledit Desmarets prétend nécessaire à l'instrument qui doit servir aujourd'hui à l'exécution d'un jugement du tribunal criminel du département de la Marne.

« *Reims, 14 ventôse an IV, dix heures du matin.*

« *Signé :* THURIOT. »

Voilà bien la littérature révolutionnaire, n'est-il pas vrai ? et cela, deux ans après Robespierre ! — Nos archives contiennent quatre autres documents du même style de celui que la voix publique appela *Tueroi.*

CHAPITRE X

Sous le Directoire.

1795 à 1800

Ces sanglantes exécutions, sur la place de la Couture, remplissaient la ville de pitié, de terreur et d'indignation. Ce n'était guère le moment de rouvrir le théâtre, et l'adminstration en reculait l'autorisation.

Sur de nouvelles doléances des acteurs, le ministre de la police (Cochon de l'Apparent), qu'en sa qualité de régicide, l'exécution des émigrés relaps touchait médiocrement, mit l'administration rémoise en demeure de réouvrir le théâtre. Voici la lettre de jussion :

« Paris, 22 germinal an IV.

« LE MINISTRE DE LA POLICE GÉNÉRALE DE LA RÉPUBLIQUE

aux membres composant
l'administration municipale de Rheims.

« Lorsque mon prédécesseur vous a permis de rouvrir la salle de spectacles sous votre responsabilité, il n'a point entendu sans doute que vous prissiez cette responsabilité pour un prétexte de ne point faire cette réouverture. J'apprends cependant que vous vous y refusez. J'ai peine à concevoir vos craintes. Votre commune serait-elle donc dans un état si déplorable qu'il y aurait du danger à tenir une salle de spectacle ouverte ? Quelques malveillans qu'il puisse y avoir, sans doute il existe de bons citoyens qui chérissent l'ordre et la tranquillité. J'aime à croire que vous-même vous faites tout ce qui est en votre pouvoir pour l'exécution des loix et pour le maintien de la sûreté dans votre commune.

« Vous ne devez pas craindre de rouvrir la salle des spectacles si vous êtes disposé à y exercer votre surveillance et si vous avez soin d'y envoyer un commissaire revêtu de son écharpe pour contenir ceux qui voudraient y apporter quelques troubles. Votre responsabilité ne peut s'étendre au-delà des obligations que la loi vous impose... Celui qui fait son devoir n'a rien à craindre.

« Cette explication doit vous suffire et dissiper vos alarmes. Vous pouvez donc user de la permission que vous a accordée mon prédécesseur. Je vous recommande de protéger la représentation des pièces patriotiques et des chants civiques, dont le but est de former l'esprit public.

« Salut,

Signé : « COCHON. »

La salle de spectacle est réouverte, mais le public payant reste sourd à l'appel. Cependant, à l'une des représentations où l'élément réactionnaire dominait, un des nouveaux acteurs, du nom de Marcel, signalé comme ayant fait partie d'un tribunal révolutionnaire, fut aussitôt sifflé par le parterre, et cela, avec une telle furie, qu'il lui fut impossible d'achever son rôle, et l'on signifia au citoyen Millerand, alors régisseur de la veuve Redon, qu'il eût à lui interdire le théâtre et à le faire immédiatement déguerpir, — ce qui eut lieu.

An V. L'année théâtrale rouvre par une requête de la veuve Redon, exposant à l'administration que le

seul produit des spectacles ne pouvant couvrir les frais
de son entreprise, elle désirerait donner, les jours de
fêtes et les dimanches, des bals de nuit, de dix heures
du soir à trois heures du matin ! — La réponse ne se
fait pas attendre. « *Du 22 pluviôse.* La tranquillité pu-
« blique et une bonne police s'opposent à ce qu'il y ait
« des bals de nuit. Le commissaire du Directoire exé-
« cutif entendu, l'administration municipale a arrêté de
« passer à l'ordre du jour. »

Le bail passé le 26 nivôse an II au citoyen Redon,
entrepreneur, et continué par sa veuve (car Redon venait de mourir), moyennant le prix annuel de 4,500 liv.,
devant expirer le 1er pluviôse an V. La dame Redon,
malgré le maigre produit que, à son dire, elle tirait de
son exploitation, n'en sollicita pas moins le renouvellement, espérant toutefois qu'en raison des circonstances, il lui serait fait une diminution de prix. Le receveur du domaine, Raulin, estime en effet que le bail,
par suite de la rareté du numéraire, peut être réduit à
3,000 fr. Il fait observer à l'administration municipale
que la plupart des entrepreneurs de spectacles sont in-
solvables ; que la citoyenne Redon paiera exactement
et d'avance, comme l'oblige le bail précédent ; ajoutant
que les spectacles étant fort peu suivis depuis que l'on
paie en monnaie, il serait impossible de tirer parti du
domaine pendant l'été ; qu'il estime, en conséquence,
qu'il y a lieu de s'entendre avec la citoyenne Redon et
de lui continuer les clauses du précédent traité. — Effectivement, l'administration centrale du département arrête que l'administration municipale de Reims est au-
torisée à traiter avec la veuve Redon au prix de 3,000 fr.

par an, et à lui accorder la salle pour quinze mois, à
compter du 1er floréal an VI.

On se rappelle qu'en vertu du décret du 13 janvier
1791 que nous avons cité, tout citoyen avait la liberté
d'élever un théâtre public et d'y faire représenter des
pièces de tout genre, sous la seule obligation d'en
informer l'administration municipale. C'est précisément
à l'époque où la veuve Redon venait de renouveler son
bail avec la ville que la rue Large, le berceau du théâtre
à Reims, se vit inopinément pourvue d'une nouvelle
salle de spectacle, de dimension moindre sans doute
que la salle des actionnaires, mais cependant assez
spacieuse et surtout assez bien distribuée pour porter
ombrage et préjudice aux entrepreneurs du théâtre
principal. Nous voulons parler de la salle Draveny,
dont aucun historiographe de Reims n'a pu préciser
l'origine. Voici son acte de naissance, on n'en contes-
tera pas l'authenticité :

SALLE DRAVENY

*Aux citoyens administrateurs municipaux de la commune
et canton de Reims.*

« *10 floréal an V.*

« Vous expose, Valentin Draveny, charon patenté,
demeurant à Reims, rue Large, *section de la Fraternité*,
« Que, venant de faire construire, dans un terrain à
lui appartenant, sis audit Reims, rue Large, une salle
de spectacles bâtie avec toute la solidité possible et suivant les règles de l'art ; que voulant jouir du fruit de
ses travaux et essayer de retirer l'intérêt des avances
considérables qu'il a fait pour l'établissement de cette

salle, il est dans l'intention de l'ouvrir ces jours-ci et de
la faire occuper par les sauteurs qui sont maintenant
en loge sur le champ de foire, et par suite à tous les
spectacles qui pourraient se présenter. Il vous *invite* de
vouloir bien lui donner la permission de faire ouverture
de sa salle, en se soumettant de sa part à tous les règlements de police; comme aussi, dans le cas où vous
désireriez faire visiter son ouvrage, pour vous assurer
de sa solidité, il vous prie de nommer de suite deux
experts qui se rendront sur le terrain, et là y vérifie-
ront si cette salle peut contenir le public sans inconvé-
nient. La manière dont elle est construite assure l'exposant que, d'après cette visite, rien ne pourra retarder la
permission qu'il vous demande.

« *Signé :* DRAVENY. »

Conformément aux vœux du pétitionnaire, les sieurs
Pierre Ponsin et Nicolas Serrurier, nommés experts
ad hoc par l'administration municipale, en présence du
sieur Draveny, assisté du citoyen Paroissien, charpen-
tier, expert contradictoire choisi par ledit Draveny, pro-
cédèrent à la visite des bâtiments dudit théâtre et, après
quelques travaux de consolidation que, d'un commun
accord, ils jugèrent nécessaires et firent immédiatement
exécuter, lesdits experts déclarèrent ladite salle en état
de répondre à sa destination.

Pendant que le petit théâtre Draveny faisait son ouverture et ses débuts avec les saltimbanques de la foire,
le régisseur de la veuve Redon assistait à la lamentable
exécution des acteurs de l'année expirante. Ce personnel,
au point de vue du talent, laissait-il à désirer ? Nous ne
saurions le dire. Ce qui paraît certain, c'est qu'en ce
temps d'assignats, de rare monnaie blanche, de relâches
fréquentes sur l'affiche, les pauvres artistes en sont
réduits aux expédients pour vivre. Ils font dettes sur
dettes et, sur les clameurs réitérées des créanciers ré-

13

calcitrants, clameurs qui arrivent jusqu'à l'administration centrale, voici le mandat déféré contre eux :

LIBERTÉ, ÉGALITÉ

« *Châlons, 18 germinal an VI*
de la République française.

« *Le commissaire du Directoire exécutif près l'admi-*
nistration centrale du département de la Marne,
au commissaire du Directoire exécutif près l'admi-
nistration municipale de Reims.

« Vous devez recevoir, citoyen, par le même courrier, une contrainte contre les acteurs et actrices de la
comédie de Reims. En conséquence, on peut employer
d'abord la voie des garnisaires qui, s'ils sont fidèles,
doivent empêcher de rien déplacer dans le logement où
ils sont établis. Ce n'est qu'après cela, à ce qu'il me
paraît, suivant les dispositions des lois, que l'on pourra
saisir la recette et même exécuter et vendre le mobilier.
« Salut et fraternité.

Signé : PARTIS. »

Pour relever la fortune du théâtre de la rue Vieille-
Couture ou Talleyrand, la veuve Redon eut à recons-
tituer sa troupe et à la réorganiser, de façon à satisfaire et le public et l'administration. On trouvera à
notre *Appendice* le tableau circonstancié, sorte d'état
civil, de chacun des sujets récemment enrôlés par
notre Directrice. Mais, après avoir pourvu à ce renouvellement, il fallait un régisseur doué de quelque génie
et d'invention. Duruissel, investi de ce titre, s'estimait
l'homme de la circonstance. Pour l'année qu'il allait
recommencer, Duruissel, aidé de son fils, eut l'idée, suivant son expression, « d'ouvrir la carrière des arts et des
talents à de jeunes enfants que la médiocrité de leur
fortune privait d'éducation. » On va voir, par le programme qu'il en publia, le fond de sa pensée. Il est

certain que le brave régisseur prenait au sérieux les paroles des commissaires du Comité de salut public : « Les comédiens, élevés à la dignité d'instituteurs du peuple, doivent se pénétrer de l'importance de leurs fonctions. » On sait à quel degré d'abaissement était tombé l'enseignement, après la fermeture des établissements universitaires et autres. Duruissel, encouragé par l'administration municipale, fit imprimer et placarder son programme, dont voici le préambule :

SPECTACLE DE REIMS

« Les citoyens Pie Duruissel père et fils, entrepreneurs du spectacle de Reims pour les trois années prochaines, ouvrent la carrière des arts à l'émulation des jeunes gens. Ils se proposent d'établir à leurs frais une école gratuite. L'intention des entrepreneurs est de rendre leur art autant honoré qu'il est honorable par son but moral. La philosophie a sapé la base du préjugé. La scène dramatique n'est plus salie par ces expressions ordurières, par ces peintures lascives qui lui attirèrent le juste mépris de tous les gens honnêtes. »

Apologie singulière et inattendue des mœurs du Directoire !

Suivent treize articles, contenant les conditions que les entrepreneurs s'imposent et celles qu'ils exigent de leurs élèves. Nous n'en citerons que les deux principales :

Article 1er. — Du 1er au 15 nivôse prochain s'ouvriront pour les élèves quatre cours gratuits, savoir : *un de langue française, un de musique vocale et de goût, de chant, un de danse, un de déclamation.*

Les honoraires des maîtres dans chaque faculté seront aux frais de l'entreprise.

Art. 5. — Chaque élève s'obligera à employer ses talents dramatiques, naturels ou acquis sur le théâtre de Reims,

toutes les fois qu'il en sera requis par les directeurs, pendant
le cours d'une année, qui commencera le 1ᵉʳ floréal an VI et
finira le 30 germinal an VII, terme auquel les quatre cours
seront fermés et les élèves licenciés, etc., etc.

   Signé : Pie Duruissel père et Duruissel fils

Suit l'approbation municipale.

Dans sa lettre au citoyen Paquot, commissaire du
Directoire exécutif près l'administration municipale, Duruissel annonce le tableau général de sa troupe. « Je vous
« désignerai aujourd'hui provisoirement (et en dehors
des artistes qui figurent en mon tableau) les noms de
« quelques-uns qui me sont arrivés, afin que vous en
« puissiez faire l'examen voulu par la loi. Ce sont les
« citoyens Gumet, Jouard, Pavier, Gontier Labussière
« et Ferville, ce dernier n'a pas seize ans, et le citoyen
« Arquier. »

Parmi ces nouveaux venus, il faut relever les noms
de Gontier et de Ferville qui, l'un et l'autre, ont fait
longtemps à Paris les beaux jours du Gymnase. Il est
toutefois vraisemblable que ces artistes, signalés au
commissaire Paquot, ne firent qu'apparaitre sur la
scène Redon, car nous ne retrouvons pas leurs noms
dans le tableau de la nouvelle troupe que Duruissel
fournissait l'année suivante à l'administration municipale. — Quoi qu'il en soit, dans son zèle pour le succès
de sa gestion, Duruissel voulant se conformer aux
prescriptions de la *Société populaire* et de ses habitués,
se mit en devoir de réformer l'ancien répertoire du
Théâtre-Français. Il faut lire sa lettre à la municipalité, par laquelle il annonce son projet de remettre
au théâtre la tragédie de *Sémiramis*, de Voltaire, après
y avoir introduit ou modifié environ deux cents vers,
pour la purger des qualifications féodales, monar-

chiques ou nobiliaires qui froissaient et indignaient le
génie républicain. On sait qu'à cette époque, et pour les
mêmes motifs, à Paris, on avait retiré de la scène la plus
grande partie des chefs-d'œuvre de nos maîtres. *Horace,
Andromaque, Phèdre, Britannicus, Bajazet, Tartufe,
le Cid, Mahomet, le Misanthrope*, et beaucoup d'autres,
sur les injonctions du conseil général de la commune,
avaient cessé de faire partie du répertoire. Duruissel
jugeait qu'on pouvait y conserver *Sémiramis :* mais
à quelles conditions ?

> *Spectacle de Reims. — Entreprise Duruissel.*
>
> « Reims, 22 floréal an VI.
>
> « Aux administrateurs de la municipalité.
>
> « Citoyens,
>
> « Parmi les ouvrages de nos auteurs les plus célè-
> bres, il en est quelques-uns qui, renfermant des traits
> propres à favoriser l'esprit royaliste, ont été justement
> proscrits par l'autorité et sont perdus pour le théâ-
> tre ; mais, si je ne me trompe, ce serait entrer dans les
> vues du gouvernement que de les rendre à la scène,
> purifiées de ces louanges adulatrices prodiguées au
> trône, de ces maximes corruptrices qui fomentent l'amour
> aveugle et servile des peuples pour le monarque, de ces
> flagorneries enfin que nos poètes philosophes ont fait
> servir de passeport aux grandes vérités semées dans
> leurs écrits, à ces flots de lumière qui ont éclairé l'es-
> prit humain et l'ont dégagé des ténèbres des préjugés.
> « La *Sémiramis* de Voltaire a particulièrement frappé
> mon attention. Une épouse parricide, une mère inces-
> tueuse punie fatalement de son forfait par les mains
> de son propre fils, m'a paru laisser dans l'esprit des
> spectateurs la terreur du crime. Ces mots, qui termi-
> nent la pièce
>
> . . . . Apprenez tous du moins
> Que les crimes secrets ont les dieux pour témoins !

sont une moralité résultante de l'ensemble de l'ouvrage
et peut-être une des plus frappantes qui sont au théâtre.
Comme littérateur et comme artiste, je regrettais depuis longtemps de voir ce drame si beau, si magique,
plongé dans l'oubli. J'ai peu consulté la faiblesse de
mes talents, je n'ai écouté que mon zèle. J'ai osé corriger... Que dis-je, corriger Voltaire? Oh non ! J'ai fait
disparaître de son ouvrage ce que l'auteur de *Brutus*
n'aurait jamais pensé à y insérer, s'il l'eût composé une
trentaine d'années plus tard. Les changements que j'ai
faits comprennent près de deux cents vers : je ne me
suis attaché qu'au sens et à la correction de ceux que
j'ai substitués. Je ne me flatterai pas d'avoir atteint ce
coloris inimitable du grand maître ; mais en conservant les effets, j'ai cru devoir porter le scrupule jusqu'à
faire disparaître les mots de *roi*, de *prince*, de *sceptre*,
de *couronne*, de *diadème* dont la fréquente répétition,
rappelant des idées pénibles, choque les oreilles répu-
blicaines. Je soumets aujourd'hui cette pièce à votre
examen ; si vous pensez qu'elle soit encore digne du
théâtre et d'être offerte à des hommes libres, je la met-
trai sur le champ au répertoire ; s'il ne s'agissait que d'y
faire quelques nouvelles corrections, je vous prierais de
me les indiquer ; si elle vous paraît devoir être totalement proscrite, je me conformerai sans regret à votre
décision et trouverai ma jouissance à vous donner une
preuve de ma soumission à votre autorité.

     « Salut et fraternité,

                    « Pie DURUISSEL père. »

     Il est vraisemblable que le travail d'épuration du ré-
gisseur Duruissel fut approuvé car, à partir de ce jour,
nous voyons la *Sémiramis* reparaître au répertoire rémois.

     Les dernières années de madame Redon, comme loca-
taire et directrice du théâtre de Reims, furent signalées
par une assez mauvaise administration et par de grands
désordres. Nous voyons d'abord notre veuve après la
retraite de Pie Duruissel, se lier étroitement avec son

directeur d'orchestre, un nommé Saunier dont, suivant l'expression de M. le commissaire de police, « l'honnêteté (la politesse) égalait la propreté, » et qui, usant du crédit dont il jouissait près de Madame la directrice, malmenait fort le personnel du théâtre. Après le départ de Duruissel, la veuve Redon avait pris des arrangements pour la régie avec un sieur Delettre, précédemment entrepreneur des spectacles de Nîmes et villes circonvoisines où, pendant la tourmente révolutionnaire de ces contrées, il avait perdu sa fortune et sa position. Revenu à Reims, son pays, Madame Redon s'était empressée de lui offrir la place de Duruissel, avec de nombreux avantages. Mais il était à peine en fonctions que, fort mal accueilli par M. Saunier, Madame Redon chercha à le dégoûter et à se débarrasser de lui.

« Toute la ville, écrit Delettre à la mairie, connaît ses cabales, celles de son ami Saunier; l'un et l'autre empêchent de venir au spectacle : elle, en vomissant des horreurs contre toute sa troupe; Saunier, en organisant contre moi une conspiration avec ses musiciens. Elle est la cause que Madame Thenard n'a rien produit : elle la disait quatrième doublure à Paris, et ajoutait qu'on lui avait jeté des pommes à la figure. »

Nous venons de citer un mot du commissaire de police relatif au sieur Saunier. Il faut lire sa lettre entière à l'administration municipale, et le récit qu'il fait de ce qu'il a vu et entendu des faits et gestes de Madame Redon et de M. Saunier : la pièce est curieuse (V. l'Appendice).

Point de doute que la mauvaise gestion, la grossièreté du citoyen Saunier, l'insubordination des acteurs n'aient porté, à la longue, un grave préjudice à la fortune du théâtre. Peu à peu le vide se faisait dans la salle, et le public cherchait ses distractions ailleurs.

Une société de jeunes amateurs se forma, sous la direction de l'un d'eux, le citoyen Debrenne, qu'un véritable talent scénique distinguait. Voici la lettre par laquelle nos artistes demandent à s'établir rue de Thillois.

Aux citoyens administrateurs de la commune de Reims.

« Les soussignés vous exposent qu'ils désirent former une société composée de jeunes gens de cette commune, à l'effet de jouer la comédie dans la ci-devant maison d'éducation des filles, située dans la section de la *Fraternité*, rue de Thillois, et demandent s'il est possible d'avoir votre autorisation pour commencer le 26 brumaire an VIII (17 novembre 1799). La société *observe* qu'elle joue sans intérêt.

« *Ainsi signé :* Debrenne, H. Gille, Michel fils, Leloup, Dorigny, Barbier. »

Sur le refus formel de l'administration, nos jeunes amateurs se rendirent locataires de la salle Draveny. Le succès ne tarda point à couronner leurs essais : le public s'y porta en foule et, en raison de l'étroitesse de la salle, on s'y disputait les places. Il y avait à ce propos de fréquentes luttes à la porte et dans les couloirs. L'administration municipale qui voyait avec regret l'abandon du théâtre principal qu'elle subventionnait, et la prospérité de la salle de la rue Large, songea à modifier cet état de chose. Elle écrivit au citoyen Serrurier, architecte de la ville.

« *Reims, le 21 frimaire an IX.*

« Citoyen, l'affluence considérable de citoyens qui se portent à la salle de spectacle du citoyen Draveny les jours où une société d'amateurs y jouent la comédie, attire dans ce moment l'attention de la police. Un premier abus qu'il faut prévenir, c'est qu'il est distribué un plus grand nombre de billets que la salle ne peut contenir de spectateurs. Vous aurez à faire la visite de cette salle, à calculer le nombre des places disponibles. Vous indiquerez l'endroit d'une pompe à y établir ; enfin, vous choisirez le lieu le plus apparent de la salle, où pourront se placer le commissaire de police et l'officier de garde de service. »

Et le jour même l'architecte fait son rapport : il constate que la salle Draveny a vingt et un pieds de long sur dix-neuf de large et que, tant au parterre qu'aux premières et secondes loges, elle peut recevoir cinq cent vingt-six personnes seulement. L'architecte ajoute que « la place du commissaire de police est naturellement en la loge du théâtre, à droite des premières et cette loge a communication facile avec la scène et avec toutes les parties de la salle, et d'où l'on domine du regard toute la salle. »

Dès le lendemain, la Mairie écrit au citoyen Debrenne et à ses co-associés. Elle leur signale les inconvénients, les dangers même que fait courir cette énorme affluence qui envahit le théâtre du citoyen Draveny toutes les fois que jouent le citoyen Debrenne et ses sociétaires ; « que, raisonnablement, le nombre des spectateurs ne peut excéder le chiffre de trois cent cinquante, savoir : cent cinquante au parterre et deux cents aux loges, premières et secondes; attendu qu'il y a lieu de supprimer la troisième banquette de chaque loge, dont les occupants ne peuvent rien voir sans gêner les spectateurs du deuxième rang et sans occasionner du tumulte et souvent de fâcheuses rixes. »

De cette époque et des représentations de la salle

Draveny, il ne reste qu'un simple souvenir et ce que nous en apprennent les rares documents dont nous donnons l'analyse. Les pièces qu'on y jouait étaient-elles de l'ancien répertoire classique ou des scènes empruntées au répertoire nouveau? Nous ne savons. Ce qui paraît certain, c'est que l'élément réactionnaire y dominait et occasionnait chaque soir de sérieux conflits. L'administration, à ce sujet gourmandée par le conseil général du département, prit le parti d'en finir avec nos jeunes thermidoriens. Voici la pièce que nous trouvons *sur le cahier servant à inscrire les lettres de la mairie.*

« *28 frimaire an IX.*

« Au citoyen *Dravigny* (*sic*), charron, rue Large.
« Nous vous prévenons que nous avons notifié au citoyen Debrenne et à ses sociétaires de ne point se réunir jusqu'à nouvel ordre, soit dans votre salle, soit dans toute autre, pour y jouer la comédie, et notre arrêté a été motivé d'après les scènes qui se sont passées le... de ce mois. Vous voudrez bien ne louer dorénavant votre salle que vous ne nous ayez prévenus. »

Voilà donc la salle Draveny réduite à son tour à une impuissance momentanée.

Mais il y avait, dans le voisinage de la salle Draveny, les salles et le jardin de l'Arquebuse qui étaient d'un bien autre souci à Messieurs de l'administration.

Nous trouvons, sur ces mêmes *cahiers* servant à la transcription des lettres officielles, cette mention :

Au citoyen Drouet-Lefebre, commissaire de police.

« Au sujet des troubles nocturnes dans la maison dite de l'Arquebuse, où se rassemblent un grand nombre de jeunes gens pour y danser. »

Mention qui nous fait supposer que MM. les artistes expulsés, et une partie de leur public, n'ont point voulu perdre l'occasion de prendre leur revanche en se livrant, dans les salles de l'Arquebuse, à toutes les folies carnavalesques qu'en cette saison, et sous l'épicurien régime du Directoire, on croyait parfaitement de droit commun.

Sur le point de clore ce chapitre, déjà bien long, il nous resterait à dire quelques mots des pièces qui, durant la période révolutionnaire, composaient le répertoire de nos régisseurs. On croirait volontiers y voir figurer quelques-uns des drames politiques et de circonstance qui faisaient courir Paris, tels que *les Victimes cloîtrées, A bas la calotte ou les déprêtrisés, les Visitandines, les Dragons et les Bénédictines;* ou, dans un autre esprit, *l'Intérieur des Comités révolutionnaires, Madame Angot, les Arlequin, les Cadet Roussel, les Nicodème,* types en vogue de l'époque! Qu'est ce qui interdisait au régisseur rémois la mise à la scène de ces nouveautés? l'élévation des droits d'auteurs ou des théâtres qui en avaient le privilège, — ou bien encore excès de prudence de l'administration, qui opposait son veto? Nous ne saurions dire. Mais voici un de ces tableaux mensuels, que le régisseur était tenu de soumettre à l'autorité municipale. On verra qu'il diffère peu de ce qu'il eût été en temps de calme et de paix.

Spectacle de Reims durant le mois de thermidor.

Jeudi 16. — *Charles et Caroline.*
Heureusement, comédie en un acte et en vers, par Rocher de Chabanes.

Dimanche 19. — *Gabriel de Vergy,* tragédie en trois actes, de Debelloy.

Dimanche 19. — *Le Cocher supposé,* comédie en un acte, en prose, avec un divertissement, par Hauteroche.

Mardi 21. — *Le Philinte* de Molière, comédie en cinq actes et en vers, de Fabre d'Eglantine.

» » — *L'Esprit de contradiction,* comédie en un acte et en prose, de Dufrény.

Jeudi 23. — *La Feinte par amour,* comédie en un acte et en vers, de Dorat.

» » — *Les Trois Cousines,* comédie en trois actes et en prose, avec trois divertissements, par Dancourt.

Dimanche 26. — *Iphigénie,* tragédie de Racine, en cinq actes et en vers.

» » — *Le Mari retrouvé,* comédie en un acte, avec un divertissement, par Dancourt, et le ballet des Meuniers.

Mardi 24. — *Paméla,* comédie en trois actes et en vers, de François de Neufchâteau.

» » — *Les Fausses consultations,* comédie en prose.

Jeudi 30. — *Les Capucins.* — *La Gardienne,* comédie en un acte et en vers, par Chamfort.

Il est certain qu'épuré des énormités démagogiques le régisseur, à part l'ancien répertoire, n'avait plus, en fait de nouveautés, que des pièces d'une vulgarité, d'une ineptie écœurante, tombées par cela même dans le domaine public, et relevées seulement par les chants de *la Marseillaise,* du *Ça ira* et de la gracieuse *Carmagnole.* — Le sol rémois, à cet égard, était improductif et sans initiative. Mais n'en est-il pas encore ainsi de notre temps ? Prend-il à un homme de lettres la fantaisie d'écrire pour le théâtre de sa ville, il est à l'avance à peu près sûr d'être éconduit, soit par le régisseur qui prise peu la littérature du crû, soit par l'autorité locale qui se fait juge du mérite de l'œuvre et qui, pour un motif ou pour un autre, condamne la pièce *ad aperturam libri.*

En l'an IX de la République, un habitant qui n'a pas livré son nom, animé des meilleures intentions, compose une pièce dans laquelle, après avoir stigmatisé les horreurs qui ont ensanglanté la ville, il fait appel aux hommes de tous les partis et leur prêche l'apaisement et la réconciliation. Cette pièce, quel qu'en fût le genre de mérite, valait bien la peine de nous être conservée. La municipalité en juge autrement. Voici son arrêté :

« *Reims, 14 germinal an IX.*

« L'adjoint au maire de la ville de Reims, sur le renvoi à lui fait par le maire de la pièce intitulée : *la Paix,* qu'un auteur anonyme lui a fait remettre, estime que la représentation ne doit pas en être permise : il pense que le tableau que l'auteur retrace des horreurs de la révolution, et dont il place la scène dans nos murs, ne doit pas être reproduit.

« *Signé :* CAMU, *adjoint.*

Résolution prudente, sans doute, mais à coup sûr peu libérale !

CHAPITRE XI

Le Théâtre sous l'Empire.

Après les scènes sanglantes de la Révolution et la longue crise sociale qui s'ensuivit, le pays éprouvait le besoin de voir succéder au bouleversement général des idées et des choses un régime permettant d'envisager l'avenir avec quelque sécurité. On se prit même d'un si grand désir de tranquillité, qu'on ne craignit point d'invoquer un régime de force et d'autorité, la liberté dût-elle en souffrir. On fut servi à souhait : à l'extrême licence des dernières années du Directoire, on vit, sous le Consulat d'abord, et sous l'Empire ensuite, succéder une ère de compression et de servitude qui, à la vérité, pour ne parler que du théâtre, atteignit bien plus Paris que la province, généralement étrangère à toute initiative.

On n'était pas encore loin de ce 18 Brumaire, sous lequel s'était effondré le Directoire, et déjà le Consulat opérait un commencement de réorganisation sociale, lorsqu'on apprit que Bonaparte et Joséphine, cherchant à se populariser, parcouraient les départements de l'Est, et que de Mézières ils viendraient visiter nos contrées. *La ville de Reims, de tout temps distinguée par*

son attachement pour les chefs de l'Etat, conçut l'idée
de les posséder dans ses murs. Un affolement subit
prend notre population qui, pleine d'espoir, crie et ré-
pète : *Nous l'aurons, nous l'aurons !* (1) Nous ne dirons rien
des préparatifs de réception, qui ressemblent toujours à
ce que l'on connaît : des arcs de triomphe, des portiques multipliés, ornés de guirlandes et de festons, chargés d'emblèmes et d'inscriptions. Distinguons celle-ci
qui décore la porte du palais destiné au héros. Une
nymphe de la Vesle adresse à ses naïades les vers suivants :

> Naïades qui bordez mes rives gracieuses,
> Aux nymphes de la Seine osez vous égaler :
>   Mes eaux sont aussi glorieuses,
>   Bonaparte les voit couler !!

M. Tarbé, dans son *Reims*, résume en ces termes
l'événement : « La ville, pour recevoir les augustes voya-
geurs, avait prodigué les arcs de triomphe, les emblèmes
et les lampions. Les illustres époux s'essayaient à jouer
avec le sceptre... Ils visitèrent la fabrique de M. Dérodé,
établie dans l'ancien hospice Saint-Antoine, celle de
M. Jobert-Lucas, rue Large. » C'est là, dit le récit imprimé des cérémonies, que M. Jobert fit hommage à
Madame Bonaparte d'un châle, production de sa manu-
facture. « Il fut accueilli avec bonté; et sur le champ, avec
ces grâces qui ne sont pas le moindre des charmes qui
attachent à sa digne moitié le héros de la France, Ma-

---

(1) Cérémonies observées à Reims au passage de Bonaparte, premier Consul de
la République française, et description des fêtes qui lui ont été données par les
habitans et le commerce de cette ville, le 22 thermidor an XI de la République
(10 août 1803). — *A Reims, chez Lebatard, imprimeur-libraire, rue Nationale 4*, in-4° de 35 p.

dame Bonaparte en couvrit ses épaules, et laissa sur la table celui dont il prenait la place » (p. 14). Les glorieux époux se rendirent ensuite à l'ancien palais des archevêques. Là ils trouvèrent, dans la salle du sacre, tous les produits de l'industrie rémoise réunis. Le soir, il y eut bal pour la nouvelle aristocratie, danses publiques pour le peuple. Un feu d'artifice termina cette fête consulaire et presque impériale. — Nous avons retrouvé dans les combles de l'Hôtel-de-Ville la formule des billets d'invitation. Cette formule est assez rare aujourd'hui pour devenir une curiosité. La voici :

M.

Vous êtes invité au Bal paré que le Commerce de cette Ville donnera au PREMIER CONSUL et à Madame BONAPARTE, dans la Salle de la Bourse, le lendemain de leur arrivée.

Ce billet ne peut servir que pour vous.

La Salle s'ouvrira à dix heures du soir.

Pour le Commerce,
PONSARDIN.

Madame Bonaparte arriva à onze heures, accompagnée de ses dames d'honneur, suivies des Généraux, du Préfet du palais et des autres personnes de la cour... Dès qu'elle fut assise, le bal s'ouvrit au son d'un harmonieux orchestre. Les banquettes étaient occupées d'un bout à l'autre par tout ce que la ville

14

a de plus aimable, dans la plus élégante parure. Madame Bonaparte en marqua sa satisfaction dans les termes les plus obligeants. De tous les discours et compliments qui lui furent adressés, qu'on nous permette de citer celui du Président du Tribunal criminel. C'est un spécimen de galanterie chevaleresque, telle qu'on la comprenait aux beaux jours du Directoire :

« Puissent, Madame, votre tendresse conjugale, votre délicate sensibilité, votre bienfaisance éclairée servir d'exemple à toutes les Françaises, et ramener parmi nous cette antique loyauté, cette urbanité exquise, ces mœurs épurées et aimables qui signalèrent autrefois ces preux chevaliers à qui votre sexe inspiroit tant de valeur dans les combats et tant d'aménité auprès des dames en temps de paix. Cette réforme, Madame, sera votre ouvrage. Nos neveux regretteront de n'avoir pu, comme nous, contempler l'auteur d'un si heureux changement. Mais ils apprendront, sans en être étonnés, que vous conservâtes toujours dans toute leur fraicheur les myrthes de l'amour, les roses du plaisir, les lauriers de la gloire qui forment aujourd'hui votre couronne, et que vous avez su les unir à l'olive de Minerve et à la palme de l'immortalité, qui ombrage la tête du héros dont vous partagez les destinées. »

Nous avons dit que, dès les premiers jours du Consulat, en attendant l'établissement régulier de la censure, le ministre de l'Intérieur eut seul qualité d'autoriser les pièces qui pouvaient être jouées à Paris; quant à la province, les préfets, après les avoir examinées, devaient les envoyer au ministre, avec un rapport et une appréciation.

Un des hommes qui avaient le plus contribué à la révolution consulaire devait naturellement trouver sa place dans le nouveau gouvernement : cet homme était Fouché, de Nantes. Il est curieux de voir l'auteur de tant de massacres à Nantes, à Nevers, à Moulins, et surtout à Lyon, se transformant soudain en philanthrope ému, prêcher la concorde et la réconciliation. Le loup se fait berger.

Que tous les Français, écrit-il à ses agents dramatiques, se rallient au nouveau gouvernement : Que les théâtres en secondent l'influence : Que les maximes de modération et de sagesse, que le langage des passions grandes et généreuses soient seul consacré sur la scène ! Que rien de ce qui peut diviser les esprits, alimenter les haines, prolonger les souvenirs douloureux n'y soit toléré. Il est temps enfin qu'il n'y ait plus que des Français dans la République française.

Quel brave et vertueux homme que ce bon monsieur Fouché (de Nantes) !

Au mois d'avril de l'année suivante, Lucien Bonaparte, ministre de l'Intérieur, reçoit des Consuls la communication suivante :

« Vous ferez connaître aux entrepreneurs des différents théâtres qu'aucun ouvrage dramatique ne doit être mis ou remis au théâtre qu'en vertu d'une permission donnée par vous. La division de l'instruction publique de votre département doit être personnellement responsable de tout ce qui, dans les pièces représentées, serait contraire aux bonnes mœurs et aux principes du pacte social ! »

Rœderer, un autre philanthrope du temps, chargé en 1803 de la direction de l'Instruction publique, adresse sa circulaire aux entrepreneurs de spectacles : il les informe qu'ils auront à l'avenir à soumettre au Ministère de l'Intérieur leur répertoire trimestriel, le gouvernement se réservant le droit d'approuver ou d'interdire la représentation des pièces énoncées.

En 1804, le monarchique Fouché reprend le ministère de la Police générale, c'est à lui que revient celle des théâtres, c'est-à-dire le soin de comprimer, non pas toute licence, mais toute liberté, même la plus simple. L'organisme est, du reste, fort bien équilibré. Rien de changé en apparence dans l'administration municipale. La ville garde, comme autrefois, son maire, ses adjoints, ses conseillers; mais l'institution n'a plus de ressort, ou du moins n'a plus que le ressort imposé par le Sous-Préfet, sorte de délégué du Préfet qui, lui-même, n'agit que sous la pression du Ministre si bien connu. Nous verrons bientôt le genre de liberté que ce régime laisse au théâtre.

Une dame Lorensani, née Forioso, écrit à M. le Préfet pour obtenir le privilège de Reims. Le Préfet renvoie la lettre de la dame Forioso au Maire qui déclare le privilège donné et la salle louée. M. le Préfet, qui aime les arts, invite ladite dame à venir à Châlons, où elle sera sans doute fort bien accueillie : — légère infraction aux droits de l'entrepreneur breveté, qui seul a la disposition de la salle châlonnaise.

Du 27 nov. 1806. — Par décision de M. le Préfet de la Marne, transmise à M. le Maire de Reims par M. le Sous-Préfet, celui-ci estime que le privilège exclusif demandé pour le théâtre principal de la ville de Reims lui soit accordé et que Reims soit assimilé au chef-lieu du département.

. *Signé :* LE ROY.

Un autre arrêté du Préfet est ainsi conçu :

Le Préfet du département, vu la demande du Maire, vu l'avis du Sous-Préfet, arrête :

Le théâtre principal de la ville de Reims jouira seul du droit de donner des bals masqués dans cette ville.

Fait à Châlons, le 29 décembre 1806.

Signé : BOURGEOIS (de Jessaint).

Cette décision, réclamée par la mairie elle-même, docile instrument de l'autorité ministérielle, avait pour but d'enlever toute liberté d'action à l'initiative particulière. Les motifs restrictifs de M. le Maire entrent trop bien dans le plan gouvernemental pour n'être pas favorablement accueillis. « Aux termes de l'art. 9 du décret impérial, » écrit M. Tronson-Lecomte à M. le Préfet, « dans chaque chef-lieu de département, le théâtre principal doit jouir seul du droit de donner des bals masqués. Reims, il est vrai, n'est pas chef-lieu ; mais on ne peut douter que par sa population Reims ne soit la ville la plus importante du département. Elle a l'honneur d'être désignée pour l'une des trente-six principales villes de l'Empire. Le théâtre principal de Reims appartient aux hospices. Le produit des représentations ne peut que s'augmenter de celui des bals masqués. D'ailleurs, ces sortes de réunions exigent de la part de la police une surveillance particulière, qu'il serait extrêmement difficile d'exercer si ces réunions avaient lieu en des locaux différents éloignés les uns des autres. Réunis au contraire au théâtre principal, la police y exerce sans peine et peut pourvoir aux rixes comme aux accidents. »

Immédiatement M. le Sous-Préfet transmet à la mairie la bonne nouvelle suivante :

M. le Maire, je vous adresse un arrêté de M. le Préfet de la Marne, portant que, sur votre demande et mon avis, le théâtre principal de la ville de Reims jouira seul du droit de donner des bals masqués.

A quelque temps de là, M. le Maire prend sur lui de faire acte d'autorité Il écrit (le 25 mars 1807) à la dame veuve Draveny que, d'après différents rapports, il paraîtrait qu'elle a loué sa salle de danse, rue Large, à un directeur de spectacle, pour y établir un théâtre d'opéra-comique. Il lui est signifié qu'aux termes du

décret impérial du 8 juin 1806, art. 7, il ne pouvait
exister à Reims qu'un seul théâtre ; qu'en exécution
dudit décret, le Maire ne peut donner son autorisation
pour un second théâtre, et que Madame Draveny ait à
prévenir le directeur qui se présenterait, afin de lui
éviter des frais inutiles.

Le XIV° arrondissement théâtral comprenait les trois
départements de Marne, Haute-Marne et Seine-et-Marne,
ce qui permettait au Ministre de créer autant de privi-
léges qu'il octroyait, sans affectation particulière. De là,
parfois de sérieux conflits entre les co-titulaires. Le sieur
Sornier-Duplan écrit de Tours, le 5 février 1808, qu'il
est nanti d'une moitié de privilège du XIV° arrondissement, qui comprend les villes de Reims et de Châlons,
où il entendait exercer ses droits, ce que lui conteste
son co-privilégié qui déjà se prétend en possession.
Sornier-Duplan a fait toutes ses dispositions pour Reims,
et il prévient M. le Maire qu'ayant rempli tous les engagements prescrits, si justice ne lui est pas faite, les
tribunaux et les bureaux du ministre de l'intérieur retentiront de ses plaintes. Et il ajoute en post-scriptum :
« C'est M. Amaury-Duval, chargé de faire le rapport
au Ministre, qui lui a fait remettre un brevet conforme
à celui de M. Defoye. »

Nous ne voyons pas dans nos notes les termes de
l'arrangement qui décidèrent Sornier-Duplan à se démettre de ses prétentions ; il est probable qu'il obtint de
son concurrent un notable dédommagement. Quoi qu'il
en soit, nous trouvons aussitôt le triomphant Defoye
sur le point de faire débuter sa troupe qu'il avait, avec
beaucoup de zèle et de succès mise au grand complet,
quand un nouveau Fâcheux se mit en tête de lui inter-

dire la salle : c'était ce même Cardinal qu'on avait vu
régisseur sous la veuve Redon, mais dont la moralité
et les talents comme acteur laissaient tant à désirer.
« Il a des dettes et fait des billets à ordre, » dit de lui
un Rapport de police. Mais il n'en restait pas moins
sous-locataire de la grande salle jusqu'au 2 mai, et entendait en fermer l'entrée au sieur Defoye, tout privilégié qu'il fût. Ce fut encore au directeur breveté à
mettre les pouces et à indemniser le sieur Cardinal.

Vers ce temps, le Maire d'Amiens s'adresse au Maire
de Reims pour avoir quelques renseignements sur le
théâtre rémois. « Combien la salle est-elle louée? Y a-t-il
un café dans le même bâtiment? » etc. Voici la réponse,
contenant quelques notions bonnes à conserver :

> « La salle de spectacle de Reims appartient aux hospices :
> elle se loue au directeur de la comédie, non pas à un prix
> fixe pour l'année, mais moyennant une rétribution de vingt
> francs par représentation. — Il y a une maison attenante à la
> salle et qui en dépend. Dans cette maison sont logés le con-
> cierge de la salle et le directeur, qui a même une porte de
> communication avec le théâtre. Le loyer des appartements
> du directeur se trouve compris dans la rétribution des vingt
> francs par représentation. — L'administration s'est réservée
> dans l'hiver un jour par semaine pour donner dans la salle,
> des redoutes, ou bals parés, et des bals masqués, le tout au
> bénéfice des pauvres desdits hospices. — N. B. Il se donne
> sur le théâtre de Reims environ cent représentations qui pro-
> duisent à peu près 2,000 fr. »

La haute protection dont Sa Majesté honore l'art dramatique se manifeste à nouveau, à l'encontre des pauvres artistes non brevetés. M. le Sous-Préfet écrit à
M. le Maire, le 27 juillet 1808 :

Son Exc. le Ministre de l'Intérieur charge M. le Préfet de
la Marne de veiller avec soin à ce que dans aucune commune

il ne soit permis aux entrepreneurs de spectacles dits *de curiosité*, tels que danses de corde, voltiges, exercices d'équitation, etc., de représenter, sous quelque prétexte que ce soit, des comédies, vaudevilles, pantomimes, ballets d'action ou tout autre ouvrage qui appartienne à l'art dramatique. Veuillez prendre des mesures pour l'exécution de cet ordre qui a pour but de réprimer un abus contraire à l'esprit des décrets et réglements, et qui porte le plus grand préjudice aux entreprises théâtrales que Sa Majesté a eu pour but d'encourager.

Signé : LE ROY.

De son côté, M. le Maire transmet au sieur Defoye l'admonestation suivante :

Du 1er octobre 1808.

M. Defoye, d'après l'autorisation et le brevet que vous avez reçu du gouvernement, vous avez sans doute cherché à réunir des artistes dont les talents pussent plaire au public de Reims. Cependant de fréquentes plaintes se répètent contre quelques-uns d'entr'eux, surtout contre Mesdames Kinar et Montraisin, à qui on reproche de ne pas savoir habituellement leurs rôles.

Nous finirons nos emprunts aux archives de l'année 1808 par cette dernière pièce, émanée de la sous-préfecture, elle met en évidence la sujétion et la dépendance de la municipalité.

Le Sous-Préfet à M. le Maire de Reims, président de la commission des hospices.

L'administration des hospices vient de m'adresser une délibération relative à la nouvelle location de la salle des spectacles de Rheims, avec le cahier des charges. Avant de donner mon avis sur cet objet, je désire vous entendre, ainsi que quelques-uns des locataires actuels. Je vous invite en conséquence à vous rendre dans mon cabinet le 11 du présent mois, à 4 heures après midi. Je pense qu'il est convenable

que les membres de l'administration des hospices prennent
part à cette conférence, et vous engage à les en prévenir.

Signé : LE ROY.

Au surplus, nous n'avons pas besoin de le rappeler,
Paris et la province courbent la tête sans protester, sous
le joug de la police et de l'autorisation préfectorale. Les
municipalités, les théâtres, les tribunaux même ne sont
plus que des instruments aux mains du maître. C'est
le gouvernement, et il faut bien le reconnaître, le gouvernement qui rend le calme et la sécurité au pays.
Mais cette considération ne peut nous dispenser de
tracer les vicissitudes historiques de notre scène.

L'année suivante nous ménage d'autres témoignages
de l'appui que l'autorité prête au privilégié M. Defoye
qui, du reste, ne se fait pas faute d'y recourir et de
l'invoquer contre l'ombre de la moindre concurrence.
En adressant, au commencement de son année théâtrale
(avril 1809), le tableau de sa troupe, il écrit au maire,
qu'en vertu de la lettre de M. le Ministre, qu'il joint à
sa pétition, il le prie de prendre ses droits en considération et de ne pas souffrir que le spectacle de M. Bien-
venu et tous autres spectacles de curiosité ou danse de
corde, écuyers, etc., ouvre sa salle et joue à la même
heure que son théâtre privilégié, cette concurrence étant
nuisible à ses intérêts !

Nous avons vu toutes les interdictions signifiées aux
entrepreneurs des spectacles *dits de curiosité* ; maintenant M. Defoye, en vertu de son titre, leur défend les
représentations du soir qui peuvent nuire à celles du
grand théâtre !

Nous placerons ici le tableau de la troupe Defoye, au
commencement de cette année théâtrale. On y voit plus

d'un artiste dont le nom est resté dans le souvenir des vieux habitués. A ce titre, qu'on nous permette de remarquer déjà comme *utilité*, ce vertueux Arelle, qui figurait encore au même titre sous le directeur Nestor, c'est-à-dire vers 1840 : ce brave Arelle arrivé, après quarante années de service, aux fonctions de Machiniste et de Grandes utilités !

ACTEURS

Clermont..............	1er rôle, et Philippe.
Boucher fils.	jeune premier et 1re haute-contre.
Defoye................	directeur, à tous les emplois.
De la Varinière........	financier et 1re basse taille.
Kinar.................	1re et 2e basse taille.
Mollet................	trial et comique.
Clozet................	2e haute-contre.
S. Phar.............. .	Laruettes et Trials.
Ternaux...............	basse taille et chœurs.
Arelle................	utilités.
Rélans................	chef d'orchestre.
Roussel	soufleur.

ACTRICES

Adèle Gayot...........	1re chanteuse.
Roclands ....,........	dugazon et 1re.
Dhebront-Clermont.....	1res rôles et amoureuses.
Desprès..............	dugazon et soubrettes.
Mansay	duègnes et caractères.
De la Varinière........	idem et mères nobles.
Ternaux..............	amoureuses.
Sophie Defoye.........	idem.
Caroline Ternaux	figurante.
Devaux	buraliste.

Certifié véritable par moi NICOLAS DEFOYE.

A l'ombre que projetait l'éclatante salle de spectacle de M. Defoye, s'était élevée, rue Neuve, avec les cotisations et le concours de quelques jeunes gens de famille, une petite scène bourgeoise, où s'exerçaient timidement les étudiants et quelques amateurs du quartier. Ces pe-

tites représentations, données sans bruit, les jours de
fermeture du théâtre Defoye, et où n'était prélevé aucun droit d'entrée, n'étaient pas de nature à porter le
moindre préjudice à la maison Defoye. Celui-ci en jugea
autrement, et le 22 novembre 1809 parut, affiché au
fronton de la maison de la rue Neuve, l'arrêté suivant :

Arrêté du Sous-Préfet de Reims
qui ordonne la fermeture du théâtre dit *de Société*
de la rue Neuve.

1809, 22 novembre.

Le Sous-Préfet
du 1er arrondt comal du dépt de la Marne,

Vu la pétition du sieur Defoye, directeur du 14e arrondissement théâtral, afin de clôture du théâtre dit *de société* ouvert à Reims dans la rue Neuve.

Vu aussi les décrets impériaux des 8 juin 1806 et 29 juillet
1807 et le réglement de S. Exc. le ministre de l'Intérieur du
25 avril même année 1807.

Considérant qu'il ne doit y avoir dans la ville de Rheims
qu'un seul théâtre pour la représentation des pièces comprises
dans les répertoires autorisés ;

Que le sieur Defoye est directeur approuvé des troupes am-
bulantes qui peuvent représenter des pièces de théâtre dans
le 14e arrondissement dont fait partie la ville de Rheims ;

Qu'on ne peut représenter aucune pièce sur un autre théâtre
que celui du sieur Defoye, sous aucun prétexte ni y admettre
le public, même gratuitement, faire aucune affiche, distribuer
aucun billet imprimé ou à la main sans contravention aux
réglemens de police ;

Arrête :

Le théâtre dit *de société* ouvert à Reims, rue Neuve, est
fermé. Il est défendu à tout individu et à toute réunion d'y
représenter des pièces de théâtre et d'y admettre le public,
même gratuitement, sous les peines portées par les lois et
les réglemens de police.

Le Maire de Rheims est chargé de l'exécution du présent arrêté.

A Rheims, le 22 novembre 1809.

Signé : LE ROY.

Au mois de mars 1810, de grands préparatifs avaient lieu dans nos murs pour la réception d'une illustre princesse. L'Archiduchesse Marie-Louise d'Autriche, amenée en France par son oncle l'Archiduc Charles, allait traverser Reims, se rendant à Paris. On assurait qu'elle se reposerait à Reims, où l'attendait *l'attachement impérissable de nos magistrats pour les chefs de l'Etat* et l'allégresse publique. Déjà le poète municipal, saisi du plus prophétique enthousiasme, promettait à l'heureux époux une glorieuse lignée, que n'avait pu lui donner la pauvre et délaissée Joséphine.

> Du grand Napoléon suivant les nobles traces
> Louise, dans ces lieux, tint un instant sa cour
>   Et fait de ce simple séjour
> Le temple des vertus et le palais des grâces.

Puis un autre :

> Soudain quel séduisant spectacle
> Enchante tous les cœurs joyeux !
> A la terre un nouveau miracle
> A reproduit le sang des dieux.
> Des Césars la tige féconde
> S'élève, enrichissant le monde
> De ses glorieux rejetons :
> Le Destin remplit sa promesse,
> Il accorde à notre tendresse
> La race des Napoléons !

Mais, hélas ! l'Archiduchesse ne s'arrêta qu'un moment sur la place Royale, où les douze jeunes filles de ces sortes d'occasions eurent à peine le temps de débiter leur compliment. Il y avait des ovations préparées qui échouèrent, et un feu d'artifice qui fut remis au dimanche suivant.

La ville s'était, pour cette réception, endettée de quarante-sept mille trois cent trente et un francs quatre-vingt-sept centimes.

Dans ses beaux moments de franchise, l'Empereur avouait qu'il fallait que la réglementation théâtrale laissât quelque latitude aux citoyens... « Cependant, ajoutait-il aussitôt, trop de sollicitude pour eux ne serait pas un bienfait. Il n'y a rien de si tyrannique qu'un gouvernement qui prétend être paternel : un père a des entrailles faites exprès; on ne les imite point... » Ces idées, à demi-formulées et d'un libéralisme douteux, laissaient le champ libre aux interprétations ministérielles. On a vu, et nous allons encore voir, dans les mesures prises par les agents départementaux, une série d'interdictions tyranniques et de vexations inutiles.

Le maire de Reims, au mois d'avril 1812, avait pris sur lui d'autoriser la représentation d'une pièce, d'une parfaite insignifiance au point de vue politique. M. le Sous-Préfet se hâte de demander en vertu de quelle autorisation on a mis cette pièce au théâtre? « Faites-en immédiatement suspendre la représentation, » ajoute-t-il.

Ecoutez les courageuses justifications de M. le Maire : elles portent au registre la date du *10 avril 1812*.

Monsieur le Sous-Préfet, voici ce qui s'est passé au sujet de la pièce le *Docteur amoureux, ou chacun à son tour ;* M. Gerbaut, commissaire de police du premier arrondissement, m'a apporté à six heures du soir la pièce en question, et m'a prié d'en faire la lecture. Je l'ai lue rapidement : et

voyant que la pièce, à mon gré peu intéressante et assez
mauvaise, ne contenait rien contre le gouvernement, ni contre
les mœurs, je l'ai rendue, en disant qu'on en feroit ce que
l'on voudroit. J'avoue que j'ai eu tort de n'en pas défendre
la représentation avant qu'elle eût été soumise à l'approbation de Mgr le ministre de la police. Je ne retomberai plus
dans la même faute, et je vais intimer l'ordre au directeur de
cesser toute représentation avant d'avoir obtenu les permissions prescrites par le décret du 8 juin 1806.

Signé : Ponsardin.

Voici venir des bruits de guerre avec la Russie. C'est
le cas de surveiller le théâtre et de n'y rien tolérer qui
puisse laisser soupçonner un blâme, une inquiétude et,
dès que la campagne est résolue, le 30 juillet 1812, M. le
Sous-Préfet écrit laconiquement au Maire :

Ajournement de la représentation de *Pierre le Grand*, de
la *Chaumière moscovite*, d'*Une visite à Saint-Cyr*, et de tout
autre ouvrage qui contiendrait des passages favorables à la
Russie.

Signé : Le Roy.

On sait avec quelle puérile gloriole notre Empereur,
victorieux jusque-là, datait de Moscou (15 octobre 1812)
son décret de réorganisation du théâtre français. C'était
le temps où son ministre de l'Intérieur pourchassait à
nouveau les entrepreneurs de spectacles dits *de curiosité*. Attendu, est-il dit, que les spectacles, bals, concerts, et autres établissements de ce genre, élèvent une
concurrence nuisible aux intérêts du directeur breveté
dont il importe de diminuer les effets, arrête :

Le directeur breveté du xive arrondissement théâtral, dont
le département de la Marne fait partie, est autorisé à perce-
voir sur les concerts, bals, spectacles de curiosité et autres
établissemens publics de ce genre existans dans les villes où
ce directeur aura une troupe en activité, les droits déterminés

ci-après, savoir : le cinquième des recettes brutes des bals et concerts, et le dixième des recettes brutes des spectacles de curiosité et autres établissemens de ce genre. Il sera adressé des expéditions du présent arrêté à MM. les Sous-Préfet et directeur breveté du xive arrondissement.

Fait à l'hôtel de la Préfecture, le 1er septembre 1812.

Signé : B. DE JESSAINT.

Voici une des dernières rigueurs de la censure impériale dont notre théâtre ait eu à souffrir. C'est au sujet de l'*Intrigante* ou l'*Ecole des Familles*, comédie en cinq actes et en vers d'Etienne, l'auteur à la mode que, jusqu'à la représentation de ses *Deux Gendres*, la faveur publique avait constamment soutenu. Cette pièce, l'*Intrigante*, devait venger l'auteur de toutes les avanies qu'il avait eu à subir à propos de *Conaxa*, drame exhumé du théâtre des Jésuites, et qu'Etienne avait mis un peu trop largement à contribution. L'*Intrigante*, jouée avec succès à Paris, allait faire les délices des habitués rémois, quand M. le Sous-Préfet fait parvenir à M. le Maire la lettre qu'on va lire :

Reims, le 12 avril 1813.

Monsieur le Maire,

D'après les ordres de Son Excellence le Ministre de la Police générale, M. le Préfet me recommande par sa lettre en date du 9 de ce mois, d'empêcher que la comédie intitulée l'*Intrigante* et les parodies qu'on en a faites ne soient jouées dans mon arrondissement. Je vous invite à veiller à ce que les intentions de Son Excellence soient remplies en ce qui concerne la ville de Reims.

Je vous renouvelle, Monsieur, l'assurance de ma considération distinguée.

Le Sous-Préfet,

Signé : LE ROY.

Reçu la copie de la présente ce jeudi 15.

N. DEFOYE, *direct. du 14e.*

Que s'était-il passé? L'empereur, qui avait voulu voir l'*Intrigante* à Saint-Cloud, en fut très mécontent. Il interdit cette comédie et la fit même saisir chez les libraires. Pour quel motif? Laissons parler Etienne. « Il faut dire que ce n'est pas la censure, mais Napoléon lui-même qui défendit l'*Intrigante*. Quel est donc cet ouvrage si dangereux pour la société et les constitutions de l'Europe? Il n'en est guère de plus moral, de plus étranger à la politique. C'est cependant cette comédie que Jupiter lui-même, du haut de sa loge, a frappée de ses foudres! Où est le poison? où est l'attentat? » — Mais, ce que ne dit pas Etienne, ce sont les allusions que saisissait le public et qui irritèrent le monarque dans des vers tels que ceux-ci :

> Non, mais il a tout l'air d'un prince supprimé!..
> Eh quoi! pour soupirer vous faut-il un décret?..
> Je crois qu'il attend un décret pour penser!...
> Je suis sujet du prince et roi dans ma famille...

et quelques autres aussi peu osés qui décidèrent du sort de l'*Intrigante*. — « En résumé, dit Sainte-Beuve, pièce faible et froide qui se trouva bien de n'avoir que quelques représentations, et d'avoir subi (par la Restauration) une interruption politique qui la sauva de sa mort naturelle. »

On vient de voir que le glorieux empire ne fut pas précisément l'ère de la liberté dramatique : on sait ce que penser de l'autre!

CHAPITRE XII

La Restauration et l'époque contemporaine.

La liberté ! Tous les régimes à leur début l'ont promise, et se sont même illusionnés au point de la vouloir sérieusement. L'art. VIII de la Charte de 1814 proclamait bien que les Français ont le droit de publier et de faire imprimer leurs opinions; mais ne fallait-il pas prévoir les pamphlets, les libelles, les brochures incendiaires et toutes ces productions malsaines et de nature à fausser l'opinion, à exciter les mauvaises passions? — et le même article VIII ajoutait : « sauf à se conformer aux lois qui *doivent réprimer* les abus de cette liberté. » Et la loi du 21 octobre de la même année rétablit la censure avec ses inévitables inconvénients, le tout à peu près selon les traditions du régime impérial. Il faut dire que le gouvernement des Bourbons, désirant ménager tous les partis, ne sut prendre que des demi-mesures. Conservant en fonction la plupart des hommes du règne précédent, il ne pouvait que retomber dans les mêmes errements.

Dès 1814, comme après les Cent-Jours, nous retrouvons-nous, au point de vue de la police et de la censure dramatique, dans les mêmes conditions que sous l'Empire, — avec notre même préfet de la Marne, excellent homme d'ailleurs, et notre même sous-préfet

15

de Reims, conservant leurs mêmes attributions, c'est-
à dire leur suprématie sur l'administration municipale
et la haute main sur toutes les choses du théâtre.

Quoi qu'il en soit, et avant que l'esprit public ne tournât
à l'opposition, l'année même du rétablissement des Bourbons, le 22 septembre, la ville de Reims, *de tout temps
distinguée par son attachement pour les chefs de l'Etat*,
conçut l'espoir de posséder dans ses murs l'un des
princes de la famille royale. M. le duc de Berry fut, en
effet, reçu avec les plus vives acclamations de *Vivent
les Bourbons! Vive le duc de Berry!* Reçu et compli-
menté par M. le Maire, sous l'arc de triomphe de la
porte de Vesle, le Prince se rendit, au milieu de la foule
émue, chez M. le Maire, où les principaux personnages
de la cité furent conviés à dîner avec S. A. R. Un bal devait
terminer cette journée mémorable, bal offert par les
dames de Reims dans la grande salle du théâtre, où un
éclairage féerique et les plus éblouissantes toilettes
offrirent au prince un attrayant spectacle. C'est en
souvenir de cette glorieuse visite, qu'animés d'un zèle
vraiment patriotique, MM. les Sous-Préfet et Maire pro-
posèrent, dans une assemblée des Notables de la ville,
de rétablir la statue de Louis XV, à la destruction de
laquelle les mêmes magistrats avaient prêté leur concours. « Profitons, » a dit le Sous-Préfet, dans un dis-
cours aussi élégant qu'énergique, « profitons du bonheur qui luit sur nous et sur
donner à notre pays de beaux
le monument dédié par vos pères
tel qu'ils l'exécutèrent, et vous
leur mémoire ! »

Mais arrivons aux do

gouvernement. Dans celui-ci, daté du 1ᵉʳ octobre 1814, reparaît M. Defoye, cette fois comme Directeur du cinquième arrondissement théâtral, dont fait partie le théâtre de Reims.

« *Le Sous-Préfet de Reims à M. le Maire.*

« Monsieur le Maire,

« Son Excellence le ministre de l'Intérieur a informé M. le baron Préfet du département de la Marne, qu'elle avait accordé pour trois ans, à partir du 1ᵉʳ avril prochain, à M. Defoye, la direction du cinquième arrondissement de théâtre, aujourd'hui composé des villes des départements des Ardennes, de la Meuse et de la Marne. — A la lettre du ministre était joint un exemplaire de ses instructions générales sur les théâtres, dont quelques dispositions lui ont paru devoir être connues de vous.

« Les Préfets des départements dans lesquels il y a des théâtres permanents rendent compte tous les trois mois de la conduite des directeurs. — Aux mêmes époques, les Préfets exigent des directeurs et font passer au ministre l'état des recettes et dépenses des troupes permanentes. — Les Préfets, les Sous-Préfets et les Maires sont tenus de ne souffrir, sous aucun prétexte, que les acteurs des théâtres de Paris, ou des théâtres de toutes autres villes, qui ont obtenu un congé pour aller dans les départements, y prolongent leur séjour au-delà du temps fixé par le congé. En cas de contravention, les directeurs de spectacles se mettent dans le cas d'être condamnés à verser à la caisse des pauvres le montant de la recette des représentations qui ont eu lieu à l'expiration du congé.

« Les Préfets et les Maires doivent veiller à la stricte exécution des lois et instructions relatives aux droits des auteurs dramatiques. — Parmi ces dispositions, il en est dont l'exécution ne peut avoir lieu qu'avec votre concours. Je vous prie de vouloir bien vous conformer au contenu en la présente en ce qui vous concerne.

« J'ai l'honneur d'être, avec la plus parfaite considération, Monsieur, votre très humble et très obéissant serviteur.

« *Le Sous-Préfet :* LE ROY. »

Le chaleureux appel de M. le Sous-Préfet pour le rétablissement de la statue royale n'était pas resté sans
écho ; non seulement tous les fonctionnaires, tout ce
qui touchait à l'administration, mais la plupart des
chefs de maison du commerce et de l'industrie se hâtè-
rent d'apposer leur nom sur la liste de souscription.
Notre directeur du spectacle annonça une grande représentation au profit de l'œuvre ; et le monde, ajoute
notre historiographe, s'y porta en foule, et la recette
dépassa la somme de douze cents francs !

L'esprit public en France est soumis à d'étranges
variations.

> Nos affections passagères
> Tenant de nos humeurs légères
> Se font vieilles en un instant :
> Quelque nouveau désir comme un vent les emporte !

Les Bourbons, acclamés à leur début, eurent bientôt
à se heurter aux résistances de la presse libérale. Déjà
se jouait contre eux ce que plus tard ses acteurs appe-
lèrent la *Comédie de quinze ans*.

L'assassinat du duc de Berry, perpétré le 21 février
1820, jeta un certain trouble dans les esprits à Reims.
L'administration se fit un devoir d'interdire, durant quelques jours, les jeux et fêtes publiques. Le théâtre resta
fermé et les représentations furent ajournées. Mademoiselle Defoye, privée de sa recette durant ces quelques
jours, adressa ses doléances à ce sujet. Nous lisons dans
le *Compte des recettes et dépenses communales pour l'exercice de l'année 1820*, la mention suivante : « Indemnité à
Mademoiselle Defoye pour suspension du spectacle, à
cause de l'assassinat de S. A. R. Mgr le duc de Berry,
1,500 fr. »

L'année suivante eut lieu la célèbre Mission qui produisit une si profonde impression dans la cité rémoise. Nous n'avons pas à en rappeler les incidents. La passion fut égale chez les fidèles et les mécréants : les cantiques et les invectives inondèrent la rue et les devantures de boutiques. Le théâtre se ressentit des circonstances et se vit quelque peu délaissé. La direction était sortie de la maison des Defoye, pour passer aux mains de M. et Madame Bouzigues. Ceux-ci, voyant déserter leurs banquettes pour les stations à Notre-Dame, invoquèrent ce qu'ils appelaient la foi des traités, c'est-à-dire l'espérance qu'on leur avait donnée de faire vivre leur nombreux personnel. Ce sont encore les *registres* de la mairie qui nous édifient à ce sujet. « Le sieur Bouzigues, y est-il dit, directeur du spectacle, ayant adressé à l'administration municipale et à M. le Préfet des plaintes sur ce que la *Mission* avait grandement nui à ses intérêts, *attendu que personne n'allait plus au spectacle*, la mairie lui accorde, comme précédemment à Mademoiselle Defoye, *quinze cents francs* de dédommagement. »

Mais voici venir les fêtes et cérémonies du Sacre qui, à l'avance, appellent l'attention de l'administration sur l'état de la salle de spectacle où tant de réparations, d'améliorations et de décorations sont à opérer pour la rendre digne des nobles spectateurs que l'on est en droit d'espérer.

C'est ici, peut-être, le lieu d'ajouter quelques mots à ce que nous avons déjà dit de cette salle, fondée en 1777. Après le remboursement intégral des actionnaires-fondateurs, elle était devenue la propriété de la ville, à la charge par elle d'en maintenir le produit au profit des

hospices. La façade de l'édifice (ce qu'on peut encore
constater aujourd'hui), dans sa simplicité architecturale,
ne manquait ni d'harmonie ni d'une certaine distinction.
A l'intérieur, elle offrait simplement deux rangs de
loges, pouvant recevoir et contenir environ quinze cents
spectateurs. Sa coupe, suivant les traditions, était
oblongue et d'une forme régulière. Dans le principe, et
durant de longues années, le parterre n'avait ni chaises
ni banquettes, et (notre âge nous permet de le dire) nous
y avons vu, mêlés au peuple, d'estimables bourgeois,
d'honorables négociants perdus dans la foule qui,
moyennant soixante-quinze centimes, assistaient debout,
sans broncher, s'étayant les uns les autres, à des représentations de quatre à cinq heures de durée. Un
amphithéâtre exhubérant et s'avançant sur une partie
notable de la salle en masquait le fond et abritait les *di-
lettanti* honteux de l'époque. C'est seulement lors de la
suppression de ce lourd baldaquin que des banquettes
furent posées dans l'intérieur du parterre et permirent
enfin aux habitués de jouir commodément du spectacle; avantage qui leur était refusé avec un parterre
debout, turbulent et fréquemment tapageur.

L'approche du sacre fut une nouvelle occasion de
grands travaux intérieurs. Une avant-scène d'un goût
plus heureux fut pratiquée à la place des deux mauvais
balcons qui faisaient arrière-corps. Elle avait le double
avantage de parfaitement lier le théâtre (la scène) avec
les loges et de couper les plafonds, dont la forme trop
oblongue avait quelque chose de disgracieux. « Le fond
des loges, dit un écrit du temps, imite une draperie sur
un léger fond bleu !relevée avec des glands en or : le
devant des loges est à rosaces contournées, sur un fond

blanc légèrement azuré. Les baguettes en cuivre qui règnent dans tout le pourtour, parfaitement dorées, ajoutent à l'ensemble délicat et riche de cette forme circulaire. Dire que la salle a été restaurée par les soins de Cicéri, que les ornements du plafond sont dus en partie au pinceau de Redouté, c'est dire que rien n'a été négligé pour rendre agréable l'aspect de la salle. »

Contre l'ordinaire et toutes les prévisions, les solennités du Sacre attirèrent peu de monde : beaucoup de ruraux qui apportaient leur pain; mais point de riches étrangers pour alimenter le commerce et louer chèrement les appartements offerts. D'ailleurs, pas d'entrain dans la population et peu de *Vive le Roi !* On sentait déjà contre les Bourbons l'influence du *Constitutionnel* et de la *Minerve*, la lecture favorite des libéraux du temps. Le roi resta trois jours à Reims et partit peu acclamé, et sans doute peu édifié du dévouement de sa bonne ville du Sacre. Toutefois les poètes ne manquèrent point à leur mission. Il plut des myriades de vers, sans parler de ceux de MM. Hugo et Lamartine. Le théâtre eut sa part de cet enthousiasme factice. Nous lisons dans l'une des relations imprimées : « On joua à Reims deux pièces de circonstance qui avaient été faites à Paris : l'une, intitulée l'*Heureux jour, ou une halte de cavalerie, scènes militaires mêlées de couplets, par M. St-Hilaire, représentée pour la première fois, le 29 mai 1825, au cirque olympique de MM. Franconi, à Reims, à l'occasion du sacre de Charles X.*

« Au théâtre de la rue Talleyrand : *Louis XII, ou le sacre d'un bon roi, par M. Alissan de Chazet.* Dans cette dernière pièce, on a surtout remarqué et applaudi ce passage ; « Les autres rois ont des sujets, mais Charles X

a un peuple ! » Ajoutons toutefois que ni Sa Majesté,
ni aucun membre de la famille royale n'assistèrent au
spectacle. Le 29, tout avait été disposé pour les recevoir, mais l'espérance de l'auteur et du public fut déçue.

Le théâtre était alors sous la diroction de M. Solomé,
nommé peu de temps après régisseur à l'Opéra. Après
celui-ci vint la direction peu chanceuse du sieur Jos.-
Hippolyte Beaumaine, tombé en faillite par jugement du
29 décembre 1829. Puis ensuite celle du sieur Perin,
tombé lui-même en déconfiture et démissionnaire en
1831.

Il fallait de la hardiesse, sinon de la témérité, pour
prendre la succession de ces messieurs. Ce fut M. Nestor
de Bierne qui ne craignit point d'entreprendre la rude
et difficile tâche de relever la scène rémoise et d'y ramener le public découragé.

Nestor, avant d'être directeur, avait, comme beaucoup d'autres, commencé par être acteur de profession.
En véritable comédien, il cultivait l'art scénique par
choix, par entraînement et passion. Il y avait en lui de
la verve, du mordant et un certain comique de bon aloi
qui témoignait de la meilleure école. Nestor avait fait
de l'ancien répertoire une sérieuse étude. Il s'était rendu
familières les bonnes traditions du théâtre français, auquel il avait la noble et légitime prétention d'arriver.
Après les courses en province, par lesquelles tout acteur
doit commencer, Nestor se serait volontiers fixé à Paris,
où il espérait se faire une position. Les applaudissements
que, dans ses pérégrinations, il avait recueillis, la confiance toute légitime qu'il avait en lui-même, lui faisaient désirer un théâtre, un horizon moins circonscrit

que ne l'est une scène de province. Il visait au Théâtre-
Français ou, pour le moins, accès à l'un des théâtres
de Paris. Ce n'était pas la première fois que les grands
acteurs de Paris se recrutaient parmi les petits comédiens de province et, pour ne parler que de notre modeste scène, elle avait vu, de ses planches, s'élever assez
haut dans l'estime publique des Parisiens, les *Boulanger*, les *Gontier*, les *Ferville*, les *Duparay* et plusieurs
autres. Nestor était de taille à marcher sur leurs traces,
et même à les dépasser. Une fois il eut bon espoir : il fit
ses débuts au Gymnase et flaira l'héritage de Numa. Il
n'y avait pas outrecuidance; mais d'abord le théâtre
musqué, prétentieux du Gymnase n'était nullement
dans le sens des études de Nestor. Que devenait, avec
les petits vaudevilles édulcorés de M. Scribe et compagnie, la verve sarcastique de Scapin et de Mascarille,
de Sganarelle et de Crispin? L'emploi du bonhomme
Numa était surtout diamétralement opposé au genre de
Nestor ; aussi ne tint-il pas, et force lui fut-il de rega-
gner pédestrement la province. Il échut, ou, si vous
voulez, il échoua à Reims — et ce fut une bonne chance
pour notre théâtre qu'il parvint en peu de temps à remettre dans la bonne voie.

L'essai de Nestor de ramener le public à l'ancien répertoire paraissait devoir réussir : l'attention soutenue
qu'on lui prêta quelque temps faisait espérer que le
théâtre de Molière, de Regnard et des autres de l'ancienne école nous allait être rendu ; mais, vains efforts,
il lui fallut subir le joug de la mode et suivre le goût
du jour, être de son temps, en un mot. En fait de
drames, qui remplaçaient la tragédie classique, nous
eûmes la *Femme à deux maris*, l'*Homme à trois visages*,

Trente ans ou la vie d'un joueur, le *Chiffonnier*, le *Sonneur de Saint-Paul*, la *Tour de Nesle*, et tant d'autres merveilles, dont le principal mérite était dans le jeu des grands artistes qui mirent leur gloire à faire réussir de pauvres conceptions : puis vint simultanément la passion du vaudeville, genre tout aussi faux que le premier, malgré le vers classique :

Le Français né malin créa le vaudeville,

et l'on vit des hommes d'esprit faire la fortune de deux ou trois théâtres et la leur, et doter l'art dramatique d'une foule de chefs-d'œuvre qu'on ne joue plus et qu'on ne lit pas davantage. C'est à exploiter ces deux genres bâtards que Nestor, durant les premières années, dut réduire son intelligence et sa gestion. Il sut s'en tirer convenablement à l'aide d'artistes généralement bien doués.

Rappelons ici les noms et l'emploi de quelques-uns d'entre eux, ce que nous n'avons pu faire pour les époques antérieures. Nous choisirons ceux qui ont laissé quelques traces dans le souvenir des contemporains.

1. Dubiez, qui cumulait l'emploi de régisseur et tenait les rôles *Laruette* ou financiers. Il avait joué précédemment à l'Ambigu, avec un jeu franc, du comique et ce que l'on appelle, en argot de théâtre, de la rondeur.

2. M. et Madame Mathis, pour les premiers rôles, dans le drame et la comédie : artistes estimables et de bonne compagnie.

3. Dorsai, premier amoureux, auquel on reconnaissait de l'aisance et une certaine distinction : (rôles de Paul, du Gymnase.)

4. Poligny, acteur froid, mais honnête et correct,

qu on ménageait surtout en raison de son aimable compagne, Madame Poligny-Monneuse, filleule de Mademoiselle Mars; par sa grâce, son jeu expressif et décent, elle avait conquis les faveurs du public.

5. Ségui, l'homme à tout faire, propre à tout, sans
emploi spécial, auquel le public tenait compte d'une
bonne volonté à l'épreuve.

6. Madame Ménier, charmante actrice, que l'Ambigu ou la Porte Saint-Martin cédait au théâtre de Reims
et qui, dans les premiers rôles, s'y fit légitimement
applaudir.

7. Derville, doublure de Nestor dans les rôles comiques, passé de la scène de Reims à l'un des théâtres du
boulevard : il se serait fait regretter s'il n'avait eu Geoffroy pour successeur dans les mêmes rôles. Geoffroy
valait mieux que l'emploi auquel M. Nestor le condamnait; après un an ou dix huit mois de stage à Reims,
l'excellent comique prit son vol et devint l'un des premiers sujets du Gymnase d'abord, et en ces derniers
temps, du Palais Royal, à la fortune duquel il contribua
si puissamment.

C'est sous la direction de Nestor que le théâtre de
Reims, faisant partie du cinquième arrondissement
théâtral, commença à être desservi par une troupe sédentaire, à partir du 1er avril 1839, en conséquence
d'une décision ministérielle du 15 mars 1839. C'est aussi
vers cette époque que, cédant aux exigences du public,
Nestor fit timidement l'essai de l'opéra sur la scène rémoise. Le *Chalet*, la *Lucie de Lammermoor*, la *Dame
blanche*, le *Domino noir*, et quelques autres, furent successivement tentés, malgré l'insuffisance d'un personnel
improvisé pour ce genre d'exercice. En dehors des ac-

teurs que nous venons de citer, Nestor était soutenu
dans cette campagne par une jeune artiste, élève du chef
d'orchestre de l'Opéra, Mademoiselle *Elisa Dardenne*,
fort jolie personne, dont la voix pure, flexible et d'une
grande fraîcheur promettait beaucoup ; par *Henri Des-
haies*, première basse-taille, qu'on avait vu précédemment à Feydeau ; par Madame *Lefebvre*, rôle de duga-
zon et de Madame Boulanger, et par M. *Roland*, premier amoureux, élève d'Huny, comme Mademoiselle
Dardenne, et dont le jeu spirituel et familier dans le vaudeville, avait encore du goût, de l'élégance dans l'opéra,
mais manquait de vigueur et d'étendue. Tels étaient à
peu près les auxiliaires de Nestor pour cette rude tentative de l'opéra. C'était quelque chose pour un essai,
une première année, mais insuffisant pour l'avenir ;
et c'est au renouvellement de sa troupe, aux débuts suivants, que le public exigeant l'attendait. Nous n'avons
pas besoin de dire toute la résistance de notre directeur
qui, mieux que nul autre, connaissait le tarif d'un personnel d'opéra. « Comment voulez-vous, disait-il à ses
mélomanes, que je vous monte un opéra avec votre
salle étroite et disposée contre toutes les règles de l'acoustique : une salle ouverte à tous les vents, dont les échos
et la résonnance se perdent par les coulisses dans des
couloirs sans fin, des frises toujours en mouvement, et
des vides que la moindre draperie ne ferme nulle part. »

Ce raisonnement ne convainquait personne, il sentait
trop son orfèvre. Le jour de la lutte arriva ; elle fut
terrible pour les débutants, pour le public, mais surtout
pour le directeur.

Le bruit s'était répandu, avec assez de malveillance,
que le nouveau personnel qui allait passer sous les

fourches caudines du début, n'était composé que d'individus pris à droite, à gauche, la plupart sans valeur, et que le public menaçait par avance de ses rebuffades et de ses sifflets. Rien, en effet, d'impitoyable comme le parterre de province à l'époque des débuts. Du reste, il ne faut pas s'y tromper, il a quelque peu son droit. Si, dans le courant de l'année théâtrale, l'habitué semble bien endurant, d'un trop facile accès, c'est que les conditions imposées par l'usage ont été remplies. Quand chaque acteur a subi la redoutable et humiliante épreuve du triple début, alors, et seulement alors, si peu charmé qu'il soit du mérite d'un sujet admis, l'habitué le tolère, il a payé le tribut et passé sous la ligne : il est admis, il faut le supporter jusqu'à l'expiration de l'année. Mais que des gens viennent s'imposer chaque soir, gens avec lesquels le public n'a passé aucun contrat, sans que rien les recommande autrement que le caprice, la volonté du directeur, halte-là ! le bon public s'insurge et revendique ses doits imprescriptibles. Autrefois, ne l'oublions pas, c'était l'impitoyable éducation du sifflet qui formait les grands acteurs, Lekain, Molé, Talma plus d'une fois ont pâli, frissonné sous les aigres atteintes d'une clef impitoyable. Prétendre, au nom du progrès et de la civilisation, faire renoncer à cette humiliante flagellation, c'est trop présumer de l'urbanité publique.

Le tapage dont nous allons rendre compte, et qui rappelle les scènes les plus ignobles de l'époque révolutionnaire et du Directoire, avait pour cause la prétention des loges de combattre et de refréner les violences, les caprices peu raisonnés du parterre et du paradis, dans l'appréciation du mérite de chaque débutant. La

lutte des deux partis allait s'engager. Nous demandons
la permission de reproduire ici le récit que nous fai-
sions nous-même dans un recueil du temps.

Soirée du 14 mars 1837. « Nous disons soirée, parce
qu'il nous paraît difficile d'appeler représentation l'horrible tohu-bohu qui, pendant près de cinq heures, a tenu
en échec le directeur, les acteurs et la police municipale.
Sur la scène, au parterre, à l'orchestre, dans les loges,
au foyer, dans les couloirs, une agitation effrénée : le
désordre est partout ; le directeur veut parler, il s'exténue
et conjure en vain les tapageurs, on lui répond par des
sifflets, des hurlements. Les pommes cuites, les œufs
frais, les projectiles de tout genre se croisent dans tous
les sens et laissent leurs traces aux bons endroits. Le
désordre est au comble. Le commissaire, en grand
costume, essaie de haranguer la multitude, la multitude
vocifère et, quoique ne voulant pas l'entendre, ne cesse
d'appeler le directeur : Nestor ! Nestor ! le directeur !
Nestor, en signe de détresse, paraît dans une loge et
déclare à haute voix qu'il n'y a plus de directeur et
qu'il vient de donner sa démission ! Redoublement de
tapage et de vociférations. Des colloques animés ont lieu,
se croisent de bancs en bancs ; de vives interpellations
arrivent à l'autorité qui donne l'ordre d'évacuer la
salle. L'exaspération redouble : le lustre est brisé, les
banquettes sont arrachées, mises en pièces, et les premières sont escaladées. Des cris de femmes percent le
tumulte ; les projectiles continuent à se croiser dans
tous les sens. Le public des premières se réfugie au
foyer, et M. le commissaire, appuyé de ses agents, en-
tame une lutte corps à corps, qui ne s'arrête que par
l'extinction des lumières. Dans ce déluge universel d'in-

jures, de cris, de projectiles, où s'abîment oubliées toutes les convenances, les égards mutuels, les bien-séances publiques, une chose grave surgit, c'est que Nestor a donné sa démission et qu'il n'y a plus de di-recteur ! »

Malgré les déboires de cette soirée, Nestor, aux insis-tances de la Mairie, revient sur sa résolution et reprend sa démission. Mais il veut être soutenu dans ses efforts et démontre tout ce qu'il a fait pour la prospérité du théâtre : le personnel suffisamment capable qu'il a su s'attacher; les grands artistes de Paris qui, tour à tour, ont répondu à son appel et sont venus charmer le pu-blic rémois. La gracieuse Madame Albert, d'un si grand talent comique ou sentimental, avec les meilleures pièces des Nouveautés; M. et Madame Allan, du théâtre Bonne-Nouvelle, avec le *Diplomate* et la *Chanoinesse*; Frédéric Lemaître, le puissant artiste, avec son grand drame, *Trente ans ou la vie d'un joueur*, *Kean*, et *Ri-chard d'Arlington*, qui ont fait courir tout Paris; Bouffé, l'un des plus célèbres acteurs du temps, avec le *Père Grandet*, les *Vieux Péchés* et le *Gamin de Paris*. Puis la série des artistes d'un autre genre : le pianiste Litz, Mlle Nau et tant d'autres, dont il a obtenu le concours, sans qu'il en coûtât rien à personne qu'à lui, ce qui de-vrait lui mériter au moins quelque reconnaissance.

Nous le répétons, Nestor reprit la direction et la con-serva jusqu'au 1er avril 1840, époque où, reculant de-vant les exigences du public, toujours mécontent des semblants d'opéra qu'il lui offrait, il se soucia peu d'as-sumer les charges d'une plus grande responsabilité, et se retira définitivement.

Nestor garda la direction du théâtre de Reims

pendant près de dix années consécutives, de 1831 à 1840.

Entre quinze directeurs qui lui succédèrent, MM. Allan, Simonot, Lefèvre, Danguin, Daiglemont, Haquette, Lefèvre (une seconde fois), Bourdais, Beaujean, Combettes, Griffaut dit Poligny, Jolly Sainte-Marie, Roubaud et Daiglemont, aucun ne dépassa quatre années de résidence. Il fallut arriver avec l'année 1862, à l'habile et intelligente direction de M. Blandin qui, dépassant le chiffre de Nestor lui-même, tint les rênes du gouvernement dramatique à Reims durant l'espace de seize années et, dit-on, à la complète satisfaction du public. Nous n'avons pas à nous occuper autrement du théâtre sous sa gestion, qui est trop de l'époque actuelle et dans les souvenirs de tous.

C'est dès l'époque de la retraite de Nestor qu'il fut sérieusement question de construire, sur un plan plus large, un nouveau théâtre qui permît de réaliser les vœux d'un public avide de changement et de nouveauté.

Le théâtre de la rue Talleyrand fournit une carrière presque centenaire sans trop de désavantage, et parut longtemps suffire aux besoins d'une population plus soucieuse du développement de son industrie que du progrès chez elle de l'art dramatique. Le plus grand grief des habitués, c'était l'étroitesse de la salle, l'insuffisance des places, et peut-être aussi le manque d'acoustique déjà signalé. D'obstinés administrateurs, conservateurs quand même, ennemis de toute nouveauté, ne manquaient pas de raisons pour le maintien du *statu quo*. L'enceinte, toute restreinte qu'elle fût, avait le mérite, sur une plus spacieuse, d'établir un rappro-

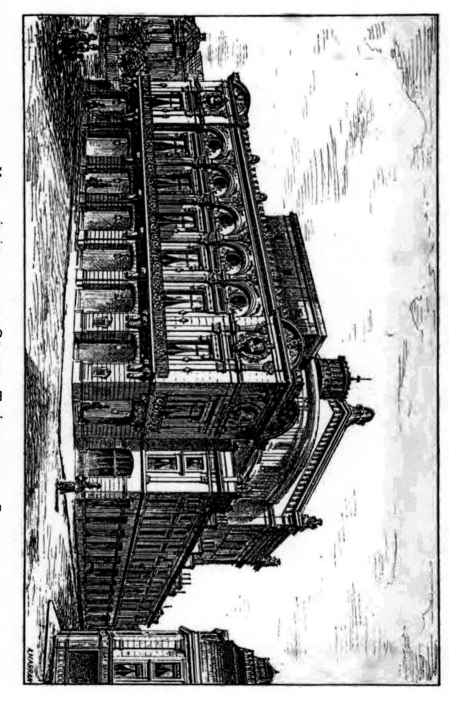

VUE GÉNÉRALE DU GRAND THÉATRE DE REIMS

INAUGURÉ LE 3 MAI 1873.

chement utile, agréable, entre la scène et l'assemblée.
Dans une salle de médiocre étendue les acteurs sont en
communication plus immédiate avec le public; l'habitué
saisit plus facilement les finesses du dialogue que le
jeu de la physionomie du comédien rend plus sensible;
jeu complément nécessaire des paroles, qui échappent
tantôt à son oreille, tantôt à son intelligence. Les spectateurs et les artistes ont moins d'efforts à tenter, les
uns pour écouter et pour comprendre, les autres pour
se faire comprendre et se faire écouter. En raison des
tendances d'un public peu curieux, souvent apathique,
la salle de la rue de Talleyrand devait suffire encore
longtemps. — Mais deux grands arguments allaient
bientôt rendre impuissantes toutes les résistances.
L'état de vétusté, de détérioration d'une grande partie
des bâtiments, qu'il fallait à grands frais reprendre sur
tous les points, et plus que cela, le formidable accrois-
sement de la population qui, depuis moins de vingt
années, avait plus que doublé le chiffre des habitants,
et rendu par conséquent de la dernière insuffisance la
salle de 1778. *Delenda Carthago !* l'arrêt fut prononcé,
et l'administration dut entrer résolument dans la voie
qui lui était imposée.

Les faits sont accomplis. Un magnifique édifice, l'un
des plus splendides monuments actuels de la ville, a
remplacé le modeste œuvre des actionnaires de 1778.
Peut-être devrais-je en entreprendre au moins l'éloge,
sinon la description. Mais ce serait empiéter sur les
droits de l'artiste dont le brillant travail se développera
incessamment sous vos yeux, et votre estime et votre
légitime admiration.

16

APPENDICE

PIÈCES JUSTIFICATIVES

I

LE THÉATRE AU COLLÈGE DES BONS-ENFANS ET CHEZ LES PÈRES JÉSUITES

On ne peut douter que le zèle des Universitaires et des Pères jésuites à faire naître et entretenir chez leurs élèves le goût de l'art dramatique, n'ait puissamment contribué à éveiller dans les diverses classes de la société rémoise le goût et la passion du théâtre. L'empressement que mettaient à suivre les représentations scolaires, non-seulement les familles des élèves, mais le public et l'administration elle-même, prouve l'intérêt que chacun y prenait. Aussi voyons-nous, entre temps, naître successivement à Reims et la comédie de salon et la création d'un premier théâtre public.

Quant aux drames joués chez les Bons-Enfans et chez les Pères jésuites, il serait difficile d'en dresser le catalogue com-

·plet. L'espace que nous pouvions consacrer à l'histoire dramatique de ces deux maisons ne nous permettait pas un long développement. Nous avons dû remettre à l'*Appendice* la notice des pièces dont les titres nous sont parvenus. Nous donnons ces indications telles que nous les fournissent les bibliophiles rémois qui ont bien voulu répondre à notre appel, et telles surtout que nous les devons au précieux Catalogue de la bibliothèque de Reims qu'a donné M. Loriquet, et à l'extrême obligeance de M. Duchénois, la providence des chercheurs. Une dernière observation : c'est, qu'en dehors des œuvres dramatiques imprimées des Pères La Rue, Lejay, Porée, du Cerceau, Lemoyne et autres, il n'existe, des pièces jouées à Reims, que des programmes et des extraits tels que ceux que nous allons signaler. — Nous entremêlons, à leur date respective, les pièces des deux maisons : malgré les lacunes que nous y laissons, on saisira mieux le genre de concurrence qu'en cette matière même se faisaient nos deux établissements scolaires.

La première pièce dont nous ayons trouvé trace nous est fournie par le collège des Bons-Enfans : nous l'avons suffisamment fait connaître ailleurs.

Bons-Enfans. — La Mort de Mustapha, tragédie en cinq actes, par Thillois, élève de rhétorique au collège des Bons-Enfans. 1608.

Nous avons dit de cette pièce, p. 84, ce que nous en savons, d'après Géruzez.

Bons-Enfans. — L'Election divine de saint Nicolas à l'archevêché de Myre, avec un sommaire de sa vie, en poème dramatique sentencieux et moral, P. N. S. P. (par Nicolas Soret). *A Reims, Nicolas Constant,* 1624. Petit in-8°.

Jésuites. — Le Martyre de saint Maurice. 1627.

Nous n'avons pu retrouver le titre complet de ce drame, à l'occasion duquel eut lieu cette ovation qui scandalisa si fort les ennemis de la Société. V. p. 97.

— La Conqueste du Char de la Gloire, par le grand Théandre, à l'occasion de la réduction de La Rochelle. 1628. V. p. 98.

C'est, croyons-nous, le premier essai de ballet sur le théâtre des Jésuites. M. Boysse pense donc à tort qu'il faut fixer seulement à l'an 1638 l'introduction de la danse dans les entr'actes de leurs représentations. On va voir que, tout en critiquant fort ce divertissement mondain, l'Université elle-même ne tarda point à y recourir.

Bons-Enfans. — Alexandre ou le Parricide puni, tragédie représentée au collège de l'Université de Reims le 12 août 1643. — *Reims, François Bernard.* In-4° de 19 p.

Au verso de l'exemplaire que nous avons sous les yeux, les armes de Léonor d'Estampes de Valençay, archevêque de Reims, — suit la dédicace au même, signée Charles Godinot, professeur en rhétorique, — puis quatre sonnets au même, signés T. Lenglet, P. Boizot, J. Josnet, P. Neufville, — avec le sommaire des cinq actes et les noms des acteurs.

Jésuites. — Demetrius et Antiphilus comœdia. Argumentum habes apud Lucianum in Toxari.

Demetrie et Antiphile comedie. L'argument est tiré de Lucian — au Livre de l'amitié.

I H S

Dabitur in aulâ majore collegii Remensis Societatis Jesu die 19 februarii 1648, horâ meridianâ.

Elle se représentera a midy en la sale du collège de Reims de la Compagnie de Jésus, le 19 fevrier 1648. — *Reims, François Bernard.* In-4° de 20 pp.

Prologue général. — Analyse, en latin et en françois, des cinq actes et de chaque scène. — Noms des personnages et acteurs. — La scène est à Alexandrie.

Jésuites. — Les Triomphes de Louis le Juste en la réduction des Rochelois, — avec ballet. 1629.

Jésuites. — Joannes Eleemosinarius. — Drame latin. —
Voir ce que nous en dit M. l'abbé Sommervogel, p. 98.

Jésuites. — Le Lys sacré Roi des fleurs, ou le Sacre de Louis XIV, avec les avantages qu'en doit attendre la France et toute l'Europe. — Représenté devant Sa Majesté, dans le collège de Reims de la Compagnie de Jésus, le..... de juin 1654. — Imprimé in-8° de 20 p.
Nous n'avons pas trouvé ailleurs mention de cette glorieuse représentation.

Jésuites. — Religio triumphatrix, sive Leandri Hispalensis Præsulis Hermenigildus Tragœdia, ad illustrissimum ecclesiæ Metropoleos Remensis cœtum ; dabitur in Theatrum a selectis Rhetoribus Collegii Remensis Societatis Jesu, die aprilis horá de meridie. 1655. — *Remis, typis viduæ Francisci Bernard*. In-4° de 12 pp.

Au verso du titre : Armes du Chapitre. — La dédicace : Illustrissimis et reverendiss. Provinciæ Remensis episcopis. — Argumentum Tragœdiæ. — Analyse des cinq actes.

Jésuites. — Calumnia triumphata. Tragœdia dabitur a convictoribus Collegii Remensis Societatis Jesu, die 9 februarii sub meridiem. An. 1657. In-4° de 8 pp.

Argumentum (Baron. ad ann. 879). — Le mesme argument plus au long en françois. — Sommaire de chacun des cinq actes. — Personœ actuum.

Jésuites. — Mars françois. Comédie héroique exprimée en ballet, et representée par les Pensionnaires et autres Escoliers du Collège de la Compagnie de Jésus à Reims. Pour la célébrité de la Paix concluë entre les deux Couronnes, et du mariage traité entre le Roy très chrestien et la Sérénissime Infante. Elle se jouëra dans la grande cour du Collège, le.... du mois.... 1660, à cinq heures du soir.

La scène est sur les frontières de Champagne, entre le Temple de la Gloire et le Temple de la Paix. In-4° de 12 pp. — Analyse de la pièce et noms des acteurs. — Toute la danse du ballet a esté entreprise et enseignée par Robert de Grigny, maistre danseur à Reims.

Bons-Enfans. — Artaban, ou le cruel ambitieux, tragédie représentée au collège de l'université de Reims, le... may 1660, à cinq heures. — *Reims, Ve Franç. Bernard*, 1769.

Jésuites. — Le Temple de paix dédié à la gloire de notre invincible Monarque par les muses du collège de la Compagnie de Jésus à Reims, à l'occasion de la paix heureusement conclue entre les deux couronnes. — *Reims, Ve Franç. Bernard*, 1660.

C'est moins une pièce de théâtre que la description du temple : les deux premières faces du temple représentent les causes de la paix, et les deux dernières les effets. La quatrième est remplie d'un auguste théâtre où se joue le triomphe de l'Amour sur le Mars français.

Jésuites. — Epilogue pour la tragédie de Joseph (par le P. Lemoyne). Vers 1660.

Bons-Enfans. — Le Martyre de S. Timothée. Tragédie qui se représentera au collège de l'Université de Reims, le... avril 1663, pour la distribution des prix donnez par Messieurs les officiers du siège présidial de Reims. — *Reims, vefve Jean Bernard,* 1663. In-4º de 16 pp.

Dédicace à Messieurs les officiers du siège présidial de Reims, signée Josseteau, recteur de l'Université. — Argument de la pièce. — Sommaire des cinq actes. — Noms des acteurs chrestiens. — Noms des acteurs payens.

Jésuites. — Les Réjouissances du Parnasse pour l'heureuse naissance de Monseigneur le duc de Bourgogne, dans la grand'salle du collège de la Compagnie de Jésus le vingt-neuf et le trente-un d'aoust à une heure après midy. — *Reims, Protais Lelorain,* 1682.

Analyse de la tragédie en latin et en françois, et noms des acteurs. In-4º de 16 pp.

L'avertissement porte : « Le sujet de la tragédie est mis en latin et en françois pour la satisfaction de ceux qui n'entendent pas la première de ces deux langues.

— Apollonius et Philemon. Tragœdia Argumentum ex Metaphraste (en trois actes).

Scena est Antinoi in Ægypto, in palatio Præsidis Arriani.

Jésuites. — Emile et Caste, martyrs. Tragédie qui sera représentée dans la grand'salle du college de la Compagnie de Jésus le 23 et 24 d'aoust 1686, à une heure apres midy. Pour la distribution des prix donnez par Messieurs les Lieutenant, Gens du conseil et Echevins de la ville de Reims. — *Reims, Protais Lelorain.* In-4º de 8 pp.

Au verso du titre sont les armes de Reims et l'exposition

du sujet de la pièce : — puis suit l'analyse des cinq actes et
les noms des acteurs. — La scène est à Carthage.

Bons-Enfans. — Agathe, vierge et martyre. Tragédie qui
sera représentée dans la salle des Arts, par les Ecoliers du
collège de l'Université de Reims, le 27 et 29 avril 1688, à une
heure après midy. — *Reims, Jean Multeau.* In-4° de 8 pp.
Argument. — La scène est à Catane en Sicile. — Analyse
des trois actes. — Noms des acteurs et leurs personnages. —
Ballets.

Jésuites. — Ephysie ou la Foy victorieuse de l'idolâtrie.
Tragœdie, qui sera représentée pour la distribution des prix
dans la grand'salle du collège de la Compagnie de Jésus, le
24 et le 26 d'aoust 1689, à midy. — *Reims, Jean Multeau.*
In-4° de 15 pp.
Histoire tirée du martyrologe romain. — La scène est à
Cagliari, capitale de la Sardaigne, dans le palais de Dioclé-
tien. — Analyse des cinq actes. — Noms des personnages. —
Ballet : Le Triomphe de la science sur les jeux. — A la suite
du Ballet : Le Triomphe de la science sur ses ennemis. —
Noms des acteurs de cette pièce.

Bons-Enfans. — Daphnis, seu Pax à Daphnide pascuis
Ægonis reddita. Drama bucolicum, dabitur in theatrum in
aulà artium Collegii Universitatis Remensis, diebus 10 et 11
decembris anno 1696, horà post meridienà primà. — 1696. —
Placard.

Bons-Enfans. — Etna incorporé au Parnasse, poème dramatique qui sera représenté dans la grand'cour du collège de
l'Université de Reims les mercredy et jeudy, 2 et 3 juillet
1698, pour la distribution des prix qui se fera le dernier jour
avec les cérémonies accoustumées — et cinq ballets. — On commencera à midi précisément. — *Reims, Nicolas Pottier,* 1698.

Bons-Enfans. — Joseph reconnu par ses frères. Tragédie
qui sera représentée dans la salle des Arts du collège de l'Université de Reims, les 12 et 13 du mois d'aoust 1699, pour la

distribution des prix donnés par M. Hachette, recteur de l'Université. — *Reims, Nicolas Pottier*. In-4°.

Nous avons vu précédemment un épilogue pour la tragédie de *Joseph,* par le P. Lemoyne, — ce qui fait supposer que le sujet fut également traité sur les deux théâtres.

Bons-Enfans. — Salomon sur le trône. Tragédie qui sera représentée dans la grand'cour du collège de l'Université de Reims les 26 et 27 du mois de juillet 1701, pour la distribution des prix, qui se fera le dernier jour avec les cérémonies accoûtumées. — *Reims, Nicolas Pottier*. In-4° de 8 pp.

Argument de la pièce. — La scène est à Jérusalem. — Analyse des cinq actes. — Noms des acteurs.

Il y aura à la fin une petite commedie *(sic)* françoise, dont le sujet est Les Lettrés extravagans.

Dira l'épilogue le premier jour *Pierre Antoine Pocquelin* de Reims.

Jésuites. — La Mort de Thyrsis, ou la Mort du bon Pasteur. Tragédie pastorale allégorique.

Critique d'une pièce de théâtre.... qui a pour titre La Mort de Thyrsis, ou la Mort du bon Pasteur. 1701.

(Voir notre compte-rendu, p. 102.)

Bons-Enfans. — Brutus. Tragédie qui sera représentée dans la grand'cour du collège de l'Université de Reims, les 25 et 26 du mois de juillet 1707. — *Reims, N. Pottier*. In-4° de 8 pp.

Argument de la pièce. — La scène est à Rome. — Analyse des cinq actes. — Noms des acteurs.

On jouera ensuite le Bourgeois Gentil-homme. Comédie de Monsieur Molière. — Acteurs.

Il y aura symphonie entre les actes. Elle est de la composition de Mr Gayez le fils. — On commencera à une heure précise.

Jésuites. — Idoménée. Tragédie qui sera représentée au collège de Reims do la Compagnie de Jésus, pour la distribution des prix donnez par Monseigneur le marquis de Puy

sieux, conseiller d'Etat, lieutenant général des armées du roy,
chevalier de ses ordres et son ambassadeur en Suisse, par
Monseigneur l'evesque de Soissons et Monsieur le comte de
Sillery, le 16 et le 20 de juin 1707, à une heure après midy.
— *Reims, Barthelemy Multeau.*

Argument de la pièce. — Analyse des trois actes. — Noms
des acteurs.

— Le Rétablissement des sciences, Ballet qui sera dansé
au collège de Reims de la Compagnie de Jésus, à la tragédie
d'Idoménée. — Noms des danseurs. —

M. Degrigny a composé les airs et réglé les pas. — In-4°
de 12 pp.

La scène est dans l'ile de Crète, sur le rivage de la mer.

Bons-Enfans. — Jaddon, ou Jérusalem délivrée. Tragédie
qui sera représentée dans la grand'cour du collège de l'Université de Reims, les 19 et 20 du mois d'août 1711, pour la
distribution des prix. — *Reims, Barthelemy Multeau,* 1711.
In-4° de 12 pp.

Argument de la pièce. — La scène est à Sapha, près de Jérusalem. — Ballet. — Analyse des cinq actes et chœurs. —
Noms des acteurs et leurs personnages.

— Le Limosin, comédie.

Monsieur Gayez le père a réglé les pas. La musique est
de Monsieur Gayez le fils, maître de musique de Notre-Dame.

On commencera à midi.

Jésuites. — Léandre, pièce dramatique qui sera représentée
au collège de Reims de la Compagnie de Jésus le 11 et le 13
(*on a remis à la main le 22 et le 24*) jour d'aoust, à deux
heures après midy. Pour la réception de Monseigneur François de Mailly, archevesque de Reims, premier duc et pair de
France, etc. — *Reims, Barthelemy Multeau,* 1711. In-4° de
7 pp.

Sujet de la pièce — Acteurs. — La scène est au palais de
Léandre.

— *L'Age dor,* ballet (en trois parties). — Noms de ceux
qui danseront au ballet.

« On a crû ne pouvoir mieux représenter le bonheur de la province depuis l'arrivée de son illustre prélat, que sous la figure de l'Age d'or. »

Jésuites. — Timander, Ludus pastoralitius ad publicam gratulationem illustrissimi viri DD. Cœsaris Caroli Lescalopier, justitiæ, ærarii, politiæ, militiæ per totam Campaniam recens a Rege Præpositi. — Dabitur in Theatrum a selectis discipulis Collegii Catalaunensis Societatis Jesu. — Anno Domini 1711.

Bons-Enfans. — Archelaus. Tragédie qui sera representée dans la grand'cour du collège de l'Université de Reims les 20 et 21 du mois d'août 1714, pour la distribution des prix donnés par Messieurs les Lieutenant, Gens du conseil et Echevins de la ville de Reims. — *Reims, Barthelemy Multeau,* 1714. In-4° de 12 pp.

Au verso du titre : Armes de la ville : — dédicace à Messieurs les Lieutenant, Gens du conseil et Echevins de la ville... signée : Ant. Pluche, professeur de rhétorique.

Sujet de la tragédie. — La scène est dans un portique du palais d'Hérode. — Analyse des cinq actes et chœurs.

— Le Travail, ballet.

— Le Malade imaginaire, comédie corrigée. — Acteurs.

On commencera à midy.

Jésuites. — L'Enfant gaté, Comédie, sera representée par es pensionnaires du collège de la Compagnie de Jésus à Reims dans la salle des pensionnaires, le jeudy 27 de février, à une heure après midy, le lundy 23 et le mardy 4 du mois de mars (*on a remis à la main 20* de février, 24 et le mardy 25 du même mois), à six heures précises du soir. 1727. — *Reims, Barthelemy Multeau.* In-4° de 9 pp.

Personnages et noms des acteurs, du prologue, — de la comédie, — de la critique.

Ballet, De l'Education de la jeunesse, pour servir d'intermèdes à la comédie. — Personnages et noms des danseurs du ballet.

Les danses sont de la composition du sieur Aprin, maître à danser de Reims.

Bons-Enfans. — Maurice empereur d'Orient. Tragédie, sera représentée au collège des Bons-Enfans de l'Université de Reims, le lundi 23, le mercredy 25 et le jeudi 26 d'août 1728, à midi. — *Reims, veuve Barthelemy Multeau,* 1728. In-4° de 8 pp.
Personnages. — Noms des acteurs. — Argument de la tragédie. — La scène est à Constantinople, dans le palais impérial. — Analyse des cinq actes. — Ballet.
— Les Fourberies de Scapin. Comédie. — Personnages. — Noms des acteurs. — La scène est à Naples.
La danse est de la composition de Monsieur Housset.

Bons-Enfans. — La Mort de César. Tragédie, sera représentée pour la distribution des prix fondez par Monsieur Nicolas Frémyn, docteur en théologie, chanoine pénitencier de l'église de Reims et recteur de l'Université, le vendredi 23, le lundi 26 et le mercredi 28 août 1737, dans la grande salle du collège des Bons-Enfans, à une heure après midi. — *Reims, B. Multeau,* 1737. In-4° de 8 pp.
Personnages. — Noms des acteurs. — Argument de la tragédie.

Jésuites. — Le Fainéant. Comédie, [par le R. P. Porée, jésuite], écrit à la main.
Argument de la comédie. — Cantate pour remercier Mr Frémyn. (Paroles de Mr de Saulx, musique de Mr Depoix.)
Les danses sont de la composition de Mr Housset.

Jésuites. — Pastorale héroïque sur le retablissement de la santé du Roi, sera représentée par les pensionnaires du college de la Compagnie de Jésus de Reims.
Dans la grande salle du même college, le [mardi 15me] de septembre 1744, à quatre heures après-midi. In-4° de 8 pp.
Dessein et division de la pastorale en trois actes. — Personnages et noms des acteurs.

La scène est dans une prairie sur le bord de la Vesle.

Le grand corps de logis des pensionnaires sera illuminé le soir du même jour.

De l'imprimerie de François Jeunehomme.

Jésuites. — Le Mariage de Télémaque et d'Antiope, célébré par les bergers d'Ithaque. Pastorale allégorique, représentée par Messieurs les pensionnaires du collège de la Compagnie de Jésus de Reims, à l'occasion de l'heureux mariage de Monseigneur le Dauphin avec la Sérénissime Infante Marie-Thérèse d'Espagne.

Suivie de quelques poésies en différentes langues composées au même collège sur cet auguste mariage.

Dans la grande salle dudit collège, au mois de mars 1745. In-4° de 39 pp.

Personnages et noms des acteurs. — Sujet de la pastorale. — Plan détaillé de la pastorale, avec des extraits des endroits les plus intéressans.

A Reims, chez François Jeunehomme.

Bons-Enfans. — Les Originaux, comédie, sera représentée pour la distribution des prix accordés par messire Nicolas Frémyn, chanoine-pénitencier de l'église de Reims, recteur de l'Université, doyen de la faculté de théologie, seigneur de Sacy, Sapicourt, Branscourt, Beine, Mouchery, etc., dans la salle des Arts du collège des Bons Enfans de l'Université, le mercredi 25 et vendredi 27 août 1745, à une heure après midi. — *Reims, B. Multeau,* 1745. In-4° de 4 pp.

Personnages. — Noms des acteurs. — Vers à réciter à la fin du prologue. — Vers à chanter pour remercier M. Frémyn. — Les prix seront distribués.

Jésuites. — Philippus, cum patre martyr. Tragœdia. Agent selecti Rhetores Collegii Rhemensis Societatis Jesu, ad solemnem prœmiorum distributionem, ex liberalitate et munificantia illustrissimi DD. Rogerii Brulart, marchionis in Sillery et Puisieulx, Equitis Torquati in regiis sancti spiritus et sancti Michaelis ordinibus, in Exercitibus regiis Legati ge-

neralis, extraordinarii apud Helvetios Oratoris, etc. — In
aulâ majore ejusdem Collegii, die Lunæ 27 et die mercurii
29, augusti, anno Domini 1753.

Ex typis ciduæ Jeunehomme. — In-4° de 4 pp.

Jésuites. — Connaxa ou le Beau-père. Comédie, sera représentée par les rhétoriciens du collège de la Compagnie de
Jésus de Reims. (Sans indication de date.)

C'est la pièce devenue surtout célèbre par les emprunts que lui fit l'auteur des
Deux Gendres, Estienne, qui eut la faiblesse de nier ces emprunts. Connaxa,
l'œuvre de P..... Jésuite de Rennes, tiré de l'oubli à l'occasion du plagiat, fut
réimprimé et joué à l'Odéon avec quelque succès de 1810 à 1812.

Bons-Enfans. — Le Légataire, comédie, sera représentée
pour la distribution annuelle des prix fondés par messire Nicolas Frémyn, chanoine pénitencier de l'église de Reims,
dans la salle des Arts du collège des Bons-Enfans de l'Université de Reims, le mardi 22 et le mercredi 23 août 1747, à trois
heures après midy.

Reims, chez B. Multeau,, 1747. In-4°.

Bons-Enfans. — Andronic ou le Sacrilège puny, tragédie.
Reims, Vᵉ Franç. Bernard, 1761.

C'est cette pièce dont l'auteur, vraisemblablement le sieur Michel, régent de la
rhétorique, fit hommage au conseil de ville, qui l'en récompensa par le don d'une
vaisselle d'argent (p. 87).

Ici se termine notre catalogue des deux théâtres scolaires.

II

SALLE REGNAULD

Nous sommes loin d'avoir recueilli tous les souvenirs se
pouvant rattacher aux Annales dramatiques de notre ville.
Les cabinets des curieux rémois ne nous ont pas tous été
ouverts et nous ne doutons pas qu'on ne puisse en exhumer
encore bien des faits à joindre à ceux que nous avons pu
rassembler. D'un autre côté nous nous sommes assurés que
les recueils manuscrits de MM. de Taizy et Raussin de la

bibliothèque de Reims contiennent plusieurs petits faits dramatiques qui eussent pris place dans nos souvenirs, s'ils nous eussent à temps passé sous les yeux.

Ainsi nous y trouvons une mention écourtée, mais assez grave, dont la date n'est pas précisée, qui nous apprend qu'au temps de la salle Regnault, un comédien du nom de Baras, sans doute assez mal famé, mourut à Reims, et que ses restes furent privés de la sépulture ecclésiastique, ce qui ne manqua pas d'exciter de grandes rumeurs parmi nos jeunes libres penseurs du temps. On sait assez qu'en chaque circonstance analogue, les manifestations hostiles entendent forcer la main au prêtre que de strictes instructions enchaînent, et dont le devoir est de résister aux clameurs du dehors. — Il y a à répondre aux manifestans que l'Église n'a jamais retranché les comédiens de la communauté religieuse, mais excommunié seulement ceux dont les mœurs désordonnées ont fait scandale et qui, même en mourant, n'ont cessé de se montrer sourds et hostiles à toute idée religieuse. Un comédien célèbre de nos jours, M. Regnier, du Théâtre français vient dans son dernier écrit de rappeler à ce sujet une curieuse anecdote de l'année 1848. Une députation de comédiens était allé prier Mgr Affre de lever l'excommunication dont ils croyaient leur profession frappée. L'illustre Prélat leur répondit qu'il n'y avait pas à la lever, parce qu'elle n'avait jamais été formulée, et que les comédiens français comme les comédiens de tous les autres pays catholiques pouvaient participer aux sacrements. Rien en effet de plus rigoureusement exact au point de vue historique, et c'était le sentiment de Mgr Gousset, de chère et honorée mémoire.

C'est ce même recueil *Coquebert de Taissy* qui nous apprend que ces jolis vers adressés à Mme Desjardins, née Bourron de Courcelles (cités p. 145), sont de M. Leleu d'Aubilly, poète agréable du temps, et dont la famille fort considérée n'a cessé de tenir à Reims le meilleur rang. L'abbé de L'Atteignant l'a fréquemment chantée.

L'extrait qui suit du *Recueil de pièces en vers et en prose*, de *Raussin*, de la Bibliothèque communale, nous révèle plusieurs autres particularités piquantes et qui se rattachent au

theâtre de la rue Large, du sieur Regnault. Voici notamment
un madrigal quelque peu risqué sur une brillante actrice de
Paris, M¹¹ᵉ de Lorme, « jouant à Reims en 1768, pendant et
après la foire de Pâques, dans la troupe de Madame Nicetti :
envoyé à M. de Montfort après avoir dîné chez lui avec elle,
le 9 mai 1768, à Merry, par l'abbé B... »

> Rien de si beau, rien de si blanc
> Que ma gentille excommuniée ;
> Minois joli, poil brun, regard franc ;
> Souris mutin, bouche perlée,
> Grâces naïves d'un enfant ;
> Taille d'une délicatesse
> Qu'Amour a pris soin d'ordonner ;
> Et jambe faitte pour donner
> Le croc en jambe à la sagesse.

Voilà des vers qui, pour n'être pas de l'abbé de L'Atteignant, contemporain, rappellent terriblement sa manière.

Mentionnons maintenant les divers essais dramatiques qui
tentèrent, avec plus ou moins de succès, de se produire sur
notre scène. Nous signalerons d'abord le ballet des *Talents
lyriques*, dont l'exécution jeta un grand éclat sur la salle
Regnauld, encore à son aurore.

III

PAROLES DU CONCERT DE REIMS

LES TALENS LYRIQUES

Balet (1).

Il n'est pas nécessaire de dire que l'Université et les Pères
jésuites restèrent étrangers à l'exécution de ce brillant con-

---

(1) Reims, Vᵉ Jeunehomme, 1756. In-8° de pp. XXV-II.

cert. Mais il faut admettre que, dès cette époque, qui est celle
du comte de Chambly et de Madame Desjardins, la ville de
Reims avait déjà sa société philharmonique, organisée,
supposons-nous, par le Maître-de-Chapelle de Notre-Dame,
Henri Hardouin, que de nombreuses compositions musicales
avaient déjà rendu célèbre. Lié d'amitié ou de confraternité
avec Rameau, l'illustre compositeur de l'époque, Hardouin
entreprit de faire jouir la ville du sacre de l'un de ces ballets
poétiques dont Paris semblait avoir le monopole, et que
l'auteur de *Castor et Pollux* et de tant d'autres célèbres mélodies allait animer de son souffle. Voici le programme de
cette solennité :

La musique est de M. Rameau.

Ouverture. — Scène Iʳᵉ. — Hébé et Momus. Duo.

Scène II. — Hébé, Momus et les Grâces.
Scène III. — Les Grâces, Momus, l'Amour et sa suite.
Scène IV. — Hébé, l'Amour, chœur de Thessaliens. —
Suite de l'Amour.

Première entrée. — La Poésie.

Scène Iʳᵉ. — Sapho.
Scène II. — Sapho, Thélème.
Scène III. — Alcée, Sapho.
Scène IV. — Himas et sa suite, Sapho, Thélème.
Scène V. — Les mêmes et plusieurs esclaves de Sapho
forment un divertissement.
Scène VI. — Himas, Sapho, Thélème.
Scène VII. — Sapho, Alcée, Thélème.
Scène VIII. — IIᵉ divertissement. — Le Ruisseau.

Deuxième entrée. — La Musique.
Scène Iʳᵉ. — Iphise.
Scène II. — Licurgue et sa suite, Iphise.
Scène III. — Licurgue, Iphise, Tirtée. Peuple de Lacé-
démone.
Scène IV. — Iphise seule. — Symphonie.
Scène V. — Iphise. — Symphonie.
Scène VI. — Iphise, Tirtée, guerriers et peuple.

17

Troisième entrée. — La Danse. Le théâtre représente un bocage.

Scène Ire. — Mercure.

Scène II. — Eurilas.

Scène III. — Mercure, Eurilas.

Scène IV. — Mercure, Eglé, Palémon jouant du hautbois.

Scène V. — Eglé, Mercure.

Scène VI. — Mercure, Eglé, Eurilas, troupe de bergers et de bergères.

Scène VII. — Terpsicore, Nimphes, Faunes et Silvains, — et les acteurs de la pièce précédente.

Fin de la pièce.

Sonate — Cantatilles — Concerto.

Les Vendanges de Champagne, cantatille par M. Lesestre.

Motet en l'honneur de sainte Cécile, par M. Hardouin.

IV.

RÉOUVERTURE DU THÉATRE

Compliment au Public rémois

On sait que tous les théâtres de Province, et même ceux de Paris, ont une saison morte que les Directeurs et Régisseurs emploient à renouveler leur personnel. La rentrée et les débuts ont invariablement lieu à Reims dans la semaine de Pâques. C'est toujours un moment critique pour les artistes et pour le Régisseur. — La réouverture du 4 avril 1763 vit le sieur Gasparini s'avancer respectueusement sur le devant de la scène et adresser au public dont il désirait capter la bienveillance, le compliment que voici :

Messieurs,

Telles sont les circonstances qui naissent des événements de la vie, que la joye, le bonheur, et les plaisirs même sont semés d'inquiétudes. Nous l'éprouvons en cet instant. Nous avons désiré avec l'empressement le plus vif de venir vous amuser, nous nous en sommes fait le plaisir le plus sensible, nous jouissons du bonheur d'espérer que notre zèle pourra suppléer à la foiblesse de nos talens ; et au travers de l'émotion que cause la joye la plus vive, une palpitation inexprimable nous agite.

Si dans le temps le plus serain *(sic)* il survient des tempêtes et souvent des naufrages, que n'avons-nous point à redouter, si vous nous jugés sur l'étendue de vos lumières! Nous connoissons le danger, et sans des effets signalés de votre bienveillance nous sçavons les risques que nous courons ; notre sort est dans vos mains, daignés nous être favorable. L'indulgence fut toujours la vertu des Dieux, peut-elle ne pas être la vôtre !

Le calme dont l'Europe va jouir anime tous les cœurs et leur inspire une allégresse digne des vrais patriotes.

C'est au nom de cette paix certaine et si désirée que nous réclamons des bontés que par les efforts les plus vigilants nous tâcherons de mériter.

GASPARINY.

V.

SALLE DE LA RUE TALLEYRAND

Voici le premier document que nous ayons à produire pour l'histoire de notre théâtre, nous le trouvons dans les Archives de la Municipalité.

LISTE DES ACTIONNAIRES DE LA SALLE DE LA RUE TALLEYRAND

1. L'intendant de la province.
2. Pouilly (Lévesque de).
3. D'Aubigny.
4. Leleu père.
5. Du Gay.
6. Jobart, méd., cons. échevin.
7. De Chevrières.
8. Liabé.
9. De Savigny, lieut. des maréch.
10. Andrieux, cons. de ville.
11. Quérangal.
12. Sutaine-Maillefer, écuyer, proc. du roi.
13. Tronsson-Desjardins.
14. Ponsardin.
15. Desjardins de Courcelles, reg. enseigne de l'arqueb.
16. Polonceau père.

17. Polonceau fils.
18. Bénard.
19. Cadot l'ainé.
20. Maillefert-Coquebert.
21. Dorigny de Monthuré.
22. Darmancy père.
23. Darmancy fils.
24. Desjardins-Berthelin.
25. Carbon, lieuten.-colon. de milice bourgeoise.
26. Hurtault-Pinchart.
27. Duchatel de Montflambert père, lieut.-gén. de police.
28. Duchatel fils.
29. Cadot de Beauvoisy, capitaine de milice bourgeoise.
30. Favart-Desjardins, consul.
31. Tousset-Rogier.
32. De Cambray.
33. Bourgogne de Rivaut, capitaine de milice bourgeoise.
34. Canelle-d'Herbigny.
35. Canelle-Rogier (Madame).
36. La Tour-du-Pin (Madame la comtesse de).
37. Aubert.
38. Sutaine, chevalier de Saint-Louis.
39. Souyn, chevalier de Saint-Louis.
40. Delamotte, capit. de la mil. bourg.
41. Chevalier.
42. Mopinot-Pruchart, administrateur des Hospices.
43. Lecomte, directeur.
44. Desmont.
45. Favart d'Herbigny, chevalier de Saint-Louis.
46. Canelle de Torel, chev. de S.-Louis.
47. Guitart.
48. Géruzet-Bourlois.
49. Watelet père.
50. Lecomte-Roussel.
51. Lallement, professeur de math.
52. Fillion, médecin.
53. De Recicourt.
54. Champenois-Rocourt.
55. Rogier de Monclin.
56. Barbereux.
57. Leleu d'Aubilly.
58. Louis Jacquesson.
59. Seillière l'ainé.
60. Pierre Deligny.
61. Guénard, procureur.
62. Thiérion-Maillefert.
63. Marconville.
64. Chaudet.
65. Sutaine-Berthelin, écuyer, conseiller de ville.
66. Caziot.
67. De Sautois-Blondel.
68. Sutaine-Jourdain (Madame veuve).
69. Cocquebert, vice-lieutenant.
70. Gadiot-Tronsson.
71. Aubriet.
72. Carsenac.
73. Lecamns, médecin.
74. Gard-Letertre.
75. Ruinart.
76. Duchatel, bailly.
77. Langlois.
78. Rocourt.
79. Collardeau.
80. Cohendet.
81. Guérin de Lioncourt, procureur et commissaire de police.
82. Jacquesson l'ainé.
83. Pinchart.

Les titulaires qui, par suite d'émigration ou pour tout autre motif, se retirèrent de l'Association, furent promptement remplacés par d'autres actionnaires. C'est ce qui expliquera dans les actes de la Compagnie la présence de noms qui ne figurent pas dans cette liste primitive.

VI.

Nous recueillons jusqu'au moindre document pouvant servir
à l'histoire qui nous occupe. Voici, par exemple, deux fragments d'affiches du genre de celles qui se publient encore
aujourd'hui, ce qui prouve l'ancienneté de l'usage. L'annonce
est entourée d'un encadrement formé de fleurons et d'attri-
buts appropriés au sujet ; la Renommée, la Muse dramatique,
lyrique, etc. Notre premier placard a un double intérêt car il
date des premières représentations données sur notre nouveau théâtre, avec et sous le bon plaisir de M^r le duc de
Bourbon, gouverneur de la province. Voici ce qui nous en
reste :

PAR PERMISSION DE MONSIEUR LE LIEUT.....

LES COMÉDIENS

DE S. A. S. Mgr LE DUC DE...

DONNERONT AUJOURD'HUI MERCREDI 19 AV. 1778.

ZAIRE...

Notre second fragment du même genre annonce la réouverture après l'hiver de 1786.

PAR PERMISSION DE MONSIEUR LE LIEUT...

LES COMÉDIENS

DE S. A. S. Mgr LE D...

DONNERONT AUJOURD'HUI LUNDI 17 AVRIL 1786

POUR L'OUVERTURE

ADELAIDE DU (GUESCLIN)

VII.

PÉTITION DES ACTIONNAIRES DE LA SALLE DES SPECTACLES DE REIMS, AUX CITOYENS LÉGISLATEURS (2 floréal an IV)

Nous avons (p. 154) extrait de cette pétition le préambule relatif à la fondation de la salle Talleyrand. — Voici le complément de cette pièce, qui contient de curieux détails bons à conserver.

Les associés se réunirent plusieurs fois en assemblée générale, et firent divers règlements. Ils choisirent entre eux des directeurs de l'entreprise, qu'ils autorisèrent à acquérir, au nom d'un seul, le terrain nécessaire pour l'établissement de la salle ; à traiter avec un entrepreneur, à régler les plans et marchés de la construction, à nommer un d'entre eux Receveur chargé de la recette des deniers provenant des actions de l'association, et de rendre compte annuellement aux autres directeurs, en présence et sous l'autorité du chef du corps municipal, qui avoit alors le titre de Lieutenant des habitants.

Une des obligations que contractèrent les actionnaires fut que leurs fonds seroient avancés sans intérêts et qu'ils ne seroient remboursés qu'après que l'Entrepreneur seroit totalement payé de ses mémoires, ainsi que les autres ouvriers et fournisseurs. Ils poussèrent même la délicatesse jusques à indemniser le citoyen Regnault, propriétaire de l'ancienne salle, du dommage que devoit lui faire la construction de la nouvelle. Par acte du 3 avril 1778, ils lui créèrent une rente viagère de 600 liv., reversible de 200 liv. sur la tête de sa femme qui vit encore.

En avril 1777, les directeurs instruisirent les actionnaires, dans une assemblée générale, qu'ils avoient acheté, sous le nom de Pierre Jacquesson, l'un d'eux, une maison dans une des plus larges rues de la ville, et ayant une seconde issue sur une autre rue, et dont le prix avoit été payé par le directeur-receveur. On mit les plans et dessins de la salle à construire, avec un état et devis de la dépense, sous les yeux des associés, qui les approuvèrent, et le tout resta entre les mains des directeurs, qui furent autorisés à faire marché avec un entrepreneur à leur choix pour construire la salle.

Les directeurs ne se sont jamais écartés de ce qui leur étoit prescrit, ainsi qu'il est aisé de le prouver par une suite de comptes annuels qu'ils ont rendus sous l'autorité et en présence du chef du conseil municipal.

La propriété de la salle et de ses dépendances a donc été originairement sous le nom de Pierre Jacquesson qui, depuis, l'a léguée au citoyen Jean-Simon Léveque Pouilly, par son testament déposé en l'étude de Bara, notaire à Reims, le 10 may 1780. La délivrance de ce legs a été prononcée par sentence du bailly de Reims, du 12 may 1780.

Il est clair par cet exposé que le citoyen Léveque Pouilly n'est pas propriétaire de la salle, mais seulement prête-nom des actionnaires, comme l'étoit originairement Pierre Jacquesson. Aussi le citoyen Léveque Pouilly ne forme-t-il aucune prétention sur la propriété de cette salle.

Les directeurs nommés par l'association ont apporté les attentions les plus suivies pour la régie et administration la plus œconomique de la salle. C'est à force de soins et de surveillance qu'ils sont parvenus à la perfectionner et à satisfaire l'entrepreneur, dont le compte a été soldé suivant sa quittance finale du 31 may 1786. Ils en ont instruit leurs associés dans une assemblée générale qui a eu lieu le 29 mars 1787, dans laquelle les actionnaires ont déterminé la forme du remboursement de leurs actions, à laquelle ils ont procédé par un tirage en forme de loterie.

Depuis cette époque les directeurs sont parvenus à rembourser plus de la moitié des actions, puisque des 116 il n'en reste actuellement que 55 à rembourser, dont 4 appartiennent à des émigrés et 4 à des citoyens dont les biens sont en séquestre.

Les choses sont ainsi restées entre leurs mains jusques au mois fructidor an 2e, que le citoyen Raulin, chargé de la régie et administration des domaines nationaux à Reims, a demandé au directeur-receveur communication des pièces concernant la propriété et la régie de cet établissement. Celui-cy a satisfait à cette demande en remettant au citoyen

Raulin un mémoire énonciatif de l'origine, de la propriété et des actes qui y sont relatifs, ainsi que de la forme de régie de cette salle. Depuis, le citoyen Raulin a réclamé, au nom de la Nation, l'administration de cette salle, en vertu d'une loi contre les émigrés, portant que, dans toute association quelconque, dès qu'un émigré y a quelque intérêt, la masse totale est mise sous la main de la Nation. Les législateurs n'ont eu en vue par cette loi que des associations dans lesquelles les associés peuvent obtenir des bénéfices; il n'en est pas de même de celle-ci. Les actionnaires n'ont eu d'autre but que de procurer à leurs concitoyens une salle située plus avantageusement et mieux distribuée. Ils ont fourni leurs fonds en renonçant à tout intérêt de leurs avances et en se soumettant à ne les retirer peu à peu qu'après le parfait payement de la construction et de toutes les fournitures qui s'ensuivent, ainsi que des réparations et des améliorations.

Les directeurs se sont soumis sans difficulté à la loi que citoit le citoyen Raulin; en conséquence, à la fin de Vendémiaire an 3ᵉ, ils ont remis aux administrateurs du district de Reims la régie et l'administration de la salle. Ils s'apperçoivent avec beaucoup de peine que depuis cette cession et surtout depuis la suppression du district, cet édifice est très négligé quant à l'entretien, et que les dégradations y augmentent journellement, au lieu qu'ils se faisoient un devoir de porter à cet objet toute l'attention qu'un bon père de famille met à la gestion de son bien, en réparant avec activité, et prévenant même, autant qu'il étoit possible, toute dégradation.

Les actionnaires de la Salle des spectacles de Reims espèrent que l'esprit de justice qui dirige les législateurs les déterminera à les faire rentrer dans la jouissance libre de la salle qu'ils ont créée de leurs propres deniers, avancés sans intérêts.

Ils demandent qu'en conséquence de la décision favorable qu'ils se flattent d'obtenir, le citoyen Raulin soit tenu de compter, en présence du Maire ou du Corps municipal avec les directeurs, tant de la recette que de la dépense qu'il a pu faire relativement à la salle, et de leur remettre l'administration dont ils ont été privés.

Pour satisfaire aux droits de la Nation, ils offrent de laisser
entre les mains du citoyen Raulin le montant des actions appartenant à des Emigrés ou à des citoyens dont les biens sont
en séquestre. Ils ne sont animés que par le désir qu'ils ont
de soutenir un établissement formé pour l'avantage de leurs
concitoyens et parce qu'il est très intéressant que cette salle
soit surveillée de très près pour prévenir les dégradations et
pour pourvoir aux réparations qui ne sont que trop fréquentes dans un édifice de cette nature.

Fait à Reims, le

> *Signé :* L. Sutaine, Sutaine-Maillefer,
> Dauré, Mopinot.

L'administration municipale de Reims, qui a connoissance
que, sur une adresse semblable à celle-ci présentée en Fructidor dernier au Conseil général de la commune de Reims, il
a été arrêté, par délibération du 29 dudit mois, de solliciter du
Corps législatif, comme le demandent les pétitionnaires, un
décret qui autorise le receveur des domaines nationaux à recevoir les sommes revenantes à la nation comme étant aux
droits des actionnaires émigrés ou sequestrés, et à rendre aux
anciens administrateurs la régie qu'ils avoient de la salle des
spectacles avec les sommes qu'il a touchées, sauf la déduction des dépenses qu'il a pu faire, Arrête qu'elle s'en tient à
cette délibération : et elle observera que si la demande n'est
point accueillie les actionnaires qui restent créanciers per-
dront l'espérance d'être remboursés, et la régie nationale restera chargée d'un bien qui ne luy produira rien ; le receveur
a déjà fait faire des réparations qui ont coûté fort cher ;
mais toutes ne sont pas faites, l'entretien va devenir considérable ; si on n'y applique que les revenus ils ne suffiront pas ;
des réparations resteront en arrière et le défaut de réparation
amènera des dégradations ; ce qui n'arrivera pas si la régie
est rendue aux anciens administrateurs.

Délibéré en séance publique du 2 floréal l'an quatre de la
République.

> *Signé :* A. Dusart, Tronsson, Mopinot,
> Marlette, Jobert, Legrand-
> Rigaud.

VIII.

ROSELLI, PREMIER DIRECTEUR DE COMÉDIE

Aux *Diverses matières*, *liasse 58*, des Archives communales de Reims, et sous la date du 11 octobre 1777, nous trouvons l'engagement du sieur Roselli vis-à-vis des administrateurs du nouveau théâtre. Il est ainsi conçu :

ÉTAT DE LA COMPOSITION D'UNE BONNE TROUPE DE COMÉDIE.

Rolle tragique et comique en homme.
Autre de même, en femme.
Premier jeune rolle tragique et comique en homme.
Autre de même en femme.
Premier comique jouant les valets, Crispin, etc.
Une première soubrette.
Un père noble.
Une actrice à caractère.
Un confident et une confidente pour la tragédie, — servant d'accessoire.
Un rolle à manteau, jouant aussi les financiers et les paysans.
Une première haute-contre.
Une deuxième haute-contre jouant les rolles de Laruette.
Une première chanteuse, — une duègne.
Une première basse-taille.
Une deuxième basse-taille pour les rolles à tablier.

Je soussigné, Directeur de comédie, m'oblige envers Messieurs les administrateurs de l'association pour la salle de spectacles de Reims de leur présenter, à l'ouverture du théâtre pour la foire de Pâques prochaine, une troupe de comédie conforme au tableau ci-dessus, et dont tous les emplois doivent être remplis par des sujets distingués et agréables tant à l'administration qu'au public. Et dans le cas auquel l'un d'eux, ou plusieurs d'entre eux, ne satisferoient pas Messieurs les administrateurs, je m'engage expressément et sans aucune discussion de ma part, sur la première notification que ces Messieurs m'en feroient, de remplacer dans la huitaine les sujets en question, et ce en me chargeant de toute indemnité envers les sujets renvoyés et des frais de voyage de ceux qui les remplaceront; consentant au surplus que Messieurs les administrateurs puissent, à mes frais, risques, périls et fortune, substituer encore de nouveaux sujets à ces derniers s'ils en étoient également mécontents. Je me soumets en outre d'occuper la salle de spectacles au tems de Pâques pendant le cours de deux mois. Et à l'égard du spectacle d'hyver, je le donnerai pendant le cours de quatre mois, à mon choix. Le tout au prix convenu de 300 liv. par mois, payable entre les mains de M. le receveur de l'administration, avec la réserve néanmoins de ne pas payer laditte somme pour le tems où j'occuperois cette salle au delà des six mois cy dessus, ce qui signifie que je ne serai comptable que de 1,800 liv. pour tout le cours de mon séjour dans cette ville, renonçant au bénéfice des bals et redoutes quelconques, que l'administration se réserve expressément, m'obligeant au surplus d'éclairer les corridors. Je promets aussi de composer mon orchestre avec les musiciens du concert, au prix qui sera convenablement arbitré entre eux et moi par Messieurs de l'administration. D'après ces propositions, je prie ces Messieurs de vouloir bien s'intéresser auprès de M. l'Intendant pour m'obtenir de S. A. S. M. le duc de Bourbon le privilège de l'année prochaine. — Et Nous, Administrateurs soussignés, dans l'espérance que les conditions cy dessus seront remplies avec exactitude, promettons au directeur cy dessus de solliciter en sa faveur auprès de M. l'Intendant et du prince. Nous n'entendons pas assujétir le directeur ci dessoussigné à completter l'opéra bouffon pour les deux mois d'ouverture à Pasques, désirant seulement qu'il soit plus complet et conforme à l'état d'autre part pour les quatre mois d'hiver, et à la charge de ne conserver de la troupe actuelle que M. Lange et sa femme, M. Le Page et la sienné.

Fait double à Reims, le 11 octobre 1777.

Signé : ROZELI.

Nous avons dit que Rozelli *ne survécut* pas longtemps
à son installation comme directeur du théâtre rémois.
Nous en trouvons la preuve dans cette mention que
nous donne le dossier précédent des Archives municipales :

Du   May 1778. – M. Descombous, Procureur du roy de
la ville de Troyes, comme tuteur de Rozely fils, depuis la
mort du père, arrivée le 2.

IX.

PRODUIT D'ALLOCATION DE LA SALLE DES SPECTACLES DE LA
VILLE DE REIMS, PRÉSENTÉ A MM. LES ACTIONNAIRES PAR
M. DE POUILLY.

Années.	Produit du 7e.			Produit des bals et redoutes.			Total.		
1777	....			3175	18	9	3175	18	9
1778	1764	13	6	4441	17	6	6206	11	»
1779	900	»	»	2712	19	»	3612	19	»
1780	2900	»	»	3104	8	»	6004	8	»
1781	2350	»	»	3330	3	6	5680	3	6
1782	1511	»	»	3916	15	»	5427	15	»
1783	861	7	»	2602	9	9	3463	16	9
1784	2107	18	»	3153	10	»	5261	8	»
1785	3375	11	3	3992	18	6	7368	9	9
1786	2292	13	»	4145	3	»	6437	16	»
1787	2180	»	»	2714	11	»	4894	11	»
	20244	2	9	37190	14	»			

Recettes particulières pour glaces et
    girandolles...................... 1341   »   »
116 actions...................... 34700   »   »

         TOTAL................ 93575   19   »

FRAIS.

Rente au citoyen Regnault en viager.	5700	»	»
Faux frais et menus entretiens......	3239	7	»
Acquisitions et construction........	76066	8	6
Réparations et meubles, glaces et port.	1131	»	»
	91280	16	»
RESTE EN CAISSE........	2295	3	6

CONSTRUCTION ET ÉTABLISSEMENT D'UNE SALLE DE SPECTACLE
A REIMS, EN L'ANNÉE 1777. (PLACARD IMPRIMÉ.)

*Bref état des comptes de recette et dépense de ladite salle de
spectacles depuis l'année 1777, date de sa construction,
jusqu'au 24 mars 1788, époque à laquelle on a pu commencer le remboursement de MM. les actionnaires.*

. . . .
. . . .

Total des recettes...............	93.575	19	9
Total de la dépense générale......	93.575	19	9

COMPTE DES RECETTES ET DÉPENSES POUR L'ANNÉE 1789 A 1790.
(PLACARD IMPRIMÉ.)

Recettes. Total...............	7.393	6	
Dépenses. Total...............	7.393	6	

ÉTAT DE SITUATION AU 4 AVRIL 1790.

Recette depuis 1777.............	100.925	10	6
Dépense —	100.925	10	6

X.

VICTIMES DES JOURNÉES DE SEPTEMBRE 1792

Il nous a fallu dire quelques mots (p. 169) des massacres de septembre 1792, qui, quoiqu'étrangers à notre histoire, ont cependant porté un préjudice réel à la fortune du théâtre ; nous n'ajouterons rien à notre récit, nous nous bornerons à donner le nom des suppliciés.

Paquot, Curé de Saint-Jean.
Condamine de Lescure, Vicaire Général du diocèse.
Carton, Commis de la Poste aux lettres.
Guérin, Directeur de la Poste aux lettres.
Montrosier, ancien Commandant de Lille (gendre de M. Andrieux).
Devachères, Chanoine de la Cathédrale.
Alexandre, Chanoine de Saint-Symphorien.
Romain, Curé du Chêne-le-Populeux.
Suny, Curé de Rilly-la-Montagne.
De Mourous, Vicaire Général, mort de ses blessures deux jours après les massacres.

XI.

LETTRE DE JUSSION ADRESSÉE LE 26 AVRIL 1794 (OCTODI FLORÉAL AN II) PAR LE COMITÉ DE SURVEILLANCE AUX ARTISTES DES DIFFÉRENTS THÉATRES DE PARIS ET DES DÉPARTEMENTS :

« Nous vous enjoignons expressément, citoyens, au nom de « la loi et sous votre responsabilité personnelle, de faire dis- « paraitre sur le champ de toutes vos pièces de théâtre, soit « en vers ou en prose, les titres de *duc, baron, marquis,* « *comte, monsieur, madame,* et autres qualifications pros- « crites, ces noms de féodalité émanant d'une source trop « impure pour qu'ils souillent plus longtemps la scène fran « çaise. »

XII.

BRIS DE LA SAINTE AMPOULE.

Rapport de Rhul à la Convention nationale.

« Octobre 1793. (Vendémiaire an II.)

« Citoyens mes collègues, vous m'avez chargé, par votre décret du 16 septembre dernier, de surveiller, dans les départements de la Marne et de la Haute-Marne, l'exécution de la loi du 23 août. L'article Ier de cette loi veut que les vieillards se fassent porter sur les places publiques pour y prêcher la haine des rois et l'unité de la République. A mon arrivée dans la ville de Reims, je n'ai point trouvé de vieillards sur les places publiques de cette ville prêchant la haine des rois ; mais moi, qui suis un vieillard, qui a en exécration les rois, les despotes et tous les ennemis de la liberté et de l'égalité, je me suis transporté sur la place ci-devant Royale, aujourd'hui Nationale, j'y ai prêché la haine des tyrans : et pour joindre l'exemple au précepte, la pratique à la théorie, j'ai brisé, en présence des autorités constituées et d'un peuple nombreux, sous les acclamations répétées de : Vive la République une et indivisible, le monument honteux créé par la ruse perfide du sacerdoce, pour mieux servir les desseins ambitieux du trône, en un mot, j'ai brisé la Sainte-Ampoule sur le piédestal de Louis-le-fainéant, quinzième du nom. La tête du tyran est tombée, toutes celles qui voudront s'élever au-dessus du Français, redevenu libre, doivent tomber de même. Ce peuple immense et généreux ne verra plus désormais l'insidieuse farce du Sacre d'un brigand heureux. Tout ce qui a trait à ce Sacre, tout ce qui entretenait le fanatisme du peuple pour ses oppresseurs en lui faisant accroire que le ciel avait choisi des mortels plus favorisés que lui pour le mettre aux fers, doit disparaître. La Sainte-Ampoule n'existe plus. Ce hochet sacré des sots et cet instrument dangereux dans les mains des satellites du despotisme a disparu. Recevez-en, mes collègues, les débris, avec le reliquaire qui le contenoit, de même que le procès-verbal qui en constate l'anéantissement éternel.

« *Signé :* Philippe RUHL. »

On sait assez que le fanatique auteur de cette lettre, décrété d'accusation lors de l'insurrection du 1er prairial an III, se poignarda, sous les yeux de ses juges, pour échapper à la honte de l'échafaud. — Beau et heureux temps que celui-là !

XIII.

PROJET DE RÈGLEMENT POUR LA SOCIÉTÉ DRAMATIQUE PRÉSENTÉ A LA SOCIÉTÉ POPULAIRE LE 27 FRIMAIRE AN II (22 NOV.) PAR LA COMMISSION DES QUATRE ET ADOPTÉ SOUS LE BON PLAISIR DU CONSEIL GÉNÉRAL DE LA COMMUNE.

CHAPITRE 1er. — *Du Spectacle.*

Article 1er. — Aucune pièce ne pourra être jouée qu'elle n'ait été vue et visée par la municipalité.

(*Accordé.*)

Art. 2. — Le répertoire sera arrêté tous les mois.

Art. 3. — Le directeur sera tenu de donner tous les jours de décades et demi-décades des pièces patriotiques.

(*Accordé.*)

Art. 4. — Tous les jours de décade et de demi-décade, et lorsque le public le demandera, dans les entr'actes on chantera une chanson civique.

(*Accordé.*)

Art. 5. — Il est défendu de donner aucunes pièces qui présentent des idées de féodalité.

(*Accordé.*)

Art. 6. — Seront retirés des pièces les mots de comte, marquis, monseigneur, bailly, etc., qui ne doivent pas souiller la bouche des républicains.

(*Accordé,* sauf quand l'emploi de ces expressions aura pour but de tourner en ridicule ceux qui étaient revêtus du titre.)

Art. 7. — Il sera formé un comité de neuf membres, choisis, partie dans la société dramatique, partie dans la société populaire, et partie dans le conseil général de la commune, lequel examinera, reviscra et épurera les anciennes pièces qui pourront être jouées devant des hommes libres.

Le comité dont il est parlé dans l'article ci-contre sera formé de six membres, composé de quatre membres de la société et de deux du comité des spectacles, du conseil général, sauf à appeler, quand il croira convenable, tel membre de la société dramatqiue.

Art. 8. — Tous les mois il y aura un jour destiné à un spectacle gratuit : on ne jouera que des pièces patriotiques.

Sur l'offre du citoyen Redon, d'ici au courant de germinal, il sera joué quatre pièces au profit des pauvres, y compris la représentation du 3 nivôse.

Chapitre II. — *De la Police.*

Article 1er. — Le spectacle commencera à cinq heures précises, — et de manière que le spectacle soit fermé à huit heures. — *(Cette surcharge biffée.)*

Art. 2. — Les portes qui conduisent aux théâtres et foyers seront fermées.

Art. 3. — Il y aura à la porte d'entrée sur le théâtre un garde payé par le directeur : ce garde ne laissera entrer que acteurs, actrices et gens attachés au spectacle.

Art. 4. — Aucun citoyen ne pourra pendant le spectacle aller aux ci-devant foyers ni théâtre. Les officiers de police seuls auront ce droit.

Art. 5. — Il sera placé dans le vestibule des premières loges un poele où tous les citoyens et citoyennes pourront aller se chauffer.

(Accordé. Le poele sera fourni par les actionnaires et alimenté par le directeur.)

Art. 6. — Tous citoyens ou citoyennes qui troubleront le spectacle seront sur le champ arrêtés et conduits devant l'officier de police.

Art. 7. — Il est recommandé au directeur de ne point laisser pendant le spectacle communiquer ses pensionnaires avec les spectateurs.

Inutile. attendu que le poele sera dans une place où tout le monde communiquera.

18

Art. 8. — Quatre membres choisis par le président de la Société se trouveront tous les jours au spectacle. Là, ils surveilleront les ennemis de la chose publique, qui profitent des grands rassemblemens pour fomenter des troubles.

Inutile par le même motif que le précédent.

Art. 9. — Le présent règlement sera présenté au Conseil général de la commune avec invitation de le prendre en considération.

(Cet article est biffé et remplacé par les suivants, écrits de la main de l'abbé Blavier.)

Art. 9. — La porte de communication de la maison louée au citoyen Blaise avec la salle de spectacle par le dessous du théâtre, sera tous les jours de spectacle fermée, depuis trois heures et demie de relevée jusqu'enfin du spectacle à toute autre personne qu'au citoyen Blaise, à cause des inconvénients reconnus résulter de cette communication tant contre le directeur que contre les actionnaires.

Art. 11. — Le directeur dénoncera les rixes qui pourront s'élever entre ses pensionnaires, et faute de dénonciation il demeurera responsable des suites qu'elles pourroient avoir.

Art. 12. — Le spectacle devra commencer à cinq heures précises. Le directeur sera tenu de faire lever la toile à cette heure, et si l'acteur qui doit ouvrir la scène n'est pas prest, l'officier municipal de service en dressera procès-verbal d'après lequel le directeur sera cité à l'audience suivante de police.

Art. 13. — Les musiciens seront tenus de se rendre exactement à cinq heures moins un quart.

(Biffé.)

Art. 14. — Le présent règlement sera imprimé, affiché dans l'intérieur de la salle et dans toute la commune.

Art. 15. — Les deux huissiers de police de semaine se trouveront tous les jours au spectacle à l'effet d'y recevoir les ordres des officiers municipaux : leur place sera au parterre auprès des deux portes.

Art. 16. — Personne n'entrera au spectacle avec armes, ni épées, ni sabres, à l'exception de ceux qui y sont de service et ceux qui devront y figurer. Ces derniers qui voudront se rendre au parterre seront tenus de laisser leurs armes au

magasin du spectacle, en conséquence on écrira au commandant temporaire à l'effet qu'il donne des ordres aux militaires
résidants à Reims de se conformer au présent article.

Note jointe à la précédente pièce.

A l'époque de ce règlement, les actionnaires propriétaires de la salle étaient
parvenus à rembourser plus de la moitié des actions; de cent seize, il n'en restait
plus que cinquante-cinq à payer, sur lesquelles quatre appartenaient à des émigrés, et quatre à des citoyens dont les biens étaient en séquestre. A cette époque
le citoyen Raulin, chargé de la régie et administration des domaines nationaux à
Reims, réclamait, au nom de la Nation, l'administration de la salle, en vertu de
la loi contre les émigrés, portant que, dans toute association quelconque, dès
qu'un émigré y a quelque intérêt, la masse totale est mise sous la main de la
Nation. Les actionnaires soutenaient que la loi n'avait en vue que les associations dans lesquelles les membres peuvent y trouver des bénéfices : mais que ce
n'est pas le cas ici, attendu que les actionnaires n'ont eu d'autre but que de procurer à leurs concitoyens une salle mieux située, mieux distribuée; qu'ils ont
fourni leurs fonds, sans réserver aucun intérêt de leurs avances, et en s'enga-
geant à ne les retirer peu à peu qu'après parfait paiement de la construction et
de toutes les fournitures, réparations et améliorations reconnues nécessaires. —
Cependant, à la fin de vendémiaire an III, ils se résignèrent à remettre aux administrateurs du district de Reims la régie et administration de la salle. — Mais
bientôt les actionnaires s'aperçurent avec regret que depuis cette cession, et surtout depuis la suppression du district, l'édifice est très négligé, qu'il est mal en-
tretenu, que des dégradations s'y font journellement, en un mot, on y sent l'abandon et le défaut de surveillance.

A ce règlement est annexée la pièce suivante qui fait connaître quelques-uns des principaux membres du club révolutionnaire :

An II, 28 frimaire (18 décembre 1793).

SOCIÉTÉ POPULAIRE.

L'an deux de la République française une et indivisible.

(Séance du 27 frimaire.)

La Commission, composée de cinq membres, qui sont :
Noël, Brigot. Duchesne Simon, Crepin et Delarue, et chargée
par la Société de présenter un projet de police pour le spectacle, a fait son rapport. La Société, qui y a vu des idées
saines et des dispositions utiles, a arrêté que sa Commission

le présenterait au conseil municipal pour obtenir son adhésion.

Délivré à Reims ce vingt-huit frimaire, second an de la République.

> *Signé* : Delarue, *secrétaire*,
> Noël, *président*,
> Le Moine, *ancien secrétaire* (archiviste, auteur de la *Diplomatique pratique*).

XIV.

ARRESTATION DES ACTEURS DU THÉATRE DE LA NATION.

A la séance du 3 septembre 1793 de la Convention nationale, présidée par Maximilien Robespierre, « Barras a demandé que la Convention approuvât un arrêté pris par le Comité de salut public, portant que le théâtre *dit de la Nation* serait fermé, que les acteurs et les actrices seraient mis en état d'arrestation, à cause de leur incivisme, et parce qu'ils sont soupçonnés d'entretenir des correspondances avec les émigrés, ainsi que François de Neufchâteau, auteur de la pièce intitulée *Paméla*, et que les scellés seroient apposés sur leurs papiers. »

Effectivement, dans la nuit du 3 au 4 septembre 1793, on envoya *aux Madelonnettes*, Dazincourt, Fleury, Bellemont, Vanhove, Florence, Saint-Fal, Saint-Prix, Naudet, Dunant, Champville Dupont, La Rochelle, Narsy, Gérard, Alexandre Duval : et à *Sainte-Pélagie*, Mesdames La Chassaigne, Raucourt, Suin, Contat, Thenard, Joly, Devienne, Petit, Fleury, Mezeray, Montgautier, Ribon et Lange.

C'est devant une si belle proie qu'on entendit l'effronté saltimbanque Collot d'Herbois s'écrier : « La tête de la Comédie-Française sera guillotinée et le reste déporté. » Cette affreuse prédiction se serait réalisée sans le dévouement d'un ancien acteur, Charles de la Bussière, employé du Comité de salut public, qui fit disparaître, au péril de sa vie, les dossiers des comédiens français, et empêcha ainsi ses camarades de comparaître devant le tribunal révolutionnaire. » *H. Welschinger*.

XV

FÊTE CIVIQUE

Ordre de la marche de la fête qui aura lieu à Reims, le 10 août 1793, 2ᵉ de la République française une et indivisible, arrêté par les citoyens Administrateurs du district, les membres du Conseil général de la commune, et proposé par la Société populaire.

Les huit bataillons de la garde rémoise seront invités de se trouver à onze heures précises du matin, chacun au lieu fixé pour leur rassemblement, en sorte que chacun d'eux puisse être rendu autour de l'autel de la Patrie à midi et demi précis.

Les corps armés seront invités de se trouver à la même heure dans le grand boulingrin des Promenades.

A une heure précise, les corps constitués et la Société populaire de la commune de Reims se trouveront réunis dans la maison rue Saint-Denis, où l'administration du district tient ses séances, et à la même heure, le cortège composé ainsi qu'il suit, se mettra en marche :

Un détachement de la gendarmerie et de la cavalerie, en garnison à Reims, entremêlés ensemble, ouvrira la marche : suivront ensuite huit sapeurs, la compagnie des Vétérans entourant un tombereau, sur lequel seront déposés tous les titres féodaux ; les tambours, la musique, et un détachement de huit compagnies de grenadiers qui marcheront devant et autour du cortège.

Un chœur d'enfants des deux sexes ouvrira la marche. Au milieu et par eux sera portée sur un brancard la statue de la Liberté ; elle sera suivie de jeunes filles vêtues en blanc, un ruban tricolore en écharpe, et les jeunes gens porteront un drapeau sur lequel on lira ces mots : *Espérance de la Patrie.*

Un enfant précédera, portant une cassolette propre à brûler des parfums et de l'encens au moment de l'inauguration.

Des jeunes filles porteront à la suite un panier de fleurs et de couronnes.

Paroîtront ensuite les *Droits de l'homme* et l'Acte constitutionnel, portés par deux élèves de la patrie, et soutenus par des chaînes tricolores qui flotteront entre les mains de quatre filles.

Les drapeaux de la Société populaire marcheront à côté.

Des mères de famille porteront ensuite une urne funéraire, couverte d'un crêpe, dans laquelle on aura inscrit les noms des braves défenseurs de la Patrie.

Leurs parens, en habit de deuil, sont invités à l'accompagner.

Les neuf présidents des Comités de surveillance sont aussi invités à marcher ensuite et à porter une gerbe, symbole de l'union, traversée verticalement par une pique, symbole du respect.

Un des membres du district portera la bannière.

Viendront ensuite les autorités constituées et la Société populaire : un détachement de la gendarmerie nationale et de la cavalerie, entremêlés ensemble, termineront la marche.

Le cortège dirigera sa route par les rues Saint-Denis, de Vesle et de la Couture, pour se rendre à l'autel de la Patrie, où se trouveront réunis les huit bataillons de la garde nationale et les corps armés en garnison à Reims. Lorsqu'il y sera arrivé, le citoyen Président du district et le citoyen Maire prononceront chacun un discours analogue à la cérémonie ; ils prêteront ensuite individuellement le serment de maintenir la République une et indivisible, qui sera répété par tous les spectateurs.

Pendant cette cérémonie, des salves de canon multipliées et le son de toutes les cloches de la ville se feront entendre.

Le serment prononcé, le silence succédera aux témoignages vifs et répétés que chacun se sera empressé de donner, et alors sera chanté le couplet, *Amour sacré de la Patrie*, etc., lequel sera répété trois fois.

Alors le citoyen président du district fera la lecture d'un titre féodal, et aussitôt qu'elle aura été achevée, il le jettera avec indignation sur le bûcher, où auront été amoncelés les autres titres de l'ancienne féodalité, auxquels il s'empressera de

mettre le feu : il jettera aussi au milieu des flammes l'éten-
dard du district.

Le feu éteint, la garde nationale, les corps militaires invités
à la.cérémonie et le cortège se mettront en route et se rendront sur la place Nationale par les rues de la Couture, de
l'Etape, de la Vieille-Couture, du Puits-Taira et des Tapissiers.

Dans la marche, la musique jouera et on chantera en chœur
l'hymne de *la Marseillaise*. On aura soin de mettre entre chaque strophe des intervalles égaux, de manière que la dernière : *Amour sacré de la Patrie*, ne se chante qu'en arri-
vant sur la place Nationale : les pauses doivent être très silen-
cieuses.

Arrivé au pied du monument le cortège l'entourera sans
confusion ; l'urne sera déposée sur les marches, les tambours
feront un long roulement, la musique succèdera et jouera
l'air : *Où peut-on être mieux qu'au sein de sa famille*, etc.

Le citoyen maire et le citoyen président de la Société prononceront chacun un discours relatif à la cérémonie, et, s'a-
vançant ensuite vers l'urne, un enfant en tirera les noms à
mesure, et les présentera au citoyen maire qui, après avoir
hautement proclamé ceux qui auront bien mérité de la Patrie,
en mourant avec honneur pour la défense de la liberté, les
rendra au président de la Société, qui les remettra dans l'urne
après que tous en seront sortis.

La musique témoignera après chaque nom la satisfaction
publique.

Le canon annoncera cette proclamation.

Les jeunes filles répandront des fleurs et on fera fumer
l'encens autour du monument.

Les musiciens chanteront et joueront alternativement les
stances d'un hymne funèbre analogue à la cérémonie, dont il
sera distribué des exemplaires imprimés.

Les enfants pourront chanter le couplet : *Nous entrerons
dans la carrière*, etc.

Ensuite les corps constitués et la Société populaire retour-
neront, dans le même ordre, au chef-lieu de l'administration
du district, où, étant arrivés, chacun se séparera.

Qu'on dise, après tout cela, que le peuple français
n'est pas le peuple le plus spirituel de la terre !!

XVI.

DE LA POLICE DU SPECTACLE.

Arrêté du conseil général de la Commune de Reims.
Séance du 13 ventôse an III.

Article 1er. — Le spectacle commencera à cinq heures et demie précises, en conséquence les musiciens seront tenus de se rendre à leur poste à cinq heures précises.

Art. 2. — Aussitôt la levée de la toile, tous les citoyens indistinctement se tiendront découverts et garderont le plus profond silence.

Art. 3. — Ceux des citoyens qui, conservant leurs bonnets ou leurs chapeaux, refuseroient de les retirer au premier avertissement qui leur en sera fait, seront considérés comme perturbateurs du repos public et comme tels poursuivis et punis suivant la rigueur des lois.

Art. 4. — Il y aura une place spécialement affectée à la police.

Art. 5. — Cette place sera au milieu de l'amphithéâtre où il y aura une barrière de construite, dans le sein de laquelle seront quatre tabourets.

Art. 6. — La police sera toujours composée de quatre membres, scavoir : un membre du Conseil général, décoré de son écharpe ou de son ruban tricolore ; un Commissaire de police, décoré de son chapron ; le Commandant de décade et son adjudant, également décorés de leurs *hoscoles (sic)*.

Art. 7. — Tous les membres du conseil général seront de service au spectacle chacun à leur tour.

Art. 8. — Deux huissiers de police de semaine se trouveront tous les jours au spectacle, sans pouvoir s'en dispenser, et leurs places seront au parterre près les deux portes.

Art. 9. — Le commandant du poste du spectacle veillera à ce que la garde soit toujours complette, et tous les citoyens de garde, sans en excepter l'officier, ne pourront quitter leur poste sous aucun prétexte.

Art. 10. — L'entrée du cy-devant foyer, théâtre et coulices est strictement défendue à tous citoyens sans exception. (Cet article sera de rigueur.)

Art. 11. — Sont néanmoins exceptés de l'art. 10 les militaires appelés pour figurer sur la scène lorsque la pièce exigera, et dans ce cas, le directeur est tenu, avant la levée de la toile, d'avertir les officiers de police du nombre qu'il introduit sur le théâtre.

Art. 12. — Tout artiste qui ne se renfermera pas strictement dans son rôle, qui ne s'y attachera pas littéralement, ou qui se plaira à y créer, sera traduit à la police municipale.

Art. 13. — Tous vers, lettres, billets ou chansons qui seront jettés sur la scène pourront y être lus

Ajouté en marge, d'une autre écriture. ⟨ ou chantés, pourvu toutes fois qu'ils soient signés et que l'auteur se trouve à côté de l'artiste qui le lira ou chantera, et ce conformément à l'arrêté du Comité du salut public de la Convention, article des spectacles.

Art. 14. — Le directeur ne pourra distribuer plus de billets que l'enceinte de la salle le permet, et aussitôt qu'elle sera pleine, les bureaux de distribution de billets seront fermés.

Art. 15. — Le directeur dénoncera les risques *(sic)* qui pourront s'élever entre les pensionnaires, et faute de l'avoir fait, il demeurera responsable des suites qu'elles pourroient avoir.

Art. 16. — Le spectacle devant commencer à cinq heures et demie, le directeur sera tenu de faire lever la toile à cette heure, et si l'acteur qui doit ouvrir la scène n'est pas prêt, le commissaire de police, à la réquisition du membre du Conseil général de la commune de service, en dressera procès-verbal, d'après lequel ledit acteur sera cité à l'audience suivante de la police.

Art. 17. — Tous citoyens ou citoyennes qui troubleront le spectacle seront sur le champ arrêtés et punis suivant la rigueur des lois.

Art. 18. — Le présent règlement sera imprimé, affiché dans l'intérieur de la salle du spectacle, dans l'étendue de la commune, dans tous les corps-de-garde et casernes pour qu'aucuns citoyens et militaires n'en prétendent cause d'ignorance et aient à s'y conformer.

XVII.

EXÉCUTION DES 13 ET 14 VENTOSE AN IV.

L'abbé Musart (Nicolas), curé de Somme-Vesle et de Poix, condamné sur le réquisitoire de Thuriot et exécuté le 14 Ventôse an IV, n'était point septuagénaire comme nous le disons p. 186, mais âgé seulement de 42 ans. C'est lui qui est visé dans la lettre que nous avons donnée plus haut. La *Vie de l'Abbé Musart* a été publiée par M. Loriquet. Nous y renvoyons le lecteur.

Voici un autre échantillon du style du citoyen Thuriot

Le Commissaire du Directoire exécutif près les Tribunaux civil et criminel du département de la Marne,

Aux citoyens Président et Membres de l'Administration municipale de la commune de Rheims.

Je vous préviens, Citoyens, que demain 14 ventoze un jugement qui condamne un émigré à mort doit être mis à exécution.

Je vous invite à prendre pour la police toutes les mesures extraordinaires que vous croirez convenables.

Vous penserez sans doute que les circonstances exigent que vous ajoutiez à la garde établie, maison de justice, et que des actes particuliers de surveillance sont nécessaires. La maison de justice n'est pas sure, des patrouilles de nuit vous paraîtront sans doute aussi indispensables.

Je me repose entièrement sur votre zèle et votre patriotisme.

Salut et *fraternité!*

13 ventose an 4.   THURIOT,

Et comme complément de cette affaire, où la fraternité joue un si beau rôle, voici la reproduction du placard imprimé et affiché aux endroits consacrés :

13 Ventose an 4.

Au nom du Peuple français.

Jugement du tribunal criminel du département de la Marne, séant à Reims, qui condamne D'Eu fils, dit Montigny, inscrit sur la liste générale des Emigrés, lettre D, page 58, à la peine de mort ; déclare ses biens acquis et confisqués au profit de la République, conformément à la loi du 25 Brumaire an 3, article 17 de la section 3, du titre 3, aux articles 1er et 2 du titre 4 et à l'article 4 de la section première du titre 5 de la même loi.

Fait et signé à Reims, le 13 Ventose an 4, en présence des citoyens Tronsson-Mopinot et Marlette, officiers municipaux de la commune de Reims, invités à se rendre en ladite audience par le Président du Tribunal, pour être présens, conformément aux dispositions de la loi, à l'instruction et au jugement dudit Montigny, et à laquelle audience assistaient : *Jean-Joseph de Saint-Genis,* président, Laurent Pellerin, Nicolas-Louis Jouvant, Simon-Pierre Moreau, juges dudit tribunal, Jacques-Alexis Houllier, juge du tribunal civil, invités, qui ont signé sur la minute du présent jugement.

DE SAINT-GENIS. PELLERIN, JOUVANT, MOREAU, HOULLIER et LEJEUNE, greffier.

On a remarqué, dit l'auteur de la *Vie de l'Abbé Musart* que, des cinq juges qui siégèrent dans ces deux affaires, il n'y en avait pas un qui ne fût personnellement connu par la douceur de ses mœurs et par ses opinions modérées. Exemple frappant du danger des fonctions publiques dans les temps de révolutions populaires. De quelque bonne intention que l'on se soit prévalu d'abord, on est bientôt emporté loin de son devoir, à moins que l'on ait assez de force de caractère pour résister à l'autorité dès qu'elle commande l'injustice ou le crime. »

SOUS LE DIRECTOIRE

XVIII.

POURSUITES CONTRE UN ACTEUR ÉMIGRÉ.

Nous n'avons pas vu l'accueil fait par le public aux enfants du citoyen Redon, mais nous trouvons, dès l'année 1788, une autre troupe d'enfants qui, sous la direction du sieur Bernardi et de la femme Fleury, donnèrent plusieurs représentations à Reims. Parmi eux figurait le jeune Benoît Collin, de Reims, qui, plus tard, sous le régime de la Terreur, fut poursuivi comme émigré, pour être passé en Belgique avec ses jeunes camarades, sous la direction dudit Bernardi.

Aux citoyens composant la Société populaire de Reims.

La citoyenne Marie-Anne Dugand, de Reims, vous expose qu'il est de notoriété publique en cette ville qu'en l'année 1788 les nommés Bernardy et la femme Fleury, associés pour l'entreprise d'un spectacle de comédie d'enfants, depuis 6 ans jusqu'à 12 à 14 ans, ont effectué cette entreprise à Reims ; que les citoyens Péguchet, coiffeur de femmes, et Hazard, tourneur, *sous les Loges,* leur ont remis leurs enfants pour cet effet, qu'ils ont donné ici plusieurs représentations et que ces enfants ont constamment suivi ces dits entrepreneurs qui ont quitté la France, et ont tenu depuis le Brabant pour y représenter leurs pièces de théâtre.

La Remontrante, touchée de la triste situation où se trouvoit un jeune enfant de 12 ans, nommé Benoit Collin, né à Reims, qui étoit sans cesse maltraité de ses parents, songea à le présenter à Bernardy et Fleury : il fut accepté et entra dans leur troupe d'enfants pour y être instruit en l'art dramatique. Il a suivi cette carrière jusqu'à ce moment sur les différents théâtres du Brabant.

Absent de Reims depuis 1788, il ne pouvait être réputé émigré... Il vient cependant d'être acconduit à Reims, à titre d'émigré, par la gendarmerie, et il est actuellement en prison.

Ladite Dugand réclame la sortie de prison de ce jeune homme, âgé de 18 ans, pour être transféré en l'hospice.

XIX.

REVENDICATION DE LA SALLE PAR LA MUNICIPALITÉ.

Paris, le 17 prairial an V (4 juin 1797).

Citoyens administrateurs,

Quelques jours avant mon départ pour Paris, M. Sutaine Maillefer m'a remis un mémoire sur la salle des spectacles de Reims ; ce mémoire tend à faire rendre la propriété de cette salle aux anciens propriétaires, qui seroient tenus d'acquitter les cinquante-cinq actions qui restent à payer ; depuis, il m'a écrit pour me prévenir que l'administration municipale a le projet d'agrandir le parterre, ce qui, dit-il, rendroit inutiles deux poëles des corridors destinés à échauffer le parterre et occasionneroit une dépense qui éloigneroit le remboursement des actionnaires. Je ne suis pas de l'avis de M. Sutaine pour la propriété à rendre aux anciens propriétaires : tous les actionnaires sont propriétaires, mais la propriété de chaque actionnaire cesse aussitôt le remboursement de son action. N'est-il pas plus convenable que la municipalité, qui doit devenir propriétaire de la salle après le remboursement de toutes les actions, en devienne propriétaire dès à présent, à la charge d'acquitter les actions au fur et à mesure de la rentrée des fonds, à la charge aussi de faire valoir la salle au profit des pauvres, lorsque les actions seront remboursées, ainsi qu'il en a été convenu entre les actionnaires lors de leur association, et enfin à la charge de l'entretenir et d'y faire faire toutes les réparations necessaires. Il est naturel que, la plupart des actionnaires n'existant plus ou étant absents, la municipalité

ait l'administration de cette salle et puisse y faire faire tous
les changements que le bien public exige. Ecrivez-moi si ces
vues sont les vôtres, nous agirons alors, M. Leroy et moy, de
concert avec vous pour faire rendre une loy qui adopte nos
vues.

Signé : DESSAIN.

XX.

RESTAURATIONS A LA SALLE.

Cahier servant à inscrire les lettres et pétitions,
29 prairial an VI (17 juin 1798).

Au Receveur du domaine national,

Nous avons vu avec plaisir différentes réparations de la
dernière urgence que vous venez de faire faire à l'extérieur
de la salle de spectacles, et sans lesquelles il eut été à craindre
des accidens que l'on doit prévoir et en même tems éviter ;
mais elles ne sont pas les seules reconnues urgentes, l'intérieur de la salle en exige aussi d'essentielles, elles sont
d'ailleurs réclamées généralement par tous les citoyens.
Aussitôt la Révolution on s'est empressé de faire disparaître
de cette salle tout ce qui pouvoit retracer à l'esprit des idées
de royauté. Mais on auroit dû y substituer des ornemens
analogues au nouveau régime sous lequel nous existons ;
rien n'a été fait, et il s'ensuit que cette salle se trouve dans
le plus mauvais état possible et qu'il est intéressant de faire
réparer en entier la peinture et surtout un des objets dont il
est nécessaire de s'occuper de suite, nous vous invitons, en
conséquence, attendu que le gouvernement jouit des loyers
de cette salle et qu'ils sont assez conséquens pour permettre
une certaine dépense, à faire dresser le devis des réparations
dont l'urgence est reconnue nécessaire, à l'effet de pouvoir
solliciter des autorités supérieures toutes autorisations à
même de réparer cette salle et la décorer d'une manière convenable à l'objet pour lequel elle est destinée.

XXI.

PERSONNEL DE LA TROUPE DE LA CIT. REDON.

(1er messidor an V.)

Françoise Bonnet (veuve Redon), 39 ans, née à Romans, demeurant antérieurement à Romans.

Laurent Millerand, 43 ans, né à Grenoble, jouant la comédie depuis 24 ans.

Rosalie Ganié, 36 ans, née à Parme, artiste dramatique depuis l'âge de 11 ans, toujours en France.

Marie-Françoise Michel, 25 ans, née à Nancy, artiste depuis l'âge de 18 ans, toujours fixée en France.

Junie-Sophie Rau, 24 ans, née à Lyon, artiste depuis l'âge de 16 ans, dem en France.

Charles-Pierre Boucly dit Bellement, 25 ans, né à Vitry-le-François, artiste depuis 6 ans, dem. ant. à Paris.

Jean-Louis Lopinot dit Hyacinthe, 53 ans, né à Thionville, artiste depuis 1759, dem. ant. à Thionville.

Louise-Joseph Lopinot dite Hyacinthe, 17 ans, née à Valenciennes, artiste depuis son enfance, dem. ant. à Valenciennes.

Dorothée Gention (veuve Pinot dit Duquérier), 24 ans, née à Gand, artiste depuis son enfance, dem. ant. à Paris.

Marie Poulin dite Opreuil, 39 ans, née à Paris, artiste depuis l'âge de 19 ans, dem. ant. à Paris.

Catherine-Félicité Poulin dite Opreuil, fille, 20 ans, née à La Haye, artiste depuis son enfance, dem. ant. à La Haye.

Charles-Joseph-Théodore Letombe D. Belmont, 39 ans, né à Arras, artiste depuis 10 ans, dem. ant. à Versailles et Cergy.

Renobert Asselineau dit Duplessis, 34 ans, né à Cosne-sur-Loire, artiste depuis 11 ans, dem. ant. à Cosne.

Catherine Jean-Maire, épouse de Renobert Asselineau, 35 ans, née à Nancy, artiste depuis 9 ans, dem. ant. à Nancy.

François Grandvalet, 31 ans, né à Orléans, artiste depuis 1789, dem. ant. à Orléans.

Jeanne Dupuis, femme François Grandvalet, 26 ans, née à Nancy, artiste depuis 1783, dem. ant. à Lyon, chez ses parents.

Marie-Louise Maudet, 22 ans, née à Paris, artiste depuis 1789, dem. ant. à Versailles, chez son père.

Louis-Pierre Montarcol, 19 ans, né à Paris, artiste depuis 1794, dem. ant. à Bordeaux, chez son oncle.

Joseph Arquier, 33 ans, né à Toulon, musicien de tout temps, dem. toujours en France, et particulièrement à Paris.

François-Louis Bessin, 35 ans, né à Paris, musicien dès l'enfance, dem. toujours en France et à Paris.

Pierre-Maurice Du Grey, 44 ans, né à Gand, artiste et musicien depuis l'âge de 20 ans, dem. toujours en France.

Pierre Jean Prat-Higou, 35 ans, né à Vigan, artiste depuis 11 ans, dem. ant. à Marseille.

Jean-Baptiste Levaillant-Dufossé, 50 ans, né à Rouen, artiste depuis 1766, dem. ant. à Rouen.

Henry-Joseph Delloye, 44 ans, né à Huy, pays de Liège, apothicaire et professeur de prosodie et de chant au théâtre, en France depuis 1785, dem. ant. à Londres.

XXII.

PERSONNEL RENOUVELÉ DE LA TROUPE SOUS LE RÉGISSEUR DU RUISSEL.

Pierre Fleury St-Preuil, né à Laigle (Orne), domicilié à Nancy, rue des Champs, près le jardin botanique, demeurant antérieurement à Paris, Théâtre de Molière, antérieurement clerc de procureur, artiste depuis 7 ans.

Julien-Antoine Jarre, né à Dijon (Côte-d'Or), domicilié à Rheims, dem. ant. à St-Quentin, ant. surnuméraire dans les domaines, artiste depuis 8 ans.

Jean-François Launay-Moling, né à Caen (Calvados), domicilié à Rheims, dem. ant. à Dunkerque, artiste depuis 12 ans.

Marguerite-Joseph Absil, femme Moling, née à Namur, domiciliée à Rheims, dem. antérieurement à Dunkerque, artiste depuis 4 ans.

Sophie Absil, née à Namur, domiciliée à Rheims, dem. antérieurement à Dunkerque, et marchande, artiste depuis 2 ans.

François Dutacq, né à Paris, domicilié à Rheims, dem. antérieurement à Beauvais, artiste depuis l'enfance.

Pierre-Bonaventure Goy, né à Lyon (Rhône et Loire), domicilié à Rheims, dem. ant. à Caen, ant. marchand, artiste depuis 7 ans.

Marie Bezuchet, femme Goy, née à Chamberry (Montblanc), domiciliée à Rheims, dem. ant. à Caen, figure dans les pièces à spectacle.

Marie-Elisabeth D'Ombre-Ducharme, née à Villefranche (Aveyron), domiciliée à Paris, rue du Bac, n° 813, dem. ant. à Paris, théâtre de la République, artiste depuis 6 ans.

Marie-Henriette Gauthier, femme Tribout, née à Metz (Moselle), domiciliée à Rheims, dem. ant. à Tours, ant. ouvrière en dentelles, artiste depuis 86 jusqu'en 93, marchande parfumeuse depuis cette époque jusqu'à l'hiver dernier, rentrée au théâtre depuis 5 mois.

Philippe Musard, né à Rheims, domicilié à Rheims, ant. musicien.

Louis-Etienne Pie Du Ruissel père, né à Douchy (Loiret), domicilié à Paris, rue St-Dominique, dem. ant. à Beauvais, ant. secrétaire général de l'administration générale des équipages militaires de Paris, artiste depuis la fin de ses études jusqu'en 93, employé aux bureaux de la guerre depuis cette époque jusqu'en messidor dernier, rentré alors au théâtre.

Marguerite-Agathe Compagnon-Desmarest, femme Du Ruissel, née à Paris, résidant à Paris, rue Saint-Dominique, artiste depuis 22 ans.

Louis-Joseph Pie Du Ruissel fils, né à La Flèche (Sarthe), domicilié à Paris, rue Saint-Dominique. dem. ant. à Beauvais, artiste depuis son enfance.

Nicolas-François Loulié ou *Loubé*, né à Paris, domicilié à Rheims, dem. ant. à Bar-sur-Ornin, ant. commis marchand, artiste depuis 4 ans.

Rosalie Hardy, femme Julien, née à Grenoble, domiciliée à Rheims, dem. ant. à Saint-Quentin, artiste depuis 6 ans.

Reims, 1er messidor an V.

Régisseur du spectacle, Pie Du Ruissel père.

XXIII.

L'ACTEUR MARCEL.

An VIIe, 6e jour complémentaire. — Renseignements sur le compte du citoyen Marcel, artiste dramatique à Reims : — Il a joué la comédie à Reims il y a deux à trois ans, — il y est resté peu de temps, car ayant été reconnu pour avoir fait partie d'un tribunal révolutionnaire, il a été sifflé par le parterre, on ne lui a pas laissé achever son rôle. — On a signifié au citoyen Millerand, régisseur de la citoyenne veuve Redon, directrice, de ne point le laisser reparaître sur le théâtre, — il est parti de suite.

XXIV.

NOUVELLE RÉGIE DE PIE DU RUISSEL.

Tableau des artistes dramatiques, musiciens et autres personnes employées au théâtre, du 1er frimaire an VII.

Louis-Etienne Pie, dit Du Ruissel, 46 ans, né à Douchy (Loiret), demeurant antérieurement à Paris, antérieurement secrétaire général de l'administration générale des équipages militaires.

Louis-Joseph Pie, dit Du Ruissel, 24 ans 1/2, né à La Flèche (Sarthe), dem. ant. à Beauvais, artiste dès l'enfance.

François Dutacq, 34 ans, né à Paris (Seine), dem. ant. à Beauvais, artiste dès l'enfance.

Pierre-Charles Debouchy dit Bellement, 28 ans, né à Vitry (Marne), dem. ant. à Rouen, artiste dès l'enfance.

Louis Platé, dit Joinville, 46 ans 1/2, né à Joigny (Yonne), dem. ant. à Rouen, ant. libraire.

Rousset, domicilié à Rheims avant l'entreprise.

Claude-François-Marie Namys, dit Saint-Aubin, 20 ans, né à Paris (Seine), dem. ant. à Paris, rentier de l'Etat, observant que ses 20 ans ne sont accomplis que le 1er vendémiaire.

Louis Dantoir, dit Désiré, 24 ans, né à Dié (Drôme), dem. ant. à Marseille, ant. officier de santé.

Jean-Baptiste Angellier, 32 ans, né à Dunkerque (Nord), dem. ant. à Montpellier, chez ses parents.

Joseph Absandre, dit Lavale, 33 ans, né à Montpellier, dem. ant. à Avignon, ant. marchand.

Jean-Baptiste Ternaux, 34 ans, né à Charleville (Ardennes), dem. ant. à Châlons, chez ses parents.

Philippe Musard, né à Rheims (Marne), ant. musicien (ancêtre du célèbre Musard).

Marguerite-Agathe Compagnon-Desmarest, femme Du Ruissel, 41 ans, née à Paris (Seine), dem. ant. à Beauvais, artiste depuis 25 ans.

Marie-Charlotte-Victoire Vian St-Yves, 28 ans, née à Paris (Seine), dem. ant. à Paris, dans sa famille.

Marie-Angélique Fontanille, femme de Bouchy, 25 ans, née à Paris (Seine), dem. ant. à Rouen, ant. fleuriste.

Marie Lissey, femme Lemerre, 26 ans, née à Saint-Pourçain (Allier), dem. ant. à Lille, chez ses parents.

Rose De Langre femme de Dufréne, dite Saint-Léger, 30 ans, née à Rouen (Seine-Inférieure), dem. ant. à Paris, chez ses parents.

Elisabeth Dupin-Grassan, 26 ans, née à Montpellier, dem. ant. à Lyon, chez ses parents.

Françoise Despierre-Lalonde, femme Desormes, 21 ans, née à Amiens (Somme), dem. ant. à Lorient, chez ses parents.

Marie Daubigny, 24 ans, née à Charleville (Ardennes), dem. ant. à Châlons-sur-Marne, chez ses parents.

Victoire Mipied, dite d'Hautvis, 30 ans, née à Château-Thierry, dem. ant. à La Rochelle, chez son père.

Orchestre.

Alexis-François-Xavier Taix, 34 ans, né à Avignon, professeur de musique, demeurant antérieurement à Sedan.

Caron,
Tirot,
Maufé,
Cancé,   domiciliés à Reims avant l'entreprise.
Pierre,
Bigot,
Méraud,

Autres employés, au nombre de 17, tous domiciliés à Rheims dès avant l'entreprise.

XXV.

LE RÉGISSEUR DELETRE

Après la régie de Pie Duruissel, nous avons dit quelques mots de celle de Deletre (p. 199) qui ne s'entendit pas longtemps avec dame Redon ; nous trouvons d'ailleurs une pièce qui nous prouve que ce nouveau régisseur continuait à être sous la pression des clubs. Les pièces de l'ancien répertoire ne sont toujours agréées qu'avec les épurations démocratiques que l'on sait. Quelques-unes sont radicalement retirées du répertoire. C'est ce que nous montre la lettre qui suit :

Reims, le 17 floréal an 8.

Aux citoyens Administrateurs de la commune de Reims.

Citoyens,

D'après votre lettre du 16 floréal, la pièce d'*Athalye* a été retirée du répertoire et l'entreprise du spectacle se conformera en tout à ce que vous voudrez bien lui ordonner.

DELETRE, *régisseur du spectacle.*

XXVI.

SALLE DRAVENY

(V. p. 192)

Reims, le 21 frimaire an 9ᵉ de la République (12 déc. 1800).

Serrurier fils, architecte,
Aux citoyens Maire et Adjoints de la ville de Reims.

Citoyens,

Aussitôt la réception de votre lettre de ce jour relative à la salle des spectacles de la rue Large, je me suis transporté à

cette salle. J'ai mesuré la superficie du parterre et la longueur
des banquettes des loges et j'ai reconnu que le parterre a 21
pieds de longueur sur 19 pieds de largeur, ce qui produit une
superficie d'environ 350 pieds, déduction faite des parties cir-
culaires qui sont de chaque côté de l'entrée.

Chaque personne occupe un peu moins de 2 pieds,
d'où il suit que le parterre ne peut contenir qu'environ 200 personnes.   cy   200

Les banquettes des premières loges ont ensemble
140 pieds, chaque personne occupe 1 pied 1/2, ainsi
la totalité des banquettes peut placer 93 personnes, cy   93
Plus sur des chaises 30 personnes,   30

Les 2es loges contiennent environ 200 pieds de ban-
quettes qui placeront 133 personnes   133
Plus sur des chaises 20 personnes   20
Plus debout derrière les banquettes environ 50 pers.   50

Le total des personnes que peut contenir la salle du
citoyen Draveny est donc de 526 personnes environ   526

A l'égard du placement d'une pompe, il y a dans la cour à
droite du théâtre un puits dans lequel, en y plaçant une pompe,
on aura de l'eau facilement sur le théâtre, il y a aussi dans
le jardin un puits avec une poulie, en y mettant une corde, il
pourroit encore servir au besoin.

La place la plus convenable pour les Commissaires de police
est la loge du théâtre à droite, elle est aux premières loges
communiquant facilement au théâtre et aux secondes loges, et
de cette loge on a la vue sur toute la salle, excepté aux secondes
loges qui se trouvent au-dessus.

    Salut et respect.   Serrurier fils.

XXVII.

RAPPORT SUR LA GESTION DE LA VEUVE REDON.
(P. 199)

14 vendémiaire an X.

Aux citoyens Maire et Adjoints de la ville de Reims,
Le Commissaire de police du deuxième arrondissement.

   Citoyens,
Hier 13 du courant, l'affiche de la comédie annonçait pour

cinq heures précises l'ouverture, à cause d'un bal qui devait commencer à dix heures. Je me suis rendu dans la salle à la susdite heure, et de là au foyer, où j'ai trouvé les artistes dans une division ridicule : entre autres le citoyen Abel, qui refusait net de jouer le rôle que la veille on lui avait destiné. Après avoir entendu toutes les observations de ses camarades, ce citoyen n'avait aucun tort, et c'est la mauvaise administration de la citoyenne Redon qui occasionne très fréquemment ces rebutantes dissensions. Elle s'en rapporte, (au dire de tous ses acteurs,) à la sagacité du citoyen Sanière, directeur de l'orchestre, dont l'honnêteté égale la propreté (il est toujours en cheveux fort gras et assez indécemment habillé), qui traite indignement les acteurs en les traitant de cochons, bouzins, etc., etc., renvoyant ou menaçant de chasser ceux qui s'occupent réellement de leur état. Enfin j'ai remarqué qu'il n'existe pas un seul homme acteur de cette troupe qui ne se plaigne amèrement de ses grossièretés et de la manière dure avec laquelle il les traite, rejettant tout sur lui et non sur la directrice de la dissension qui règne au théâtre.

J'ai fait venir sur la scène le citoyen Lesage, régisseur, pour qu'il ait à me déduire les causes du retard de l'ouverture du spectacle (qui n'a commencé qu'à cinq heures trois quarts), il s'est justifié, ainsi que le citoyen Abel, qui a paru également, se plaignant tous deux de n'avoir pas de répertoire établi par Madame Redon et toujours de la mauvaise administration dans la répartition des rôles que ledit Sanière leur donnait sans consulter s'ils pourraient ou non par leur santé ou autrement jouer les rôles qu'il leur assignait, souvent même n'étant pas de leur partie, et que, lorsqu'ils en faisaient des représentations, il les traitait durement avec menace d'être chassés et renvoyés, duretés auxquelles ils ne pouvaient se faire : néanmoins j'ai invité le citoyen Abel, pour que la pièce ne manque pas, de jouer le rôle qu'il lui avait désigné ; que, dans le cas où il ne le saurait pas parfaitement, le public, devant lequel il venait de se justifier, serait assez indulgent pour ne le pas trouver mauvais : ce qu'il a fait sans réplique.

J'ai, pour terminer toutes ces difficultés, trouvé un moyen que j'ai proposé aux artistes, qui l'ont trouvé bon et qui se

proposent d'y souscrire si toutefois vous l'acceptez et ordonnez
à la citoyenne Redon de le faire. Le voicy : C'est, chaque
jour de décade, à neuf heures du matin, de rassembler tous les
acteurs et actrices, la directrice et le citoyen Sanière, et là,
en présence d'un commissaire de police, qui sans doute
pourra contenir les propos indécents de ce dernier, faire un
répertoire pour le cours de la décade qui va commencer : de
sorte que les rôles étant distribués de cette manière, toutes
difficultés seront aplanies et même prévues, et par là un acteur ne pourra pas venir opposer, en cas de plaintes, qu'il
ignorait la pièce qu'il devait jouer. Si vous acceptez ma proposition, citoyens maire et adjoints, veuillez en faire prévenir
ladite citoyenne directrice.

     Salut et respect,

                                COLLET.

Reims, 14 vendémiaire an X.

Voici maintenant une série de documents dont nous n'avons pas eu l'occasion
de nous occuper, mais qui portent avec eux leur explication.

XXVIII.

ORDONNANCE MUNICIPALE

EXTRAIT DU REGISTRE DES ARRÊTÉS DE LA MAIRIE DE LA VILLE
   DE REIMS, DU 5 VENDÉMIAIRE AN XII DE LA RÉPUBLIQUE
   FRANÇAISE.

    Les maire et adjoints de la ville de Reims, prenant en con-
sidération les plaintes continuelles qui leur sont portées de
toutes parts, sur ce que le spectacle annoncé par les affiches,
devoir commencer à cinq heures et demie précises, ne l'est
pas souvent à six heures ;

    Informés que celui chargé de lever le rideau s'y refuse
presque toutes les fois, malgré les ordres qui lui en sont
donnés par la police, tantôt parce que l'artiste qui doit entrer

le premier en scène n'est pas encore prêt, tantôt parce que
toutes les décorations ne sont point encore disposées, ou que
les musiciens ne se trouvent pas tous réunis à l'orchestre;

Que les intervalles entre la première et la deuxième pièce,
ou entre les actes de la même pièce, lorsqu'il y a quelques
changements de décorations, sont beaucoup trop considérables, ce qui ne peut provenir que de la négligence des ma-
chinistes et de toutes les personnes attachées au théâtre, et
que le spectacle, qui devoit toujours finir à neuf heures au
plus tard, se prolonge souvent jusqu'à dix heures et plus ;

Informés que des particuliers se permettent d'amener avec
eux des chiens dans l'intérieur de la salle; que d'autres,
comme perruquiers, meuniers et charbonniers, s'y présentent
dans des costumes susceptibles de gêner les spectateurs ; qu'il
s'ensuit dès lors du bruit et des rixes qui ne tendent qu'à
troubler le spectacle ;

S'étant fait représenter l'Ordonnance de police du 15 septembre 1786, concernant l'ordre et la discipline à observer
par les acteurs et autres personnes attachées à la comédie ;

Considérant que cette Ordonnance renferme les mesures
les plus convenables pour obvier aux inconvénients sur lesquels on ne cesse de porter les plaintes les plus fondées ;

Arrêtent :

Les différens articles de l'Ordonnance de police du 15 septembre 1786, seront imprimés à la suite du présent, pour être
affichés, tant aux endroits accoutumés, qu'à la salle des
spectacles.

Des exemplaires en seront remis au directeur, qui en donnera connoissance à toutes les personnes attachées au théâtre,
pour qu'aucune d'elles ne puisse en prétendre cause d'ignorance.

Suit la teneur des articles de l'Ordonnance de police pré-
citée.

Article 1er. — La comédie commencera régulièrement à
cinq heures et demie précises; enjoint au directeur d'y tenir
la main ; défense à lui de souffrir qu'il y soit apporté aucun
retard, à peine de vingt-quatre francs d'amende par chaque
contravention ; et à cette fin, chaque jour de comédie tous les

acteurs, actrices et musiciens seront tenus de se trouver à la salle avant cinq heures, à peine de six livres d'amende.

Art. 2. — A cinq heures précises, le machiniste donnera le premier avertissement pour faire éclairer le théâtre, et prévenir les musiciens de se rendre à l'orchestre, et les acteurs et actrices de se tenir prêts ; à cinq heures un quart, il donnera le second avertissement, et tous les acteurs et actrices qui devront jouer dans le premier acte seront tenus de se rendre au théâtre en état d'entrer en scène, et tous les musiciens tenus de commencer l'exécution de quelques morceaux de musique avant l'ouverture de la pièce. A cinq heures et demie précises, on donnera le troisieme avertissement et aussitôt le directeur sera tenu de faire lever le rideau, et le machiniste d'obéir, sans aucun retard, à l'ordre qui pourra lui en être donné par les officiers de police ayant le département des spectacles, sous peine d'amende, même de prison, si le cas y échoit ; et dans le cas où l'un des acteurs et actrices se trouveroit en retard, il sera puni de six livres d'amende pour la première fois, de douze livres pour la seconde, sauf plus grande peine en cas de récidive, et le directeur tenu de déclarer les noms des délinquans, à peine d'être lui-même condamné à l'amende.

Art. 3. — Pour l'exécution de l'article précédent, chaque directeur sera tenu de remettre à la police, avant l'ouverture du théâtre, la liste des noms de tous les acteurs et actrices et autres personnes attachées à la troupe, l'emploi pour lequel chacun d'eux sera engagé et l'endroit de leur demeure en cette ville ; les acteurs, actrices et autres personnes de la troupe seront tenus de déclarer au directeur les noms, qualités et rues des habitans chez qui ils auront pris logement ; seront également tenus de l'avertir lorsqu'ils changeront de demeure, ce qui sera exécuté à peine de douze francs d'amende pour chaque contravention.

Art. 4. — Il ne pourra y avoir qu'une demi-heure au plus d'intervalle entre les deux pièces ; tous les acteurs et actrices qui devront jouer dans la seconde pièce se trouveront au théâtre, en état d'entrer en scène, et le directeur tenu de faire lever le rideau et commencer la seconde pièce une demi-heure au plus tard après la première finie, et le machiniste

tenu, sous peine d'amende et même de prison si le cas y
échoit, d'obéir aux ordres des commissaires de police pour
lever le rideau, et les acteurs qui seront en retard seront
punis d'amende comme dit est.

Art. 5. — Les acteurs et actrices qui doivent jouer dans la
seconde pièce, et qui n'auront pas de rôle à remplir dans la
première, seront tenus, à peine de six livres d'amende, d'être
entièrement habillés et mis en état d'entrer en scène avant
la fin de la première pièce, pour laisser les perruquiers, tail-
leurs et habilleuses libres de servir ceux qui, ayant joué
dans la première pièce, devront aussi jouer dans la seconde.

Art. 6. — Les musiciens seront tenus de rester à l'orchestre
pendant les entr'actes et entre les deux pièces, et d'y exécuter
pendant l'intervalle des morceaux de musique pour remplir le
vide du spectacle, et ce à peine de trois livres d'amende contre
chacun des contrevenans, dont le directeur sera tenu de déclarer les noms, à peine d'être garant de l'amende et tenu de
la payer.

Art. 7. — La décence, le bon ordre et la nécessité de l'illusion exigeant la liberté du théâtre et des coulisses, pour ne
pas gêner le jeu des acteurs, il est fait défense à toutes personnes quelconques d'y rester pendant la pièce, excepté les
serviteurs du théâtre et les acteurs et actrices chargés de
remplir quelques rôles, à peine de six livres d'amende, même
de plus grandes peines si le cas y échoit : il est enjoint, sous
les mêmes peines, à tous acteurs et actrices qui n'auront point
de rôles à remplir, et qui voudront jouir du spectacle, de se
tenir dans les loges ou balcons qui leur seront assignés, avec
défense d'assister au spectacle en tout autre endroit de la
salle, à peine d'être réputé avoir dessein de susciter des troubles dans le spectacle, et comme tel puni d'amende arbi-
traire.

Art. 8. — Il est fait défense également aux acteurs et actrices de conduire dans la salle, soit aux représentations,
soit aux répétitions, aucuns chiens ni autres animaux, sous
peine de trois livres d'amende, ainsi que de faire rester leurs
domestiques ou autres personnes de leur part dans les coulisses pendant les représentations. (La défense d'amener des
chiens dans l'intérieur de la salle est également étendue à
tous les spectateurs.)

Art. 9. — Le répertoire des pièces qui devront se jouer dans la quinzaine sera remis à la mairie pour être par elle approuvé, si faire se doit, et toutes pièces annoncées ne pourront être changées sans sa permission.

Les commissaires de police sont chargés de l'exécution des présentes, comme aussi de surveiller à ce que l'entrée de la salle soit interdite à tous individus qui s'y présenteroient dans un costume susceptible de gêner les spectateurs.

Fait et arrêté les jour, mois et an susdits.

Signé en la minute : Assy-Villain et Camus, *adjoints.*

Pour ampliation,

Assy-Villain, *adjoint.*

XXIX

NOTE SUR LE COMÉDIEN CHAPELLE

(Liasse 1812)

26 juillet. — Madame Chapelle, rue S. Médéric, à Paris, demande des nouvelles du s^r Chapelle, son mari, peintre et comédien dans la troupe de M. Piton, directeur à Reims (dont elle n'a pas eu de nouvelles depuis 5 mois ; elle craint qu'il n'ait eu quelque accident.

Rép. — Il loge chez Mme Surville, l'actrice avec laquelle il vit. — Le Directeur De Foy voudrait lui voir quitter Reims étant forcé de faire des avances à cette actrice dont il mange les appointements.

XXX

LAMOTTE ET AUBERT, CHANTEURS POPULAIRES

Aux citoyens Maire et Officiers municipaux de Reims.

Les citoyens Lamotte et Aubert associés ont l'honneur de vous représenter qu'ils n'ont pas suffisamment gagné leur vie... avec les *articles de la Paix* ainsi qu'avec les chansons que vous avez bien voulu leur permettre de distribuer... Le sujet de composer des vaudevilles à la gloire des demoiselles des villes où nous allons nous ayant réussi, nous désirerions vous engager à recommender la lecture de celles que nous vous avons présenté en l'honneur des demoiselles de Reims... pour en supprimer les mots et lignes qui ne vous conviennent pas : le citoy. Aubert en étant l'auteur s'offre à y faire tous les changements nécessaires et ensuite vous le soumettre avant la réimpression.

Reims, 8 brumaire an 9.

XXXI.

LE RÉGISSEUR THUILLIER A M. LE MAIRE.

Monsieur,

Je m'empresse de me conformer à vos désirs en vous annonçant que je suis forcé de changer la pièce de *l'Amant jaloux,* annoncée pour demain. Si Mme Kuntz ne s'étoit point chargée du rôle du *Petit Matelot*, j'aurois été forcé de changer les deux pièces. Car la première chanteuse, Mme Silaque, qui a débuté hier, est dans un état de maladie tellement grave, que je n'y fais même aucun fond pour l'avenir et que je crois pouvoir en toute justice prouver qu'elle n'étoit point capable de tenir l'engagement contracté contre toute bonne foi avec l'entreprise.

On donne demain *Paul et Virginie* et *le Petit Matelot ;* j'espère que cette substitution ne peut qu'être agréable au public, ces deux pièces sont bien montées et les sujets les plus goûtés y jouent.

Thuillier, *régisseur.*

Rheims, le 18 frimaire an XIV.

XXXII.

LA DAME FORIOSO.

(P. 212)

Monsieur le Préfet de Reims,

Nous sommes sortis de votre ville avec promesse et permission d'y revenir, d'après l'accueil favorable que de vous nous avons reçu. Nous nous disposons à aller passer l'hiver chez vous. J'ai avec moi une troupe des meilleures et nombreuse. Je souhaiterais savoir si votre intention serait de nous accorder cette demande, et si votre théâtre est libre, savoir les arrangemens que l'on voudra m'assigner, ou s'il y a troupe de comédie, prendre également avec les conditions des arrangemens pour nos jours, préparations et frais. Nous espérons y remporter encore votre estime et les suffrages de vos aimables habitans.

Femme LAURENSANI, née FORIOSO.

Ce 11 nov. 1806.

Voici mon adresse : Mme Forioso, maison Folie, rue Fontaine nationale, à Paris.

A Madame Forioso.

Votre lettre du 11 novembre dernier portant pour adresse : à M. le Préfet de Reims, a été renvoyée à Châlons... On vient de m'en faire le renvoy. Je l'ai communiquée aux Administrateurs de la salle de spectacles, mais cette salle est louée à une troupe de comédie, et les Administrateurs n'en peuvent pas disposer. Les directeurs de la troupe ne veulent point du tout faire d'association ou partager les bénéfices qu'ils peuvent faire dans ce moment. Il est possible que la comédie s'absente de Reims dans le mois de janvier ou dans le carême, et alors vous pourriez peut-être entrer en arrangement. Pour cela il vous sera nécessaire d'écrire à M. Fornier-Duplan, régisseur.

Je crois devoir vous observer que le tems du carnaval seroit peut-être moins favorable pour vous que le moment où vous êtes venu vers Pâques. Les Administrateurs de la salle ont aussi arrêté qu'il ne seroit plus tiré aucun feu d'artifice sur le théâtre. Je sais bien que votre talent n'a pas besoin de ce moyen pour être apprécié des connaisseurs ; mais la foule des curieux est quelquefois attirée par des feux d'artifices qui ne peuvent avoir lieu icy.

Châlons, 15 décembre 1806.

Le Préfet de la Marne au Maire de Reims.

Je vous renvoie la lettre... d'une dame Forioso... Si vous
croyez pouvoir accéder à sa demande, je désirerois qu'elle
vint aussi à Châlons où elle pourroit donner quelques représentations qui lui seroient avantageuses. Cet arrangement
rentre d'ailleurs dans la place qui a été proposée par les locataires de salle de spectacle de votre ville, et il offre l'expec-
tative d'avoir dans ce département un spectacle qui devien-
droit intéresant.

XXXIII

M. A. TRONSSON LECOMTE, MAIRE

Séance du 4 Janvier 1807.

A Monsieur le Préfet de la Marne.

Le Maire de Reims a l'honneur de vous exposer qu'aux
termes de l'art. 9 du décret impérial du 8 juin dernier « dans
chaque chef-lieu de département le théâtre principal doit jouir
seul du droit de donner des bals masqués. »

Cet article n'indique pas positivement la ville de Reims qui
n'est pas chef-lieu du département de la Marne, mais qui, par
sa population, en est pourtant la plus considérable, elle est
aussi désignée pour l'une des 36 principales de l'Empire. Ces
considérations doivent la faire assimiler aux villes chefs-lieux
de département, et deux motifs puissants peuvent encore vous
déterminer à prendre, relativement aux bals masqués, l'arrêté qu'il réclame en sa faveur.

1° Le théâtre principal de Reims appartient aux hospices
et par conséquent aux pauvres ; le produit des bals masqués
revient en entier aux dits hospices et ce produit ne peut
qu'augmenter quand les autres bals masqués seront interdits.

2º La police des bals masqués exige une surveillance particulière qu'il est extrémement difficile d'exercer quand ces bals ont lieu dans deux ou trois locaux séparés. La réunion de tous ces masques au principal théâtre rend l'exercice de la police plus facile et peut éviter dans les jours de carnaval des rixes et des accidents.

Je ne doute pas, Monsieur, que tous ces motifs réunis ne vous déterminent à prendre un arrêté qui, pour les bals masqués assimilera Reims aux chefs-lieux de département, et attribuera au seul théâtre de Reims le droit de donner les dits bals masqués.

Qⁱⁿ TRONSSON-LE COMTE, maire.

XXXIV

LESAGE-DUHAZAY, DIRECTEUR DU THÉATRE D'ANGERS

A Monsieur le Maire de Reims.

Monsieur le Maire de Reims,

J'ai l'honneur d'écrire par ce même courrier à M. le Préfet pour lui demander le privilège de votre ville pour les spectacles. J'ai eu l'avantage de voir au Mans un Monsieur qui m'a dit être de vos parents et actionnaire de la salle ; après avoir vu ma troupe il a bien voulu m'engager à faire des démarches pour obtenir le loyer de la salle de Rheims. J'ai augmenté ma troupe pour cette nouvelle année théâtrale. J'ai au nombre de mes pensionnaires un nommé Renaud qui a habité votre ville comme comédien ; il a encore augmenté le désir que j'avois dy aller par le récit qu'il m'en a fait. Veuillez donc me dire si la chose est possible, ma troupe est composée de 22 personnes jouant l'opéra et la comédie et mon répertoire est composée de 120 pièces presque toutes nouvelles.

LESAGE-DUHAZAY, Directeur du
théâtre d'Angers, Le Mans, Char-
tres et Laval, de présent à Laval.

8 mars 1807.

P. S. — Il y a 3 ou 4 ans que vous avez eu dans votre ville mon frère, lequel était Régisseur dans la troupe de Mme Redon. Je pourrais me rendre de suite dans votre ville.

Répondu le 11 mars que la salle était louée pour l'année prochaine.

XXXV

GÉRANCE DU CIT. CARDINAL

Lettre du cit. Defoye à M. le Maire.

9 mars 1808

Monsieur le Maire de Reims,

Le s^r N^{as} Defoye nommé par Mgr le Ministre de l'Intérieur Directeur des Spectacles des villes de Rheims et Chaalons, par brevet en date du 29 janvier dernier a l'honneur de vous exposer que s'étant en tout conformé aux dispositions du Reglement de S. Exc. du 25 avril 1806 et du décret impérial du 8 août dernier il a élevé une troupe parfaittement complette, et que tous ses pensionnaires sont engagés pour débuter au commencement de l'année théâtrale 1808 ou 22 avril 1808, sur le principal théâtre de la ville de Rheims, aux autorités et aux habitans de laquelle il brûle de témoigner sa vive reconnaissance.

Cependant le s^r Cardinal se disant sous-locataire de la grande salle des spectacles et prétendant être autorisé par un bail passé entre lui et M^{rs} les administrateurs de la dite salle dont la propriété appartient aux hospices civils, annonce que ses droits doivent se prolonger comme Directeur des spectacles jusqu'au 2 mai 1808 inclusivement, et refuse en conséquence de laisser le s^r Defoye jouir de tout le privilège que la loi lui a accordé.

L'article 16 du Règlem. du 25 avril force impérieusement le soussigné à entrer en activité de sa direction en avril 1808. L'article 4 des dispositions additionnelles au même Règlem. délègue à la principale autorité administrative du lieu, de prononcer sur les difficultés existantes entre les propriétaires de salles de spectacles et les Directeurs, pour cause de location.

C'est donc à votre justice que le Pétitionnaire s'adresse. Il ne peut et ne doit, au 22 avril prochain, regarder le sʳ Cardinal, ni comme Directeur, puisque la loi annule à cette époque son titre, ni comme locataire, parce que la même loi ne reconnaît que les propriétaires, et que de fait, son bail, s'il existe, se trouve résilié.

Néanmoins dans le cas où il serait possible que le sʳ Cardinal fut maintenu dans son bail comme locataire, il n'en réclamerait pas moins pour l'entrée en jouissance de son privilège au 22 avril 1808, sauf à compter au sʳ Cardinal jusqu'à expiration de son bail la somme que celui-ci devrait payer aux propriétaires de la salle.

C'est donc à vous, Monsieur, que le sʳ Defoye s'adresse, vous priant de faire cesser par votre autorité toutes les difficultés que lui oppose le sʳ Cardinal.

DEFOYE.

Le Maire au cit. Cardinal, directeur de spectacle.

1807, 8 may.

J'ai déjà fait demander les passeports de tous ceux qui composent votre société, je vous prie de me les faire apporter à la municipalité dimanche à midi précis.

26 septembre.

Note à M. le Préfet,

Le sʳ Cardinal s'est d'abord présenté à Reims d'une manière assez favorable et les administrateurs de la salle des spectacles lui croyaient plus de moralité... Ses talens comme acteur sont très médiocres, il aurait quelques talens comme directeur si le goût du plaisir ne le détournait pas souvent des soins et du travail qu'exige une direction... Il a des dettes... Il a fait plusieurs billets à ordre.

XXXVI.

*Sornier Duplan, directeur de spectacle pour les départements
de la Marne, Haute-Marne et Seine-et-Marne,*

5 février 1808.

A Monsieur le Maire de Reims.

L'accueil obligeant que j'avais reçu pendant deux ans dans
votre ville, l'estime générale que mes mœurs et ma conduite
m'avaient mérités, me firent solliciter le privilége du 14e arrondissement. Je l'ai obtenu, mais seulement à moitié, puisque le ministre m'a donné un associé. J'ai mon brevet depuis
le 19 du mois passé ; ce brevet est indivisible, et nomme les
trois départements dont nous devons avoir la direction, mon
associé et moi. Cet associé m'écrit pourtant hier que son brevet (qui ne peut être que l'égal du mien) lui donne particulièrement Rheims et Châlons. Comme la chose est impossible,
que les lois sont l'appuy de la bonne cause, je vous prie de
croire et j'ai l'honneur de vous prévenir que je tiens plus que
jamais au privilège de la ville de Rheims.

J'ai rempli auprès de MM. les Préfets des trois départements
mon devoir, en les avertissant de ma nomination.

Je remplis ce même devoir auprès de vous, M. le Maire, en
vous assurant que je n'approuverai, de tout ce qu'aura fait
mon associé, sans me consulter, que ce qui ne sera pas nuisible à mes intérêts, et que les tribunaux et les bureaux du
Ministère de l'Intérieur retentiront de mes plaintes, si j'é-
prouve la plus légère injustice.

Il était un moyen de nous concilier, mais je vois avec peine
que mon associé, égaré par de mauvais conseils, se laisse
entraîner dans un abîme.

M. le Maire, ce ne sont pas des plaintes que je vous porte,
je ne réclame que votre justice.   SORNIER DUPLAN,
régisseur du spectacle de Tours.

Tours, 5 février 1808.

M. Amaury Duval, chargé de faire le rapport au Ministre,
a envoyé à M. Duplan un brevet conforme à celui de M.
Defoye

20

XXXVII

Bar-sur-Ornain, 18 Octobre 1808.

*Gobert, directeur du spectacle des départements de la Meuse,
Meurthe, Moselle et des Ardennes,*

A Monsieur Tronsson, maire de Rheims.

Monsieur,

La bienveillance dont vous avez bien voulu m'honorer pendant l'année que j'ai passée dans votre ville, comme régisseur de M. Cardinal, m'enhardit à vous prier de vouloir bien me faire rendre justice dans une affaire pour moi fort importante.

Sous-locataire de deux privilégiés et obligé de conduire ma troupe dans plusieurs départements, je ne puis la laisser séjourner longtemps dans les villes que je suis obligé de parcourir. J'ai fait mon ouverture à Charleville ou jay resté deux mois, obligé de venir à Verdun et Bar. Jay été obligé de laisser le premier sans spectacle. Le propriétaire en prend texte pour vouloir m'augmenter la location de la salle, et pour couvrir sa friponnerie, il a été débiter à M. le Préfet et à M. le Maire que j'avais refusé de M. de Foy, directeur de votre ville, six cents francs pour l'authoriser à venir me remplacer pendant un mois à Charleville.

Comme c'est la calomnie la plus affreuse... que depuis mon départ de Reims je n'ai reçu aucune lettre de M. de Foy... J'ose vous prier de vouloir bien inviter M. de Foy à venir par devers vous et sur son dire me délivrer une attestation, etc.

GOBERT.

*Lettre datée de Châlons 26 octobre 1808, signée Deforge,
directeur du 14ᵉ, à M. Tronçon, maire de Reims.*

J'ignore absolument ce que veut dire le propriétaire de la salle de Charleville et je n'ai pas écrit un seul mot à M. Gobert, ny offert six cents francs pour l'empêcher d'aller à Charleville.

XXXVIII.

Liasse 1811.   2 octobre 1809.

LE MAIRE DE NANTES A M. LE MAIRE DE REIMS

Le sieur Desjardins dit Pizé, comédien au grand théâtre de
Reims, a laissé à Nantes chez Mlle Gemont, deux petites filles
à lui appartenant et s'est engagé à payer 75 fr. par trimestre,
il doit maintenant 115 fr.... Mandez le prix de vous.
Le sieur Desjardins est malade assez sérieusement.

SOUS LA RESTAURATION

XXXIX

SOUS-PRÉFECTURE DE REIMS

Reims, le 1er Octobre 1814.

Le Sous-Préfet de Reims

Monsieur le Baron,

Son Excellence le Ministre de l'Intérieur a informé M. le
Baron, Préfet du département de la Marne, qu'elle avait
accordé pour 3 ans, à partir du 1er avril prochain, à M. Defoye la direction du 5e arrondissement de théâtre aujourd'hui
composé des villes du département des Ardennes, de la Meuse
et de la Marne.
A la lettre du ministre était joint un exemplaire de ses instructions générales sur les théâtres dont quelques dispositions
lui ont paru devoir être connues de vous.
Les Préfets des départements dans lesquels il y a des

théâtres permanens, rendent compte tous les trois mois de la conduite des directeurs.

Aux mêmes époques les Préfets exigent des directeurs et font passer au ministre l'état des recettes et dépenses des troupes permanentes.

Les Préfets, les Sous-Préfets et les Maires sont tenus de ne souffrir, sous aucun prétexte, que les acteurs des théâtres de Paris ou des théâtres de toutes autres villes qui ont obtenu un congé pour aller dans les départements y prolongent leur séjour au-delà du temps fixé par le congé. En cas de contravention les Directeurs de spectacles se mettent dans le cas d'être condamnés à verser à la caisse des pauvres le montant de la recette des représentations qui ont eu lieu à l'expiration du congé.

Les Préfets et les Maires doivent veiller à la stricte exécution des lois et instructions relatives aux droits des auteurs dramatiques.

Parmy ces dispositions il en est dont l'exécution ne peut avoir lieu qu'avec votre concours. Je vous prie de vouloir bien vous conformer au contenu en la présente en ce qui vous concerne.

J'ai l'honneur d'être, avec la plus parfaite considération, Monsieur,

Votre très humble et très obéissant serviteur.

Le Sous-Préfet,

Le Roy.

XXXX

SALLE TALLEYRAND.

Après notre Catalogue des pièces jouées à l'Université et chez les PP. Jésuites, il nous a semblé à propos de donner ici comme complément de notre Appendice la Notice des pièces destinées au théâtre de la rue Talleyrand mais dont peu eurent le périlleux honneur de la représentation.

Athalia, tragœdia Raciniana e gallico in latinam versa, auctore Camus-Daras. — *Remis apud L. F. H. Brigot,* 1803, an XI.

Le Rentier, opéra-vaudeville en un acte et en prose, par
le C. Bellement. — *Reims, Lequeux,...* an VII. In-8°.

Rosalie et Dorsin, ou les Effets de l'Amour, comédie en
trois actes, mêlée de musique, par (Tolmer) Vallier, auteur
d'Arlequin esclave de Bagdad. — *Reims, Brigot,* 16 germinal an VIII. In-8°.

Le Séducteur champenois, ou les Rhémois, comédie-vau-
deville en un acte, par MM. Dartois, Saintine et St-Laurent,
représenté pour la première fois sur le théâtre des Variétés,
le 16 décembre 1819. — *Paris, Barba,* 1820.

Louis douze à Rheims, ou le Sacre d'un bon Roi, opéra-
vaudeville en deux actes, représenté pour la première fois
sur le théâtre de Reims, le 30 mai 1825. — *Rheims, Regnier,*
1825.

Le Bourgeois de Reims, opéra-comique en un acte, paroles
de MM. Menissier et de Saint-Georges, musique de M. Fétis...
à l'occasion du sacre de S. M. Charles X. — *Paris, Bouquin
de la Souche,* 1825. In-8°.

Le Vieillard d'Ivry, ou 1590 et 1825, vaudeville en deux
tableaux, à l'occasion du sacre de S. M. Charles X, par
MM. Désaugier, Merle et Ferdinand. — Ballet de M. Corali.
— *Paris, Bezou,* 1825. In-8°.

L'Heureux jour, ou une Halte de cavalerie, scènes militaires, mêlées de couplets, par M. Saint-Hilaire, représentées
pour la première fois le 29 mai 1825, au cirque olympique de
MM. Franconi, à Reims, à l'occasion du sacre de S. M.
Charles X. — *Paris, Quoy,* 1825.

Le Régulus françois, pièce de comédie en trois actes et en
prose, par DÉRODÉ-GÉRUZEZ, jouée sur le théâtre de Reims.
    Nous ne connaissons cette pièce que par cette note de Lacatte-Joltrois : « Elle
n'eut que deux représentations. »

Pyrrhus et Achmet, ou les Rivaux généreux, tragédie en
cinq actes et en vers.
Suivie d'un Episode de la vie d'Alcibiade, ou l'Epoux vo-
lage dupe de lui-même, comédie en un acte et en vers, par

J.-B. DROUET, dédié à M. le vicomte de Chateaubriant. —
Paris, chez les marchands de nouveautés, 1827. In-8°.

D'Alvaire, comédie en cinq actes et en vers, par M. Louis
Dessain, de Rheims, représenté pour la première fois le 25
février 1840 sur le théâtre de Rheims. — *Rheims, E. Luton,*
1841. In-8°.

M. Dessain (Louis), fils de M. Dessain de Chevrières, procureur du roi à
Reims, est mort à Cumières en 1856. On a de lui plusieurs écrits d'économie
politique. — Sa comédie de *D'Alvaire*, bien que semee de traits piquants et d'un
bon style littéraire, n'eut qu'un succès d'estime.

Un Laurier sur une Tombe, scènes épisodiques à l'honneur du maréchal Drouet, comte d'Erlon, par Eugène Moreau, représentées sur le théâtre de Rheims le 31 mars 1844.
— *Rheims, Brissart-Person*. Gr. in-8°.

Le Cadet de Normandie, tragédie en cinq actes et en vers,
par Louis Liégeois. — *Rheims, E. Luton*, 1845. In-8°.

Ridicule tentative d'un grotesque et naïf bonhomme.

99 Moutons... ou les Rémois ne sont pas si bêtes ! comédie
proverbe en un acte, mêlée de couplets, précédée de nouvelles
et contes rémois, en prose et en vers, par P. Dubois. —
Reims, A. Huet, Brissart-Binet, 1845. In-8°.

La Journée des Dupes, drame historique en cinq actes,
par M. Honoré Thomas, de Reims. — *Reims, P. Regnier,*
1847.

M. Eugène Courmeaux, aujourd'hui député, à cette date bibliothécaire de la
Ville, a publié un compte-rendu de cette pièce qui, suivant lui, œuvre d'un jeune
homme, mérite d'être encouragée, malgré la faiblesse de son style.

Le Théâtre de Reims à Paris, par N. David. — *Reims,*
1851. (Nouv. fonds.) Brochure autographiée.

La Revue de Reims, 1853, ou Remi, la Vesle et C°, folie-
vaudeville en six tableaux, par MM. Emile Lefebvre et Léon
Delmas. Musique nouvelle de M. Jhan. — Décors nouveaux
de M. Godard. Costumes dessinés par M. Ponsin ; trucs et
machines de M. Auguste. — *Reims, Maréchal-Gruat*, 1854.
Gr. in-8°.

Cromwel, Protecteur de la République anglaise, tragédie
en cinq actes et en vers, par Anot de Maizière. — *Paris, L.
Hachette et C*, 1860. In-8º.

Théâtre contemporain Rémois. Reims-fantaisie, folie-revue
en neuf tableaux, par G. Champagne, représenté pour la première fois à Reims le 7 mars 1867, sous la direction de
M. Blandin. — *Reims, Matot-Braine*. Gr. in-4º.

Arthur Mauroy. *Reims*, poésie dite pour la première fois
sur le théâtre de Reims le 4 juin 1876, par M. Henri Du-
chesnois. — *Reims*. In-8º de 13 pp.

XXXXI

THÉATRE DE REIMS

*ETAT synoptique indiquant, de l'année 1825 à l'année 1854,
les noms des Directeurs de la troupe, la durée de leur exploitation, les motifs de leur abandon, et, s'ils ont fait
faillite, la date du jugement.*

1825-1826. Solomé, nommé régisseur à l'Opéra.
1826-1829. Joseph-Hippolyte Beaumaine, directeur incapable tombé en faillite
par jugement du 29 décembre 1829. Concordat du 1er avril 1830,
moyennant 10 %.
1829-1831. Perrin, a fini le 15 juillet 1831. Il était tombé dans la détresse,
mais il n'y a pas eu de déclaration de faillite.
1831-1840. Nestor de Bierne, démissionnaire le 1er avril 1840. C'est sous sa
direction que le théâtre de Reims, qui faisait partie du 3e arrondissement théâtral, a commencé à être desservi par une troupe
sédentaire à partir du 1er avril 1839 en conséquence d'une délibération du conseil municipal du 10 novembre 1838 et d'une décision
ministérielle du 15 mars 1839. L'opéra a été introduit sur la
scène en 1839-1840, et M. Nestor a quitté après une seule année,
d'épreuve, le public devenant de plus en plus exigeant.
1840-1841. Allan, comme chanteur ne plaisait pas au public.
1841-1843. Simonot. A bien rempli ses engagements : il avait été nommé pour
1843-1844. Mais il a renoncé et Jules Lefèvre a été nommé à sa
place.

1843-1845. Jules Lefèvre. Assez habile pour la mise en scène, mais n'ayant nulle
autorité sur ses pensionnaires. Dès cette époque le besoin d'une
subvention s'est fait sentir.

1845-1849. Joseph-Bernard Danguin. Habile directeur et bon acteur. A rempli
tous ses engagements, nonobstant les événements de 1848. Une
subvention de 2500 francs lui a été accordée par la ville. A quitté
Reims pour prendre un intérêt dans la direction du théâtre de
Lyon.

1849-1850. Daiglemont. Directeur actif et qui a bien marché durant sa gestion.
Aurait désiré obtenir une subvention.

1850-1851. Édouard Haquette. A paru renoncer à toute entreprise théâtrale.

1851-1852. Jules Lefèvre. Jusqu'au 15 décembre 1851 où il a fait faillite à cause
de dettes antérieures à sa direction. 2 janvier 1852. Concordat le
9 avril 1852 à 15 °¹⁄₄.

1851-1852. Bourdais. Du 15 décembre 1851 à la fin de l'année théâtrale. Bourdais était un acteur de la troupe qui s'est chargé de l'entreprise en
société avec les artistes par suite de la faillite de Lefèvre. Il a reçu
de la ville une subvention de 2400 francs.

1852-1853. Baugeau. En société avec Rolland, bailleur de fonds. La société a été
dissoute à la fin de l'année théâtrale. Rolland avait demandé la
continuation de la direction.

1853-1854. Auguste Coubettes. Directeur capable. Reçoit 6000 francs de subvention de la ville. Doit prendre la direction du théâtre de Nancy.

1854-1855. Griffaut, dit Seligny. Directeur incapable. A donné sa démission.

1855-1857. Jolly Sainte Marie. Directeur habile et capable. On a renoncé, à
partir de 1856, à l'opéra-comique. On a reproché à M. Jolly
Sainte Marie un système d'économie exagéré. A fait de bonnes
affaires.

1857-1861. Roubaud. Directeur actif, ayant toute l'aptitude nécessaire pour l'exploitation du théâtre, mais très habile à éluder l'exécution de ses
engagements. A quitté Reims pour Cherbourg.

1861-1862. Daiglemont. Directeur dégénéré qui a fait preuve de la plus incroyable
parcimonie dans la composition de sa troupe, de la mise en scène,
de l'orchestre, etc.

1862-1879. Blandin. Directeur actif et très capable. A formé une bonne troupe,
parfaitement soigné la mise en scène et très bien organisé le service. En 1862-1863 le théâtre a été très fréquenté et le public
très satisfait.
     Pendant les hivers 1870-1871-1872 il n'a pas été donné de re-
présentations théâtrales.

1879-1881. Domergue de la Chaussée.
1881-1882. Gauthier.
1882-1883. Duriez.
1883-1884. Justin Née.

TABLE DES MATIÈRES

APPENDICE — PIÈCES JUSTIFICATIVES

CPSIA information can be obtained at www.ICGtesting.com
Printed in the USA
LVOW071534220911

247434LV00008B/30/P